세 계 를 읽 다

인도

기탄잘리 콜라나드 지음

정해영 옮김

가지
KINDS
BOOK

일러두기

1. 원서의 최신 버전은 2012년에 출간된 개정 7판이다.
2. 출간 이후 변화된 인도의 역사, 문화, 사회에 대해 정보는 원저작사와의 협의를 통해 수정, 반영했다.

한국에 본격적인 세계여행 안내서가 만들어진 것은 1980년대 후반, 해외여행 자유화 조치 바람을 타고 일본 책을 번역 출간한 《세계를 간다》(당시 중앙일보사 펴냄) 시리즈가 원조 격이었다. 그 후로 30년 가까이 된 지금, 매우 다양한 세계여행 안내서가 출간되고 있지만 더 세련되고 세분화된 정보서로 거듭났을 뿐 유명 여행지 중심의 관광 정보가 주를 이룬다는 점에서 큰 차별은 없다.

그에 반해 이 시리즈 《세계를 읽다》는 장소보다는 사람 그리고 그들의 삶에 초점을 맞춘 본격적인 세계문화 안내서로서, 이방인의 눈에 낯설게 느껴질 수밖에 없는 현지인의 생활문화, 관습과 예법들을 역사적 배경지식과 함께 쉽고 친절하게 알려 준다. 첫 출간 후 30주년을 넘긴 지금까지도 꾸준히 업데이트되며 세계적인 명성과 권위를 누리고 있는 《컬처쇼크 CultureShock》 시리즈를 번역한 책이라는 점에서 콘텐츠에 대한 신뢰성도 높다.

컬처쇼크, 즉 '문화충격'이란 익숙한 장소를 떠나 낯선 환경에 던져진 사람이라면 누구나 겪을 수 있는 혼란스러운 상태를 말한다. 이 시리즈는 해외에 거주하거나 일정 기간 머무는 사람들이 새로운 환경에서 겪는 문화충격을 완화하는 데 도움을 주어왔다. 실제로 그 나라에서 살아보며 문화적으로 적응하는 기쁨과 위험을 몸소 체험한 저자들이 그런 혼란스러운 감정에 좀 더 효과적으로 대처하기 위해 필요한 모든 정보를 알려 준다. 글은 읽기 쉬운 문체로 씌어졌으며, 독자들을 충분한 조언과 암시, 정보로 무장시켜 낯선 곳에서 최대한 정상적이고 즐거운 생활을 영위할 수 있도록 돕는다. 책 안에는 현지 문화와 전통에 관한 통찰력 있는 해설, 적응에 필요한 모든 조언들, 현지인들과 소통할 수 있는 언어 정보, 여행 경험을 더욱 깊숙하게 연마해 줄 방법 등이 포함되어 있다.

목차

언젠가 비엔나에 갔을 때 인도를 열렬히 좋아한다는 건축가의 집에서 공연을 한 적이 있다. 그는 종종 인도 춤과 음악 공연을 주최하곤 했고 그의 책장에는 인도에 관한 아름다운 책들이 빼곡하게 꽂혀 있었다. 인도 음식도 무척 좋아했다. 그러나 정작 그는 인도에 가본 적이 한 번도 없었다. 나를 비롯해 많은 인도인 친구들이 한 번 놀러오라고 초대할 때마다 항상 이런저런 핑계를 댔다. 그렇게 여러 해가 지나다 보니 핑계거리가 떨어져 결국 인도 여행을 하게 되었다. 그리고 그는 인도 여행이 썩 마음에 들지 않았다.

　그 반면에 역시 인도를 처음 방문하게 된 시인 친구는 비행기에서 내리는 순간 '집에 온 것 같은' 편안함을 경험했다. 그래서 인도에 올 때마다 몇 년씩 머물며 '인도가 만들어낸' 시를 쓰게 되었다. 그녀는

인도를 상징하는 건축물, 타지마할을 관람하는 관광객들

© Harjeet Singh Narang

'사회적 관계의 중요성이 삶의 속도를 조절하는 문화'를 즐기기 위해 계속해서 인도를 찾았다.

어떤 사람이 '인도에 대해 뭐라고 말하건 진실은 그 반대'라고 말한 적이 있다. 인도의 사고 체계를 살펴보면 이런 식의 역설이 통할 만도 하다. 이렇게 모순처럼 보이는 양면적인 관점을 철학적으로 논증하는 한 가지 방식은 방에 대한 지극히 단순한 묘사를 이용하는 것이다. 겨울 산책을 마치고 들어가는 사람에게 그 방은 따뜻하지만, 온종일 안에 앉아 있던 사람에게는 따뜻하지 않다.

그렇다면 인도라는 나라는 어떠한가? 그것이 이 책을 쓸 때 내가 직면한 아주 큰 딜레마였다. 나는 인도에 관해 많은 책을 읽었고 많은 사람과 인도에 관한 이야기를 나눴고, 이 책에 내가 적은 내용에 대해 공정하고 정확한 관점을 취하려고 노력했다. 그러나 어쩔 수 없이 내 모든 진술에는 개인적 관점이 내포되었을 것이다.

나는 이 책에서 인도 단어들을 그대로 썼는데, 대부분은 인도 전역에서 인도인들이 영어를 말할 때도 흔히 섞어 쓰는 단어들이다. 1997년 봄베이는 뭄바이로, 마드라스는 첸나이로 공식 개명했다. 지금은 모든 정부 서신에서 이 새로운 이름을 이용하고 있다. 그러나 영어로 이루어지는 거래나, 심지어 문제의 도시들에서도 옛 이름을 종종 습관처럼 이용한다.

인도 도시들의 이름 변경은 어째서 지명 연구가 필요한지를 알려준다. 전 세계 도시들이 종종 이름을 바꾸는데, 그 이유를 살펴보면 대체로 정치, 향토사, 발음과 관련된 필요성이 복잡하게 얽혀 있다. 그것은 상징적인 행동이지만 상징이란 중요한 것이다.

같은 장소가 언어별로 다른 이름을 갖기도 한다. 동일한 도시를 두고 이탈리아어 사용자는 피렌체라고 부르는 반면 영어 사용자는 플로렌스라고 부른다. 사실 영어 문장에 '피렌체'를 끼워 넣으면 문화적 민감성으로 해석되기보다 일종의 허세로 받아들여진다. 어찌 보면 당연한 일이지만 봄베이에도 비슷한 상황이 존재했다. 봄베이는

'멋진 만'을 뜻하는 포르투갈어 'Bom Bahia'가 'Bombay'로 영어화된 이름이다. 그 도시 주민들은 영어로 말할 때는 '봄베이'라고 부르고, 마라타어로 말할 때는 '뭄바이'라고 부르고, 힌디어로 말할 때는 '밤바이'라고 부른다.

그리고 정치가들도 개입되었다. 마하라슈트라 주의 지역 토박이 마라타인을 제외한 세력들에게 차별적 정책을 펼치던 힌두교 민족주의 정당 시브세나 당은 봄베이라는 이름은 식민통치의 유산이고 인도가 독립한 지 40년이 지나도록 미처 인식하지 못했던 교묘한 억압적 본성을 담고 있다며 개명을 선동했다. 1995년 그들은 봄베이라는 이름을 폐기하고 뭄바이로 바꿨다.

이에 뒤질세라 타밀족을 옹호하는 DMK(드라비다 진보연맹)는 마드라스의 이름을 첸나이로 바꿔야 한다고 주장했다. 그러나 사실 마드라스와 첸나이 모두 1600년 이래로 내내 공존한 이름이었다. 나는 1970년대에 타밀나두의 한 버스정거장에서 대가를 치르고서야 그 사실을 알게 되었다. 나는 타밀 문자를 읽을 줄 알았지만 표지판에서 마드라스라고 적힌 버스를 찾을 수 없었다. 모든 버스가 첸나이 행이었고, 버스 여러 대를 놓친 후에야 그것이 같은 장소라는 것을 알아차렸다. 영어로는 마드라스로 불리고, 타밀어로는 첸나이라고 불렸던 것이다.

DMK는 마드라스가 지워야 할 식민주의 잔재라고 주장했지만 아이러니하게도 마드라스라는 타밀어 이름을 타밀어가 아닌 이름으로 바꿔버린 격이 되었다. 첸나이는 이 지역 토호였던 첸나파에서 이름을 따왔을 가능성이 크다. 그는 영국인들에게 해안통상권을 부여한 인물인데, 사실은 타밀어가 아닌 텔루구어를 쓰는 사람이었다.

서벵골에서 집권한 뒤 열악한 경제 상황으로부터 대중의 눈길을 돌리기 위한 상징적 제스처를 모색하던 CPM(인도 마르크스주의 공산당)은 문제에 봉착했다. 철저히 영국인에 의해 창조되고 이름 붙은 캘커타는 되살릴 만한 '애초의' 이름이 없다는 것이었다. 그들이 할 수 있는 최선은 벵골식 발음을 적용해 캘커타를 콜카타로 부르는 것이 고작이었다.

케랄라 주에서 영국인들은 말라얄람어 이름 때문에 애를 먹었다. 너무 많은 음절과 영어에는 없는 음들 때문이다. 그래서 한때 티루바난타푸람을 트리반드룸으로 줄이고, 코지코데는 칼리컷으로 영어식 표기를 했다. 그러나 사라졌던 음절들은 복귀되었고, 비-말라얄람 사용자들은 언어학자들조차 합의에 이르지 못한 소리를 발음하느라 혀를 꼬아야 할 판이다. 예를 들어 'zh'는 혀를 뒤로 말되 입천장에 닿지 않고 'r'과 'l'의 중간 소리를 내는 '권설접근음' 또는 '비마찰지속음'이다.

가장 최근에 이름 변경 대열에 합류한 도시는 벵갈루루로, 이는 '삶은 콩의 도시'라는 뜻이다. 그러나 여전히 이 도시는 방갈로르라는 이름으로 더 유명하다. 그 지역 언어인 칸나다어로는 이미 벵갈루루가 도시 이름이었기 때문에 칸나다어 신문과 대중매체는 사실상 그 도시 이름이 벵갈루루에서 벵갈루루로 바뀌었다고 보도해야 하는 이상한 상황을 겪었다.

또한 힌두교 근본주의의 영향을 받아 도시 이름을 변경하자는 제안들도 있다. 나로서는 부디 현대 인도에서 그런 제안이 진지하게 고려되지 않기를 바랄 뿐이다.

어떤 정치인들은 심지어 인도라는 국가 이름까지 힌두어인 바라트bharat나 힌두스탄Hindustan으로 바꾸려고 시도해 왔다. 인도 헌법의 초안을 작성한 것은 한때 '언터처블', 즉 불가촉천민으로 불린 최하위 계급의 권리를 열렬히 옹호했던 저명한 법학자 암베드카르 박사였다. 눈치가 무척 빨랐던 그는 명칭의 상징적인 힘을 인지하고, 불가촉천민을 뜻하는 계급명을 간디가 주장한 하리잔Harijan으로 바꾸는 것에 거세게 반대했다. '신의 아들'을 뜻하는 그 이름에 우월감과 생색이 내재되어 있다고 여겼기 때문이다. 그는 헌법 제1조에 "인도, 즉 바라트는 연방국가이다"라고 썼으며, 두 명칭의 순서를 바꾸자는 논쟁에서 조금도 물러서지 않았다. 인도라는 이름에는 바라트가 가진 힌두교적 암시가 없고, 따라서 힌두교의 신조 하에서 고통 받는 이들이 좀 더 수용할 만하다.

정치적 간섭이 없는 경우, 상황과 언어에 따라 두 이름을 공용한다. 국가(國歌)는 '바라트'를 찬양하고, 인도 우표에는 '인도 공화국'과 더불어 데바나기리어 문자로 '바라트'라는 단어도 표시되어 있다. 대부분의 정당명에는 '인도'가 들어간다. 국영 라디오 방송국은 '전 인도 라디오'이고 '인도 방송'도 있다. 그 반면에, 암베드카르 박사가 사후에 수상하기도 한, 인도 민간인에게 수여하는 최고 상의 이름은 '바라트 라트나'이다.

도시 내에서도 여전히 봄베이 증권거래소와 마드라스 크리켓 클럽, 캘커타 대학 같은 이름들이 통용된다. 발리우드(봄베이+할리우드)라는 단어는 여전히 건재하고 '방갈로드bangalored'는 여전히 일자리가 해외로 아웃소싱되는 것을 뜻하는 기발한 신조어로 이용된다. 독특한 체크무늬 직물은 여전히 '마드라스 코튼'이라 불리며, 독특한 냄새가 나는 말린 생선은 여전히 '봄베이 덕'이라고 불린다.

다양한 종교, 카스트, 언어들이 한 데 섞이고 정치에 의해 휘저어져 김이 모락모락 나는 덩어리로 뭉쳐진 인도에서는, 어떤 결정 하나가 모두를 만족시키는 법은 없어 보인다. 명칭 변경은 다양한 반응을 낳았다. 냉담함, 분노 또는 열광. 그러나 대다수의 정서는 시정부가 할 일 중에 명칭 변경보다 더 시급한 일이 많다는 것이다. 나를 포함한 어떤 부류들에게 옛 이름은 어린 시절부터 들어 익숙하고, 따라서 많은 연상과 울림이 있다. 반면에 다른 사람들에게 새 이름은 지역적 자긍심의 상징이며 도시를 되찾아 온전히 자신들의 것으로 만드는 하나의 방법일 것이다. 인도에서 옛 이름과 새 이름은 옛날 사람과 젊은이, 향수와 상식, 시와 산문 간에 선을 긋는다. 누군가 말한 것처럼, "뭄바이는 지명이지만 봄베이는 마음의 상태이다."

최근에 바뀐 도시 이름

바로다 Baroda → 바도다라 Vadodara	
베나레스 Benares → 바라나시 Varanasi	
봄베이 Bombay → 뭄바이 Mumbai	
캘커타 Calcutta → 콜카타 Kolkata	
칼리컷 Calicut → 코지코데 Kozhikode	
코친 Cochin → 코치 Kochi	
마드라스 Madras → 첸나이 Chennai	
마하발리푸람 Mahabalipuram → 마말라푸람 Mammalapuram	
퐁디셰리 Pondicherry → 푸두체리 Puducherry	
푸나 Poona → 푸네 Pune	
퀼론 Quilon → 콜람 Kollam	
트리반드룸 Trivandrum → 티루바난타푸람 Thiruvananthapuram	

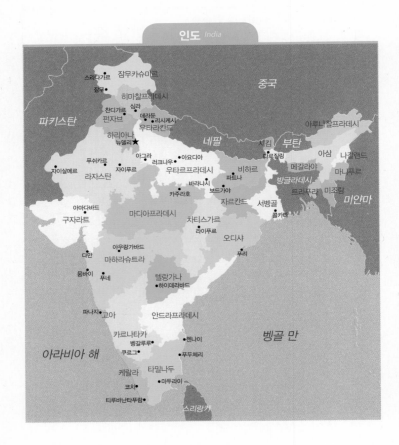

인도 India

파키스탄

스라나가르
잠무카슈미르
짐무
히마찰프라데시
찬디가르 심라
펀자브 데라둔 리시케시
하리아나 우타라칸드
뉴델리 ★
푸쉬카르 아그라 아요디아
자이살메르 자이푸르 러크나우
라자스탄 우타르프라데시
바라나시
카주라호 보드가야

중국

아루나찰프라데시
시킴 부탄
다르질링 아삼 나갈랜드
메갈라야 마니푸르
네팔 비하르
파트나
방글라데시 미조람
자르칸드 트리푸라
서벵골 미얀마
콜카타

아마다바드
구자라트
마디아프라데시
차티스가르
라이푸르
오디샤
푸리

아우랑가바드
다만
마하라슈트라
뭄바이 푸네
텔랑가나
하이데라바드

파나지 고아
안드라프라데시
벵골 만

카르나타카
벵갈루루 첸나이
쿠르그 푸두체리
케랄라 타밀나두
코치 마두라이
티루바난타푸람
스리랑카

아라비아 해

1

첫인상

인도 거리는 풍요의 과잉과 과잉의 풍요로
잔뜩 부풀어올라 있다.
— 피코 라이어, 《비디오 나이트 인 카트만두》

어머니 인도

언제나 인도는 그저 한 나라가 아니었다. 인도는 항상 하나의 꿈이었고 관념이었으며 수천 년간 세계 각지에서 수많은 여행객들을 끌어들인 손에 잡히지 않는 환상이었다. 인도의 신비는 알렉산더 대왕과 마르코 폴로, 바스코 다 가마로 하여금 여정에 오르게 만들었다.

'인도'라는 단어에서 떠오르는 이미지들은 매우 다양하고 종종 서로 상반된다. 우리는 진짜 인도는 하나이며, 어떤 것이 진짜인지 알아내는 것만이 문제라고 생각하기 쉽다. 그러나 문제가 그렇게 간단하다면 얼마나 좋겠는가! 인도를 이해하려면 서로 상반된 이미지들 가운데 어느 쪽도 부정하지 않고 그 모든 것이 진짜 인도의 일부임을 깨달아야 한다.

코끼리 이야기

자이나교와 관련된 유명한 이야기가 있다. 다섯 명의 장님이 있었는데, 경이로운 동물 코끼리에 대해 알고 싶었다. 그들은 각자 코끼리에게 다가가서 손에 닿는 부분을 만졌다. 코를 만진 남자는 말했다. "아, 이제 알겠다. 코끼리는 뱀 같군." 몸통을 만진 남자는 말했다. "천만에. 코끼리는 벽 같아." 상아를 만진 남자는 그들의 말을 인정하지 않고 단언했다. "코끼리는 막대기 같아." 각각 꼬리와 다리를 잡은 나머지 두 명은 소리쳤다. "아니. 코끼리는 밧줄 같아." "코끼리는 기둥 같아." 그리고 그들은 자신들의 제한된 경험이 진짜라고 확신하며 옥신각신했다. 사실 다섯 명 모두 옳았다. 그러나 그들은 모두 부분적인 진실만을 말했을 뿐이다. 코끼리(또는 인도)에 대한 총체적 이해는 그 전체를 이질적인 요소들의 단일체로 인식할 때에만 얻을 수 있다.

나는 인도에서 태어나 여섯 살에 인도를 떠났고 열 살 때 인도로 여행을 왔지만 그런 것들을 하나도 기억하지 못한다. 그러나 열여섯 살 무렵 다시 인도에 왔던 경험은 생생히 기억한다. 검고 긴 머리와 갈색 피부. 겉모습은 누가 봐도 인도 소녀였지만 정서적으로는 평범한 캐나다 십대 소녀였던 내게 인도는 낯설고 이국적인 땅으로 보였다.

아버지와 뭄바이 공항에 도착하자마자 비행기에서 내리면서 처음 느낀 것은 공기였다. 인도의 공기는 마치 벽과 같았다. 높은 온도와 습도 때문에 캐나다 공기에는 없는 어떤 물질이 공기 중에 섞여 있는 것처럼 느껴졌다. 허파로 공기를 들이쉬거나 공기를 뚫고 움직이려면 특별한 노력이 필요할 것 같았다.

그 다음으로 내가 느낀 것은 공항을 나서자마자 몰려드는 사람들이었다. 마치 뭄바이의 모든 짐꾼들이 우리 가방을 나르려 혈안이 되어있고, 모든 택시 기사가 우리를 태우려고 경쟁하는 것처럼 보였다. 그들은 코앞까지 다가와서 관심을 끌기 위해 우리를 건드리고 팔을 잡아끌기까지 했다. 심지어 우리를 사이에 두고 서로 싸웠다. 아버지가 한 택시 기사를 선택하자 다른 기사가 우리 짐을 잡아채 자신의 택시로 끌고 가려 했고, 두 남자 사이에 험한 말이 오간 후에야 문제가 해결되었다. 그러자마자 나머지 택시 기사들은 우리에게 관심을 끄고, 공항 문을 열고 나오는 다른 가엾은 여행자들에게로 몰려갔다.

택시 기사는 빠른 속도로 출발했다. 우리가 탄 택시는 1950년대에 유행하던 둥그스름한 형태에 검은색과 노란색이 섞인 낡은 차였는데, 차체가 군데군데 찌그러진 데다 속도를 높일수록 덜컹거림이 심해졌다. 도로 위 모든 자동차들이 똑같이 둥그런 형태였고, 모두 빈티지 차로 보였다.

공항을 떠나 뭄바이로 가는 길은 4차선 도로였는데 양쪽 교통 진행 방향을 가르는 중앙분리대가 세워져 있었다. 우리 바로 앞에는 당장이라도 주저앉을 것 같은 트럭 한 대가 두 차선을 모두 차지한 채 달리고 있었다. 그런데 택시 기사는 속도를 늦추고 장애물을 돌아갈 길을 찾는 대신, 갑자기 속도를 높이더니 중앙분리대의 빈틈을 통과해 반대쪽 차선으로 들어가 역주행하는 것이 아닌가! 정면에서 우리를 향해 다가오는 헤드라이트를 공포에 질려 바라보는 순간 그동안 살아온 짧은 인생이 주마등처럼 눈앞에 스쳤다. 그런데 자동차들은 아무렇지 않게 방향을 틀어서 마치 죽으려고 작정한 사람처럼 보이는 택시 기사가 중앙선 칸막이의 다음 빈틈이 나올 때까지 지나갈 공간을 내주었고, 거기서 그는 감사하게도 다시 올바른 진행 방향의 도로로 돌아왔다. 호텔에 도착했을 때 아버지는 그저 무사히 살아있는 것에 안도한 나머지 기사가 요구하는 돈을 에누리 없이 지불했다. 나에게 첫 흰머리가 생긴 것이 아마도 그 택시 안에서였지 싶다.

이후 며칠 동안 혼자 뭄바이를 돌아다니면서 계속 새로운 느낌을 받았다. 나는 호텔 프런트 데스크에서 관광안내 책자를 챙겨 거리로 나갔다. 많은 것이 놀라워 보였다. 자홍색과 터키옥색, 라임색, 자주색 등 형형색색 화려한 옷을 입은 남자와 여자들, 머리 위에서 아슬아슬 균형을 잡은 바구니며 꾸러미며 상자들, 물건을 팔기 위해 소리치는 상인들과 여기저기서 울리는 자동차 경적 소리, 자전거 벨 소리, 거세한 수송아지가 끄는 수레의 종소리, 보도에서 요리한 길거리 음식들의 유혹적인 냄새. 그런데 보도라고? 무슨 보도 말인가? 인도에서는 공간 자체가 워낙 귀해 보도가 일반적으로 보도와 무관한 온갖 활동을 하는 공간으로 이용되었다. 사람들은 보도 위에서 물건을 팔고 낮잠을 자고 이발을 하고 점을 보고 귀 청소까지 했다(정말이다. 인도에는 푼돈을 받고 귀를 파주는 전문 귀청소부가 있다. 개인적으로 권장하지 않는다).

내가 처음으로 배운 교훈 중 하나는 잠자는 사람이나 진열된 물건들, 카드놀이를 하는 남자들을 밟지 않으려면 바닥을 잘 보고 다녀야 한다는 것이었다. 눈앞에서 벌어지는 모든 것이 매혹적이거나 유쾌하지만은 않았다. 예를 들어 바지 지퍼를 내리고 소변을 보는 남자들도 종종 눈에 띄었다. 나는 그런 구간을 피하는 방법을 배웠다.

아버지와 함께 조부모님을 찾아뵙기 위해 뭄바이에서 티루치라팔리로 갔을 때 마치 다른 나라에 있는 것 같았다. 이 도시도 제법 북적였지만 규모가 더 작고 뭄바이처럼 대도시 특유의 느낌은 없는 곳이었다. 넓은 도로도, 고층 건물도, 영국

뉴델리로 들어가는 관문, 인디라간디 국제공항

식민지 시절의 뚜렷한 잔재도 찾아볼 수 없었다. 사람들도 달라 보였다. 키가 더 작고, 피부색도 더 진하고. 주변에서 들려오는 언어는 하나같이 'r'과 'l' 'n'으로만 이루어진 것 같았다. 남자들은 바지 대신 샤롱처럼 생긴 천 조각을 두르고 있었는데, 하체에 천을 칭칭 감은 다음 반으로 접어 올린 뒤 안으로 찔러 넣어 마치 미니스커트를 입은 것 같은 효과가 났다. 여자들은 길게 땋은 머리에 꽃을 달고 있었다. 길거리 점쟁이들은 앵무새를 조수로 두고 일했다(앵무새가 손님 대신 카드를 뽑았다). 레스토랑에서 음식은 바나나 잎에 담겨 제공되었다. 그러나 교통은 똑같이 혼잡했고, 보도는 똑같이 빽빽했으며, 사람들은 똑같이 다정했다.

그저 남남일 뿐인데

한번은 뭄바이의 한 버스정거장에서 교복을 입은 내 또래 소년이 말을 걸어왔다. 내가 청바지에 티셔츠 차림이어서 외국인이라는 인상을 준 모양이었다. 소년은 예의 바르고 진지했으며, 영어를 연습하고 싶어 내게 말을 건 것이었다. 그래서 우리는 일상적인 질문을 주고받았다. 이름과 나이, 태어난 곳, 지금 여기서 무엇을 하고 있는지 따위였다. 그러더니 그는 내가 어디로 가는지 물었다. 내가 대답하자 그는 무척 동요하며 만류했다. "안 돼, 거기 가면 안 돼." 하지만 내가 이유를 물었을 때 그는 대답하려 하지 않았다. 그러는 사이 내가 타려는 버스가 왔고 나는 "이유를 말하지 않으면 난 갈 거야"라고 말하고는 버스에 올라탔다. 그런데 그도 나를 따라 버스에 올라타 옆자리에 앉았다. 그러더니 이렇게 말했다. "네가 피해를 당하지 않도록 보살피는 게 내 의무야." 잠시 후 나는 그가 왜 그렇게 걱정한 것인지 알게 되었다. 버스는 뭄바이 홍등가를 거쳐 갔는데, 그 소년은 젊은 아가씨가 혼자 그곳에 가는 건, 비록 그냥 버스에 앉아 있을 뿐일지라도 안 될 일이라고 생각했던 것이다. 이 소년을 시작으로, 나는 인도에서 수많은 낯선 사람들로부터 도움을 받았다. 이 경우처럼 나 스스로도 도움이 필요한 상황임을 인식하지 못했을 때도 사람들은 무리를 하면서까지 기꺼이 나를 도왔다. 내 생각에 그 소년은 틀림없이 나를 보호하느라 학교를 빼먹었을 것이다.

인도 지도를 유럽 지도 위에 겹쳐놓으면, 인도가 덴마크에서 리비아, 스페인에서 러시아에 이르는 큰 면적을 차지하고 있다는 것을 알게 된다. 이 유럽 국가들이 서로 다른 만큼 인도의 각 지역들 사이에도 큰 차이가 있다. 12억 명 이상의 사람들이 328만 7590제곱킬로미터의 땅덩어리에 살고 있다. 권위 있는 출판물 《인도 사람들》에 따르면, 이 12억 명은 적어도 네 개 인종군에 속하는 4636개 지역공동체의 구성원들이다. 그들은 325개 언어로 말하고 7가지 이상의 종교 활동을 한다 (때로는 동시에 둘 이상). 인도의 각 지역은 저마다 독특한 문화를 가지고 있어, 핀란드와 이탈리아가 다른 것처럼 우타르프라데시와 타밀나두는 전혀 다르다.

인도는 29개 주와 7개의 연방직할지로 이루어져 있으며, 모든 주와 직할령은 저마다의 고유한 언어와 복장, 종교의식, 예술과 공예, 음식 문화를 갖고 있다. 7세기에 쓰인 성애에 관한 문헌 《카마수트라》에 따르면 성적 취향마저 지역에 따라 다르다. '중부 지역 여자들은 손톱으로 찍거나 깨무는 것을 싫어하고, 아파리티카Aparitika 여자들은 열정이 충만해 "싯"하는 소리를 천천히 낸다….'

인도를 처음 방문하는 사람은 일단 인도와 자국의 차이부터 발견할 것이다. 그런 다음 인도 내 지역들이 서로 다르다는 것도 발견하게 된다. 그리고 조금 더 머물다 보면, 같은 지역에 살지만 다른 카스트와 사회계급에 속한 사람들 간의 미묘한 차이를 인식하게 될 것이다. 여기에 시간과 경험이 더 쌓이면, 자신이 잘 이해할 수 없는 전통적인 위계질서가 있다는 것을 알게 된다. 현명한 방문객이 배우게 될 교훈은 인도 사회에 이러한 위계질서가 존재한다는 것, 그리고 그것이 혼란스럽고 모순되고 쉽게 정의하기 어려운 인도의 다양성을 설명한다는 것이다.

어느 한 장소의 복잡성을 서서히 자각함에 따라, 그곳에 오래 머물수록 점점 더 알 수 없다는 느낌을 갖게 될 수 있다. 하지만 걱정하지 마시라. 이것이 인도에 대한 진정한 자각의 시작이니까. 이제부터 온갖 선입견과 성급한 일반화의 혼란을 뚫고 좀 더 정확하고 유용한 인식을 찾을 수 있을 것이다.

나는 첫 여행에서 인도를 좋아하게 되었고 이후 여행을 위해, 살기 위해, 일하기 위해, 또는 공부하기 위해 여러 차례 인도를 다시 찾았다. 어떤 면에서 인도는 내가 열여섯 살이었던 1970년 이래로 엄청나게 변했다. 티루치라팔리에는 이제 대형 건물들이 즐비하다. 공항에는 에어컨이 빵빵하게 나와서 비행기에서 내리는 순간 뜨겁고 습한 공기의 벽에 부딪칠 일도 없다. 짐을 옮길 무료 카트도 비치되어 있어 짐꾼과 실랑이를 벌일 필요도 없다. 또한 적어도 국제공항에서는 분명하게 표시된 요금 계산기로 행선지에 따라 요금을 지불하는 편리한 선불 택시 서비스를 찾을 수 있어, 짐을 들고 공항 입구를 나서자마자 시달림을 당하지 않고 곧바로 택시로 안내된다. 이제 도로에는 훨씬 많은 차종이 있다. 포드 에스코트며 타타 스모, 소형 SUV 싱Xing, 배터리로 작동하는 레바도 보인다.

그러나 택시는 예전과 똑같이 둥그런 형태이기 쉬우며, 심지어 똑같은 차일 수도 있다. 앰버서더는 계속 수리해 쓸 수 있는 견고한 차종이어서 택시 업계에서 여전히 인기가 높다.

2
인도라는 나라

인도는 마치 생각과 몽상을 겹겹이 고쳐 썼으나 새로 쓴 것이
전에 쓴 것을 완전하게 가리거나 지우지 못한 고대 양피지 문서와 같다.
비록 우리가 인식하지 못할 수도 있지만
이 모든 것이 우리의 의식 또는 무의식적 자아 속에 존재하며,
인도의 복잡하고 신비한 개성을 만들어냈다.

— 자와할랄 네루

국토

인도에는 세계에서 가장 큰 산맥과 가장 습한 도시, 가장 긴 해변이 있다. 인도인은 자신들의 국토를 의인화하며 여신에 비유한다. 여신은 머리에 위력적인 히말라야 왕관을 쓴 채 파키스탄에서 방글라데시에 이르기까지 두 팔을 쭉 뻗고 인도양의 파도에 발을 적신다. 생명을 주는 젖가슴은 비옥한 인도-갠지스 평야다. 이것이 '바라트 마타Bharat Mata', 즉 어머니 인도다.

북쪽으로는 인도와 중국을 가르는 자연 국경 히말라야-카라코람 산맥을 따라 잠무카슈미르, 히마찰프라데시, 시킴 그리고 우타르프라데시 북부가 펼쳐져 있다. 티베트 고원에서 불어오는 찬바람이 이 산의 장벽을 넘지 못하고 쿨루, 카슈미르, 잔스카와 같은 비옥한 계곡들은 꽁꽁 언 비탈들 사이에 보호를 받으며 숨어있다. 비를 머금은 남서몬순의 구름은 히말라야 산맥에 가로막혀 뒤로 물러나며 몸속에 가득 찬 습기를 갠지스 평야에 쏟아낸다. 500만 헥타르에 이르는 만년설은 인도 중심부를 지탱하는 세 개의 수계의 수원이 된다.

북부의 대규모 평야들은 산악 지역과 극명한 대조를 이룬다. 이 평야들은 아삼에서 벵골 만, 아프가니스탄 국경에 이르기까지 균일한 높이로 평평하게 펼쳐져 있다. 인더스 강과 갠지스 강, 브라마푸트라 강 유역에 형성된 펀자브, 하리아나, 우타르프라데시, 비하르와 서벵골 같은 주들은 인도 인구의 거의 절반을 수용해 세계 최고의 인구밀집 지역이 되었다.

12억 인구가 사는 넓은 인도 대륙에는 다양한 자연환경이 존재한다.
사진은 라자스탄의 사막 지대.

타르 사막이라고도 불리는 인도 사막은 구자라트와 라자스
탄 주 최서단을 덮고 있다. 이곳은 지표수가 너무 적고 강수량
도 극도로 희박해 일곱 살이 될 때까지 비가 내리는 것을 한
번도 보지 못한 아이들이 있을 정도다. 언덕과 급경사면, 바위
계곡에 의해 인도-갠지스 평야로부터 분리된 데칸 고원은 동
고츠 산맥과 서고츠 산맥에 둘러싸인 일련의 고원 지대이다.
동고츠 산맥과 서고츠 산맥은 동부와 서부 해안을 향해 나란
히 뻗어나가다가 남부의 닐기리 구릉 근처에서 만난다. 닐기
리는 완만한 저지대 구릉지역이다.

기후

델리 사람들이 푹푹 찌는 여름 더위에 시달리는 동안 케랄
라 사람들은 쏟아지는 첫 장맛비를 맞고, 카슈미르 사람들은

산골에서 눈이 녹기만을 기다린다. 인도의 기후는 영하의 눈 덮인 히말라야 겨울에서 1년 내내 고온다습한 열대 기후에 이르기까지, 그리고 하루강수량 700밀리미터에서 연간 강수량 100밀리미터에 이르기까지 실로 광범위하고 다양하다.

그러나 이처럼 극단적인 기후에서도 사계절을 구분할 수 있다. 건조하고 무더위가 기승을 부리는 3월에서 5월까지, 평야 지대의 기온은 영상 45도까지 올라가고 '루[100]'라고 불리는 열풍이 모래 폭풍을 일으킨다. 이 시기에는 사람들이 쉽게 화를 내고 살인과 자살률이 올라간다. 첫 장맛비가 뜨겁게 달궈진 대지를 두드릴 무렵에야 겨우 한숨 돌리게 된다. 전국의 농부들은 6월과 9월 사이에 인도에 장맛비를 뿌리는 남서몬순이 찾아오기를 간절히 기다린다. 풍년과 흉년, 홍수와 가뭄을 가르는 것은 기온이 아닌 강수량이다.

9월 중순과 11월 사이 몬순이 물러나면서 습하고 끈적끈적한 날씨가 뒤따르고, 12월부터 2월 사이에는 이런 날씨가 한풀 꺾이고 비교적 차고 건조한 날씨가 찾아오는데 이때가 인도 대부분 지역에서 최고의 시기다. 이 시기에 델리와 북부 도시들에서는, 밤은 춥지만 낮은 화창하고 쾌청한 날씨가 이어진다. 극북 지역에는 눈이 내린다. 남부 지역도 딱히 서늘하다고까지 말하기는 힘들지만 더위가 한풀 꺾인다.

야생 환경

12억 명의 인도인들은 500종의 포유류와 2100여 종의 조류, 3만여 종의 곤충뿐 아니라 다양하고 풍부한 어종과 500여 종의 양서파충류 그리고 1500여 식물종과 함께 인도아대륙을 공유하고 있다.

히말라야 동쪽에는 사슴과 곰, 너구리와 여우박쥐가 어슬렁 거린다. 바로 아래쪽 아삼 주와 벵골 북부 주변 평원에서는 코끼리와 코뿔소를 볼 수 있다. 구자라트의 기르 숲에는 노란 갈퀴를 가진 인도사자가 있다. 한편 라자스탄 란탐보르의 마른 관목 숲은 호랑이를 숨기고 있다. 그런가 하면 데칸 고원 초지에서는 거의 80년 동안 멸종되었다고 여겨졌던 두줄무늬물떼 새 Jerdon's double banded courser가 최근에 다시 발견되었다. 남쪽으로 울창한 활엽수림은 여우원숭이와 느림보곰, 점박이하이에나를 숨기고 있다. 케랄라의 우림은 나비 수백여 종과 뱀과 새들의 서식지다. 타르 사막에서는 여전히 야생 당나귀가 돌아다니고 커다란 인도너새가 사막을 산책한다. 이들은 약 40여 종의 파충류와 그 척박한 땅을 함께 쓰고 있다.

언어

인도 헌법은 총 15개 언어를 공식 언어로 지정하고 있다. 힌디어와 우르두어, 벵골어, 마라타어, 구자라트어, 오리아어, 아삼어, 펀자브어, 카슈미르어, 타밀어, 텔루구어, 칸나다어, 말라얄람어, 신디어, 산스크리트어가 그것이다. 영어 또한 공식 언어다.

고대 성직자와 시인들의 언어인 산스크리트어는 힌디어 같은 북부 인도아리아어족 언어들의 바탕을 이룬다. 타밀어 같은 남부의 드라비다어는 산스크리트어화된 어휘들이 일부 포함되었음에도 전적으로 다른 언어를 바탕으로 한다. 언어들의 명칭이 암시하는 것처럼, 인도는 언어에 따라 주가 나뉜다. 예

를 들어 벵골 주에서는 벵골어를 말하고, 펀자브 주에서는 펀
자브어를 말한다. 그러나 많은 사람들이 일과 공부를 목적으
로 여러 지역을 옮겨 다니기 때문에 인도인들은 일상생활에서
다수의 언어에 자연스럽게 노출되어 서너 가지 언어쯤은 대수
롭지 않게 말하면서 성장하는 경우가 많다.

영어는 다양한 지역들 간의 중립적인 연결 언어로서 기능
한다. 대부분의 학식 있는 사람들은 영어를 훌륭하게 구사
하고, 영어로 쓴 광범위한 인도 문학도 있다. 인도와 접촉하
면서 bangle(팔찌), calico(날염한 거친 면), dinghy(소형 범선),
juggernaut(대형 버스) 같은 수천 개의 단어에 의해 영어 자체
가 풍성해졌다.

경제

통화 단위는 루피이며, 1루피는 100파이사에 해당한다. 루
피는 1992년까지 환전이 불가능했지만 나라시마 라오 정부에
의해 부분적으로 환전이 가능해졌다. 인도의 주요 수입품은
석유, 전기 기기, 식품, 식용유, 보석류, 철강, 비료 등이다. 수
출품으로는 보석 및 장신구, 직물 및 의류, 산업용 부품, 차, 철
광석, 가죽 및 가죽 제품 등이 있다.

최근에는 소프트웨어 엔지니어까지 수출 목록에 추가되었
다. 1990년대 후반 정보기술 호황기 때는 미국 실리콘밸리에
서 일하는 소프트웨어 엔지니어의 약 30퍼센트가 인도 출신
이었다. 마이크로소프트, 오라클, 도시바 같은 주요 소프트웨
어 회사들은 고도로 훈련된 인력을 채용하기 위해 하이데라
바드와 벵갈루루에 사무실을 차렸다. 미국 경제가 침체되면서

많은 엔지니어들이 돌아와 인도의 기술적 전문성을 더욱 발전시켰다. 세계에서 가장 빠르게 성장하는 경제의 흐름에 편승해 외국 기업들 역시 인도에 투자하고 있다.

역사

델리에 있는 5성급 호텔 객실 창문을 통해 바로 앞 빈민가가 훤히 내려다보인다. 한 여자가 화덕 위에서 말린 소똥을 연료로 얇고 납작한 차파티 빵을 굽는다. 아이들이 막대기로 놀이를 하고 있다. 한 남자가 쭈그리고 앉아 아주 느긋하게 몸을 앞뒤로 흔들며 손으로 만 담배 '비디beedi'를 피운다.

이 그림을 다른 틀에 끼워 보자. 이제는 빈민가에서도 생활의 일부가 된 TV에서 흘러나오는 푸르스름한 불빛을 빼고 나면, 이것은 어느 세기의 인도도 될 수 있다. 인도 역사를 겨우 책 몇 페이지에 다 담을 수는 없을 것이다. 어느 인도인의 아침 목욕 의식과 출근 운전 사이에는 2천 년이라는 세월의 간격이 존재한다.

인도의 역사를 형성해 온 세력들에 대해 안다면 오늘날까지도 존재하는 관념과 갈등들을 이해하는 데 도움이 될 것이다. 혹은 대화할 때 자주 언급되는 중요한 역사적 순간이나 인물들만 알아도 최소한 인도 역사에 대해 문외한은 면할 것이다.

시작

가장 규모가 컸던 초기 인도 문명은 인더스 강 골짜기를 따라 현재 인도 북서부의 펀자브와 라자스탄 북부, 카티아와르(인도 중서부 구자라트 주 남서부에 있는 반도=역주)에 해당하는 지역에서 발생한 하라파 문명이었다. 체계적인 쓰레기 수거와 2층 가옥, 공용 및 개인 목욕탕, 배수 시스템, 잘 계획된 거리, 곡창, 면직물, 금속 기구와 무기 등, 모헨조다로와 하라파에서 나온 고고학적 유적들은 공용 시설에 대한 관심을 특징으로 한 당시 문명의 모습을 보여 준다.

이 초기 문명은 페르시아 만과 메소포타미아, 이집트 사람들과 교역을 한 상인공동체에 의해 만들어진 것으로 보인다. 하라파 사람들은 황소, 나무, 지모신처럼 다산을 상징하는 자연의 측면들을 숭배했다. 이런 상징들은 힌두교에서 여전히 중시된다.

오늘날 길가의 작은 매점이나 기차역에서는 유약을 칠하지 않고 점토로 만든 테라코타 컵에 차를 제공하는데, 이 컵은 한 번 사용 후 바로 던져 버려진다. 또한 인도인들은 바가지로 물을 몸에 뿌리는 방식으로 목욕을 한다. 하라파 발굴지에는 이와 똑같은 목욕 습관과, 당시에도 컵을 사용 후 버렸다는 것을 보여 주는 도자기 조각들이 쌓여 있다. 이 조각들을 맞춰보면 오늘날의 1회용 컵과 같은 종류의 컵이 나온다.

아리아인들과 베다 시대

기원전 2300년경에 번성한 하라파 문화는 기원전 1700년 무렵, 알려지지 않은 이유로 기울기 시작해 기원전 1500년경에는 그곳에 이주해 온 아리아인들에게 길을 내주었다. 아리아인은 새로운 목초지를 찾던 유목민들이었는데 이곳에 정착해 땅을 경작했다.

농업은 상업으로, 상업은 목공과 금속가공, 도예, 무두질, 직조 등의 직업으로 이어졌다. 처음에는 사회계급이 전사 또는 귀족, 성직자, 평민, 이렇게 세 계급으로 나뉘었다. 왕은 주로 군사 지도자였고, 나중에야 신성한 권력을 소유한 것으로 간주되어 세습되었다.

아리아의 초기 종교는 희생과 깊이 연관되었다. 제사장은 자연의 신과 여신에게 희생물을 바치고 정해진 의식 행위로 신들을 달랬다. 인도를 여행하다 보면 새벽이나 황혼녘에 태양을 향해 서서 산스크리트어를 암송하며 손에 물을 담아 뿌리는 의식을 행하는 남자들을 볼 수 있을 것이다. 이것은 태양신을 향해 바치는 가야트리 만트라Gayatri Mantra인데, 독실한 힌두교도에 의해 여전히 찬송되며 3천 년간 의미 있는 의식의 일부로 이어져 오고 있다.

아리아인들이 인도 문화에 크나큰 공헌을 한 베다 시대(기원전 1500~600년)는 신들이 땅 위를 걷고 인간들과 소통했던 황금기로 간주된다. 이 시기에 만들어진 네 개의 베다veda(베다는 지식을 뜻한다) - 리그Rg, 사마Sama, 야주르Yajur, 아타르바Atharva - 는 찬송과 제식의례 문헌의 집대성이다. 베다는 힌두 사상의 브라만적 전통을 이루는 기초가 된다. 《우파니샤드Upanishads》 같은 이후 문헌들의 철학적 사유와 산스크리트어, 그리고 브라만 세력을 더욱 발전시킨 카스트 제도, 힌두교의 다양한 여신들, 희생 의식은 이 시기에 발생해 오늘날까지도 의의를 잃지 않고 있다.

알렉산더 대왕

기원전 327년에 마케도니아의 알렉산더 대왕이 인도 지방을 침략했다. 처음에는 어느 정도 성공을 거두었으나 한 부족장의 저항으로 인도 중심부로의 진격이 저지되었다. 인도 북서부에서 펼쳐진 알렉산더 대왕의 군사 작전은 겨우 2년간 지속되었으나, 그는 북서부의 소왕국과 공화국을 빼앗아 병합했다. 그리고 그가 떠난 후 정치적 공백이 생겼다.

마우리아 왕조

찬드라굽타 마우리아와 그의 약삭빠른 재상 카우틸랴는 재빨리 그 공백을 파고들어 인더스-갠지스 평야를 포괄하고 북으로 아프가니스탄까지 뻗어나가는 제국을 세웠다. 대담하고

오늘날 인도 공화국의 공식 엠블럼으로 쓰이는 아소카의 사자 장식 돌기둥

목적을 위해 물불을 가리지 않았던 카우틸랴는《카우틸랴 실리론》을 집필해 '인도의 마키아벨리'로 불리는 인물이다.

찬드라굽타의 아들은 마우리아 왕조의 통치를 남쪽 마이소르(현재 쿠르그)까지 확대했다. 기원전 273년 그의 손자 아소카가 집권했을 때, 유일하게 저항하고 있던 곳은 칼링가(현재 오디샤)라는 동쪽 왕국뿐이었다. 아소카는 끔찍한 살육 끝에 칼링가를 정복했다. 그리고 승리의 정점에서 전쟁이 초래한 참혹한 파괴에 회의를 느낀 그는 전쟁을 그만두고 불교로 개종했다.

37년에 걸쳐 아소카가 자애로운 통치를 펼친 결과, 영국이 침략할 때까지 인도에는 단일 통치권 아래 가장 넓은 영토의 제국이 성립되었다. 그는 군중이 모일 만한 장소에 돌기둥을 세우고 보편 법칙을 뜻하는 다르마 사상을 설명하는 선언문을 새겼다. 아소카의 유산인 다르마는 인간뿐 아니라 동식물에게도 적용되는 도덕적·사회적 책임을 개념화한 것이다. 야생동물들을 위한 보호구역을 만들고 특정 수종을 보호하도록 지정한 그의 선언은 어쩌면 세계 최초로 정부가 주도한 환경운동으로 볼 수 있다. 아소카의 사자 장식 돌기둥은 오늘날 인도 공화국의 공식 상징물로 남아있으며, 모든 인도의 동전이나 지폐에서 발견된다.

인도-그리스 왕국과 무역의 연결고리

기원전 232년 아소카가 죽은 뒤 제국은 여러 개의 왕국으로 쪼개졌다. 그리스인들이 다시 나타났고, 소위 인도-그리스 왕 중에 가장 잘 알려진 메난드로스는 기원전 155년에서 130년까지 펀자브 지역으로 세력을 확대했다. 이로써 인도와 지중

31

해 세계 간에 접촉이 더 많아졌다. 플리니우스의 《박물지》와 프톨레마이오스의 《지리학》에는 인도에 관한 언급이 등장한다. 이후 수세기에 걸친 정치적 흥망성쇠는 남북과 동서 간의 다양한 연결고리를 만드는 데 일조했고, 이로 인해 인도아대륙 전체에 걸쳐 무역과 상업이 발달했다.

남인도

남인도는 수세기에 걸쳐 국가들이 서로의 권력을 찬탈하며 많은 격변을 겪었다. 체라 왕조와 촐라 왕조, 판디아 왕조(판디아 왕국은 기원전 2세기까지 기원이 거슬러 올라간다) 왕들이 전쟁을 벌이며 세운 공적과 위업은, 현존하는 가장 오래된 타밀어 문헌인 상감 선집의 시와 영웅적인 발라드에 잘 표현되어 있다.

한 기록에 따르면 판디아 왕국은 헤라클레스의 딸이 500마리의 코끼리, 4000명의 기병, 1만 3000명의 보병의 도움을 받아 건설했다고 한다. 초기 타밀어 문헌 중에는 로마 선박을 묘사한 것도 있다. 인도와의 교역으로 로마에서는 매년 5억 5000만 세스테르티우스(고대 로마에서 쓰인 화폐 단위=역주)가 빠져나갔다. 인도는 구리와 백단향, 티크와 상아, 향신료, 터키석과 청금석, 모슬린과 명주실, 인디고를 수출했다. 그밖에 두 가지 유명한 인도 수출품은 체스와 불교였는데, 전자는 페르시아에, 후자는 중국에 수출되었다.

굽타 왕조

다음으로 긴 기간 동안 북인도를 통치한 것은 서기 4세기부터 6세기까지 이어진 굽타 왕조였다. '무용武勇의 태양' '왕 중의 왕' 같은 영광스런 칭호를 얻은 왕들이 정복과 군사동맹,

정략결혼으로 권력을 잡았다.

이때는 왕가의 후원 하에 문헌과 예술이 번성했다. 가장 훌륭한 산스크리트어 고전 작가로 알려진 칼리다사Kalidasa는 찬드라굽타 2세의 궁정에 소속되어 있었다. 교육기관도 존재했는데, 수사학과 형이상학, 의학, 수의학(주로 말과 코끼리, 군대에 중요한 동물들과 관련한) 같은 과목을 가르쳤다.

무굴 제국

북인도는 그리스인, 스키타인, 파르티아인, 훈족의 침략을 연속적으로 받았지만 이들 외부 세력을 동화시킬 수 있었다. 그러나 이슬람교도의 침략은 타협이 아닌 대립을 강요했다는 점에서 이전과 달랐다.

처음에는 투르크족과 아프간족, 나중에는 몽고의 티무르가 북부 평야를 습격해 약탈을 자행했다. 16세기 무굴 제국이 등장할 때까지 이슬람 침략자와 힌두교 부족들 사이에서 주거니 받거니 권력 찬탈이 계속되었다. 힌두교도는 전쟁에서 불리했다. 내부 알력으로 세력이 분열된 데다 카스트 제도에서는 귀족과 무사 계급인 크샤트리아만이 무기를 들 수 있었기 때문이다. 게다가 그들은 말을 타고 활을 쏘며 효과적으로 싸우는 이슬람교 기마병을 코끼리와 보병만으로 상대해야 했다.

그와 달리, 남부에서는 이슬람 세력이 더 순탄하게 동화되었다. 서기 8세기부터 아랍인들은 말라바르 해안에 정착했다. 그들의 목적은 정권 찬탈이 아닌 교역이었으며, 델리 술탄이 남쪽으로 세력을 확장하려 했으나 일찌감치 격퇴되었다.

무굴 제국의 황제들은 6세대 동안 자신감 있고 훌륭하게 통치했다. 그들의 삶은 전설로 전해진다. 바부르는 아들의 목

무굴 제국의 악바르 시대에 수도로 건설되었던 파테푸르시크리의 전경.
현재 아그라 지역에 있다.

숨 대신 자신의 목숨을 가져가 달라고 신에게 기도했다. 왕보
다 학자가 어울렸던 후마윤은 기도 시간을 알리는 소리를 듣
고 서재 계단에서 떨어져 두개골에 금이 갔다. 악바르는 새로
운 종교를 창설하고 스스로 교주가 되었다. 자한기르는 아름
다운 누르자한의 남편을 살해한 뒤 그녀를 새 왕비로 들였다.
샤자한은 열네 번째 아이를 낳다가 죽은, 그가 가장 총애한 왕
비 뭄타즈를 기려 타지마할을 세웠다. 그리고 신앙심이 깊었
던 아우랑제브는 손수 모자를 바느질해 자신의 수의壽衣 값을
지불했다.

　17세기 무렵에는 인도 전역에서 아우랑제브의 말을 받들었
지만, 그때도 무굴 제국은 사나운 동고츠 민족 마라타족의 게
릴라 전술을 상대해야 했다. 브라만(승려)과 수드라(수공업자,
하인 등) 카스트를 포섭한 노련한 시바지가 이끄는 마라타족이
무굴 제국을 약화시켜 제국의 붕괴를 재촉했다.

　무굴 제국은 국가를 통일하지 못했다. 악바르를 제외하면

그들은 제국을 이슬람 국가로 만들고 힌두교도를 2등 시민으로 취급했다. 그렇다 보니 힌두교도는 왕국을 보호하는 데 관심이 없고 시크교도와 자트족, 라지푸트족 같은 군사 집단들은 대놓고 반항했다. 17세기 말에 결국 무굴 제국은 붕괴하고 말았다.

북인도에서 200년에 이르는 무굴 통치의 영향은 오늘날 언어와 문학, 회화와 음악, 건축 그리고 힌두교의 실천 방식에 살아남아 있다. 그들의 유물은 주로 시골 지역에 집중되어 있다. 유명한 힌두스탄 음악가들은 알리 아크바 칸^{Ali Akbar Khan}과 빌라야트 칸^{Vilayat Khan} 같은 이름을 가지고 있으며, 시크교는 무굴 통치에 대한 반응으로 오늘날 같은 형태를 띠게 되었다. 수피교도는 힌두교 바크티 운동에 영향을 미쳤다.

영국 통치 하의 인도

영국은 인도 사람들과 인도의 재원을 이용해 인도를 정복했다. 정치가 무하마드 알리 진나^{Mohammad Ali Jinnah}는 냉소적으로 이렇게 말했다. "분할과 지배는 오래된 법칙이다. 그러나 여기에는 역할 분담이 있다. 분할은 우리가 했고, 지배는 그들이 했다." 영국인들이 분열을 일으킨 것이 아니다. 단지 목적을 달성하기 위해 분열을 이용했을 뿐이다. 그들은 서로 전쟁을 벌이는 인도 군주와 부족장들에게 미끼를 던졌고, 사리사욕에 눈이 먼 군주와 부족장은 적수를 이기기 위해 그 미끼를 덥석 물었다. 어차피 잃을 게 없는 농민들은 권력이 바뀌는 것을 무심하게 지켜만 보았다.

영국은 전에 무굴이 그랬던 것처럼 가장 높은 차원에서 침략했지만 그 형태가 정부는 아니었다. 그것은 상업 조직이었다(동인도회사). 처음에는 영토가 아닌 교역이 목적이었다. 그래서 상업적 이익이 위협받을 때에만 정치적으로 개입했다. 그러다 정치적 이익과 사업적 이익이 맞물리면서 부패와 사적 거래, 부당이득 행위를 하는 분위기가 조성되었다.

처음에 영국의 정책은 체제를 구축하되 사람들의 생활 방식은 가급적 간섭하지 않는 것이었다. 그러나 도덕적·문화적 우월성이라는 식민주의적 가정을 끝내 버텨내지 못하고 새로운 원칙에 따라 교육 제도와 기독교 선교, 서구의 기술 및 도구, 특히 영어를 통해 서구 문명을 고취시켰다.

죽은 남편을 화장할 때 아내를 함께 불태우는 의식인 '사티 sati'와 암살단에 의한 살인과 강도 행위 '떠기 thuggee'가 철폐되었다. 페르시아어 대신 영어가 공식 언어가 되었다. 영국은 자국의 법제도와 절차를 도입했다. 또한 도로, 운하, 철도망 구축을 계획하고 인도인들을 훈련시켜 이를 건설하고 운영하게 했다. 학교와 대학도 세워 영어라는 매체를 통해 영문학과 과학 지식을 토착민들에게 전파했다.

영국의 침략 당시 인도는 강력한 상업 자본주의 경제를 이루고 있었다. 인도는 주요 제품 생산국으로서 주로 서아시아, 아라비아, 동남아시아와 교역했으며 유럽과의 교역량은 미미했다. 하지만 영국 통치 이후 인도 경제는 영국의 이익에 복무하도록 재편되었다. 이를 위해 인도는 전 세계에 대규모 군대를 파견했고, 수입품의 60퍼센트를 영국에서 들여와야 했으며(인도는 영국의 최대 수출 시장이 되었다), 영국은 또한 인도의 잉여 물자를 다른 나라에 수출해 국제무역수지를 맞추었다.

영국은 식민지 인도의 법원과 군대, 종교 중심지 중 많은 곳을 해체시키고, 문맹률을 높이고, 유연했던 사회구조를 동결시키고, 사람들을 도시에서 농촌으로 돌아가게 만들었다. 또한 노동력에서 나온 자원의 상당 부분을 챙겨가면서도 이익의 아주 작은 부분을 제외하면 재투자를 하지 않았다.

영국이 인도를 위해 한 일은 거대하고 종합적이고 비대한 관료체제를 구축한 것이다. 여러 결함이 있음에도, 오늘날까지 인도를 하나로 묶어주는 것은 인도행정청과 그밖에 영국을 본떠 만들어진 관료기관들이다. 영국의 지배를 고착화하기 위해 만들어졌던 이 거대한 관료체제가 독립 후 수십 년이 지난 오늘까지도 존속되고 있다.

영국 정책의 변화

1857년 탄약포에 방수 처리를 위해 소기름과 돼지기름을 먹였다는 소문이 돌면서 인도인 용병들의 군사 반란(세포이 항쟁)이 촉발되었다. 당시에는 장전을 하려면 문제의 탄약포를 앞니로 물고 뜯어야 했으니, 힌두교도와 이슬람교도가 대두분인 인도인들이 경악할 만한 사건이었다. 이것은 곧 인도 북부와 중부에서 일련의 봉기로 이어졌으며, 맹렬한 싸움과 잔인한 보복 속에서 봉기는 14개월 간 지속되었다.

전설적인 잔시 왕국의 라지푸트족 여왕처럼 총명한 인도 지도자들이 있었음에도, 반란은 방향성 부재로 결국 실패했다. 1858년, 영국 정부가 반란에 대한 대응으로 동인도회사를 매입했을 때 그 매입 비용을 인도 공채로 충당했다. 이 얼마나 말도 안 되는 아이러니인가! 인도가 영국 식민지가 되면서 그 비용까지 부담하다니!

군사 반란을 겪은 뒤 영국은 인도의 의견을 철저히 무시한 채 서구화 정책을 펼칠 수는 없다는 사실을 깨달았다. 인도인들은 인도인대로, 어차피 영국은 이곳에 오래 머물 것이며 자신들이 영국의 영향을 받아들이고 흡수하는 능력에 따라 인도의 미래가 좌우될 것임을 깨달았다.

영국은 건설을 계속했다. 1900년 무렵 인도의 철도 시스템은 아시아 최고 수준이었고, 운하와 관개 시스템은 몬순의 변덕으로부터 농민들을 어느 정도 보호했다. 영국은 그들에게는 과거 지향적으로 보이는 인도인들의 특성을 그냥 체념하고 받아들였다. 이와 동시에, 변화를 갈망하고 영어를 말하는 신흥 중산 계급은 서양의 사상과 지식을 적극적으로 수용했다.

민족주의와 독립

인도 문화와 서구 문화의 이런 상호작용 속에서 '평등한 시민국가 창조'라는 생각이 싹텄다. 서양의 민주주의와 자유주의 개념은 신흥 중산 계급을 각성시켜 인도의 경제적 후진성과 심화되는 가난, 불가촉계급에 대한 비인간적 처우, 카스트 제도의 지속적인 부당함, 그리고 자유와 평등 사상을 설파한 장본인인 서양인들에 의해 자신들이 2등 시민 취급을 받는 현실에 대한 관심과 우려를 키웠다.

영국 통치가 가진 비종교적 성격 덕분에, 인도인들은 새로운 종교에 잠식될 위험 없이 자신들의 도덕적 · 종교적 가정들에 의문을 제기할 수 있었다. 그리고 이러한 의문 제기는 모한다스 카람찬드 간디(마하트마 간디)의 도전과 힌두교에 대한 재고의 토대가 되었다.

마하트마 간디

마하트마('위대한 영혼'이라는 뜻) 간디는 전통적인 개념들로부터 하나의 운동을 만들어내 전혀 새로운 방향을 모색했다. 그는 자이나교의 불살생, 비폭력주의를 표방한 정치운동으로 그 어떤 무장 봉기보다 효과적으로 영국의 통치력을 약화시켰다. '폭력 없이 추구하는 진리'라는 뜻의 사티아그라하satyagraha 는 무저항 불복종운동이다. 정의와 진리의 힘 앞에서는 어떤 불합리하고 단호한 적들도 무너지게 된다는 믿음이 그 안에 있었다.

간디가 자신의 입장을 강조하기 위해 택한 맹세와 단식 같은 힌두교의 금욕적 방식은 그 어떤 강변과 논쟁보다 감동적이고 웅변적이었다. 그는 힌두교 수도자들이 입는 사프란색 예복도, 성유聖維(상위 3개 카스트의 힌두교도가 재생족의 상징으로 어깨에 두르는 끈)도 없이 여느 인도 농부처럼 집에서 짠 평범한 흰색 천을 두르고 다녔다. 이런 몸짓 덕분에 그의 민족주의 운동은 민중의 지지를 받았고 지역 · 계급 · 종교의 장벽을 넘어 외세를 향한 단합된 전선을 구축했다.

간디가 스스로를 인도 사회 밑바닥의 단순한 문맹 촌부와 동일시한 반면, 인도국민회의의 떠오르는 스타 자와할랄 네루는 옷도 잘 차려입고 세련된 비종교적 인물이었다. 그러나 두 사람은 서로의 입장 차이에도 불구하고 형제처럼 가까운 관계를 유지하며 힘을 합쳐 인도의 독립운동을 위한 리더십을 펼쳐 보였다. 두 사람 모두 영국의 통치에 긍정적 측면도 있음을 인정했으며, 위기의 순간에도 자신이 속한 집단의 이익을 넘어 이슬람교도 및 영국과의 화해와 타협을 가져올 수 있었다.

분단

권력 이양의 마지막 단계를 감독하기 위해 인도 총독으로

간디와 자와할랄 네루의 얼굴이 들어간 기념우표

임명된 루이스 마운트배튼 경은 신속하고 결단력 있게 임무를 완수하기로 작정했다. 무하마드 알리 진나가 이끄는 전인도 이슬람교도 연맹은 별도의 이슬람교 국가를 요구했다. 간디는 분단에 반대했지만 네루를 비롯한 국민회의 지도자들은 결국 분단을 불가피한 것으로 받아들였다. 일단 그러한 장애물을 넘고 나니 영국 철수는 일사천리로 진행되었다.

1947년 8월 14일 자정 직전, 독립을 목전에 두고 네루는 이렇게 연설했다. "아주 오래 전, 우리는 운명과 만나기로 약속했고 이제 우리의 약속을, 전적으로는 아니지만 상당 부분 지켜야 할 때가 되었습니다. 자정을 알리는 소리가 울리면 세상은 잠들어 있겠지만 인도는 깨어나 삶과 자유를 누릴 것입니다. 마침내 역사에서 흔하게 오지 않는 순간이 다가왔습니다. 한 시대가 막을 내리고 우리가 과거에서 벗어나 새로운 시대를 향해 나아가는 순간, 오랫동안 억압받아 온 한 국가의 영혼이 자유롭게 발언할 수 있는 순간이 찾아온 것입니다…"

힌두교와 이슬람교가 서로 반목하게 된 것이 분열과 지배

정책 이후 영국이 성급하게 철수해 버렸기 때문인지, 아니면 이슬람교의 비타협적인 태도 때문인지, 또는 국민회의의 과도한 자신감 때문인지를 두고는 의견이 분분하다. 어쨌든 지역적 유혈 폭동 속에서 파키스탄은 인도로부터 분리되었고, 힌두교도는 파키스탄에서 인도로, 이슬람교도는 인도에서 파키스탄으로 넘어감으로써 500만 명이 넘는 사람들의 대이동이 일어났다. 사람들은 집과 땅과 재산을 버렸고 이산가족이 속출했으며, 양쪽에서 끔찍한 잔혹 행위가 자행되었다. 이 과정에서 적어도 50만 명이 사망했다.

인도 독립의 드라마는 또 하나의 비극과 함께 펼쳐졌다. 1948년 1월 30일 마하트마 간디가 기도회에 가던 중에 광적인 힌두교도 청년에게 암살당한 것이다. 청년은 가까이 다가와서 먼저 간디의 발등을 만진 뒤(이것은 힌두교에서 존경을 표시하는 몸짓이다) 일어나서 총을 쐈다.

균형 잡기

인도 초대 총리였던 자와할랄 네루는 대단히 청렴하고 뛰어나고 매력적인 사람이었다. 덕분에 귀족적 배경과 서구적인 시각, 철저히 비종교적인 태도를 지녔음에도 농부와 정통 힌두교도, 지식인들에게 고른 지지를 얻었다. 네루는 민주주의와 사회주의, 빈곤 퇴치에 깊이 헌신했으며 인도를 이끌고 20세기를 향해 나가기로 결심했다. 네루는 정치적으로 두 개의 밧줄 위에서 줄타기를 하며 균형 잡기 정책을 펼쳤고, 이것이 인도를 정치·경제적으로 오늘날의 위치로 이끌었다.

두 개의 밧줄 중 하나는 냉전의 양축인 미국과 러시아(구소련) 사이에서 비동맹 정책을 펼친 것이다. 이 정책으로 인도는 양측 모두의 의심을 받고 때로는 서로 싸움을 붙이기도 했다. 서방은 네루가 공산 진영과 너무 가깝다고 비난했고, 러시아는 인도가 자본주의 덫에 빠져들고 있다고 생각했다. 그러나 인도는 양 진영 모두에게 원조를 받았다.

또 다른 밧줄은 국내 정책이었다. 네루는 인도의 산업화를 꾀하며 소규모 식자층 도시 인구의 이익과 대규모 농촌 인구의 이익 간에 균형을 잡으려 했다. 그러기 위해서는 비산업화된 경제와 느슨하게 연결된 마을 차원의 정부를 지향했던 간디의 이상에 맞서야 했다. 그럼에도 그의 정책은 농부들의 이익을 토대로 했다. 네루는 기계화된 현대 산업을 도입해야만 빈곤과의 전쟁에서 이길 수 있다고 믿었고, 자신이 어느 한 쪽을 희생시키는 것이 아님을 양측 모두에게 설득했다.

훗날 정권을 잡은 네루의 딸, 인디라 간디도 아버지의 정책을 계속 이어갔다. 인디라는 마치 인도가 개발도상국이 아닌 강대국인 양 행동해 원조 제공 국가들을 짜증나게 했다. 강력한 군대를 구축했을 뿐 아니라 야심찬 우주항공 프로그램도 장려했다. 최후의 한 방은 인도가 핵실험을 실시한 것이다. 1970년대와 80년대에 그녀가 펼친 경제 정책은 대규모 농촌 인구의 도시 유입을 초래했다.

인디라가 암살된 후에는 아들인 라지브 간디가 뒤를 이었다. 총리가 되기 전에 라지브는 비행기 조종사였다. 서방에서 교육을 받고 이탈리아 여성과 결혼한 그는 기술에 매료되었고 인도의 대중과는 연고가 전혀 없었다. 그의 지나치게 격식을 차리는 태도와 외국인 악센트가 느껴지는 힌디어 발음에 대중은 이질감을 느꼈다. 라지브 간디는 산업화 속도를 높이려 했지만, 그의 정치 경력 역시 암살과 함께 끝났다.

영화와 텔레비전, 광고의 성장과 함께 도시는 자석처럼 인구를 끌어들였다. 그로 인해 농촌 인구는 더 가난해졌고, 농촌이 주민들을 잡아두기 위해 해줄 것이 별로 없다. 대부분의 대도시는 이렇게 농촌을 탈출한 사람들의 무게에 짓눌려 있다.

내부적 균형 상실은 국제적인 균형 상실에 의해 더욱 악화되었다. 냉전의 종식은 인도가 더 이상 국제 원조에 의지할 수 없음을 뜻했다. 인도는 이제 세계은행과 국제통화기금, 아시아개발은행 같은 지원 조직들이 정한 규칙에 따라야 하는 처지가 되었다. 나라시마 라오 정부는 산업화를 가속화하는 것 외에 달리 선택의 여지가 없었다. 1991년 민간 부문을 구조조정하고 외국인 투자를 유치하기 위해 (인도로서는) 혁명적인 경제 개혁을 도입했다. 루피의 가치는 급격하게 하락했고 관료주의 절차는 대폭 감소되었다.

인도 독립에서부터 나라시마 라오 정부가 무너지기까지, 국민회의는 전국 정당으로 살아남은 유일한 정당이었다. 그때까지 정권을 잃었던 적도 1977년 인디라 간디가 비상사태를 선포하고 시민권을 제한한 이후 연립정부가 집권한 3년, 그리고 1989년 11월부터 역시 V.P. 싱이 이끄는 다른 연립정부가 집권한 11개월, 이렇게 두 차례의 짧은 기간에 불과했다.

그러나 수세기 동안 인도를 분열시킨 문제들은 사라지지 않았다. 네루가 추구했던 인도식 사회주의로부터의 급격한 변화는 힌두교 부흥운동의 분열적 정책에 비옥한 토양을 제공했다. 1990년대에 힌두 내셔널리즘을 표방하는 인도국민당(BJP)이 전국적 추종자를 모으며 국민회의에 도전했다. 절대 다수를 차지하는 뚜렷한 정당이 없는 상태로 단기적인 연립정부들이 잇따랐다. 국민회의는 더 이상 국가 전체에 걸친 통합적인 관점을 제시할 수 없었다. 절박해진 국민회의는 이탈리아 출신 라지브의 미망인 소니아 간디에게 눈을 돌렸다. 카리스마 있고 현실적인 리더십을 제공할 만한 인물이 마땅히 없었던 것이다. 그리고 1998년 5월, 바지파이 총리가 이끄는 BJP 주도의 연립정부는 핵실험을 실시해 악명을 떨쳤다.

계속된 정치적 변화에도 불구하고, 나라시마 라오가 시동을 건 경제 정책은 여전히 현대 인도의 모습을 만들어가고 있다. 농촌에서의 변화는 점진적이지만 도시 지역의 변화는 눈이 부실 정도다. 코카콜라, 시티뱅크, 포드를 비롯한 국제 기업들의 광고판이 이제 도시의 풍경을 이루고 있다. 누군가에게 세계화는 서구화로 보일 것이다. 인도인들이 '인도다움'을 주장하려는 것도 어쩌면 이에 대한 반응인지 모른다. 독립 50주년을 훌쩍 넘긴 인도는 마침내 세계 경제에 합류하고 있지만 투쟁과 갈등은 여전히 끝나지 않았다.

종교적 신념

인도인의 80퍼센트 이상이 힌두교도이다. 인도에서 발원한 불교는 이곳에서는 힌두교 세계관에 흡수되었으나 인도

'신은 어디에 사나요?
어느 마을인가요?
현자여, 그분의 이름을 말해주오.'
– 카비르, 힌두교도와 이슬람교도, 시크교도의 존경을 받은 시인 겸 성자

를 제외한 다른 곳에서는 세계 주요 종교 중 하나로 정체성과 지위를 유지하고 있다. 자이나교와 시크교는 통일성과 힌두교와의 차별성이라는 측면에서 장점이 있으며, 매우 가시적이고 영향력 있는 소수 종교다. 파르시 Parsi (8세기경 이슬람교도의 박해

를 피해 인도로 피신한 조로아스터교도의 자손들)는 종교적 박해를 피해 인도로 왔으며 이곳에서 방해 받지 않고 종교 활동을 유지하고 있다. 이슬람교는 북쪽으로는 무굴 정복자들, 남쪽으로는 아랍 상인들과 함께 인도에 들어왔다. 기독교는 그것이 종교로 존재한 기간만큼이나 오랫동안 인도에 존재했다.

인도의 많은 지역에서 다양한 종교 집단이 여러 세대 동안 평화롭게 공존해 왔다. 종교적 불화가 심각한 몇몇 지역이 있기는 하지만, 기본적으로 힌두교에는 종교적 관용이 내재되어 있기 때문에 인도는 종교적 관용을 지닌 국가로서 명성을 잘 쌓아왔다. 힌두교는 사회 전체가 하나의 단일한 종교적 믿음과 관습을 채택할 것을 요구하지 않는다. 그러나 그 사회에 속하는 각각의 집단은 저마다 따라야 할 엄격한 규칙이 있으며 이를 어기는 것을 가볍게 넘기지 않는다. 집단 규칙의 사소한 위반조차 가혹한 형벌로 이어질 수 있다.

인도 친구와 지인들을 제대로 이해하려면 그들이 소중하게 여기는 종교적 신념에 대해 알 필요가 있다.

힌두교

갠지스 강이 흐르는 바라나시에서는 순례자들이 신성한 강가에 앉아 명상을 한다. 그들은 산스크리트어로 된 운문을 암송하며 성스러운 강물에 몸을 적시고 물을 손으로 떠서 마신다. 그렇게 함으로써 그들은 모든 죄를 씻어낸다. 조금 아래쪽에서는 사람들이 쭈그리고 앉아 용변을 본다. 신성한 강물은 이런 식의 정화 역할도 한다. 누군가 인도를 가리켜 가장 종교적인 동시에 가장 비도덕적인 사회라고 말한다면, 그는 아마도 힌두교의 중심에 존재하는 역설을 아는 사람일 것이다.

힌두교는 마치 한 그루의 거대한 반얀나무와 같다. 반얀나무에서 뻗어 나온 수많은 가지들은 땅에 닿아 각자 뿌리를 내리지만 그럼에도 여전히 희미하게 몸통에 연결되어 있다. 그 가지들 중 하나는 영혼과 악마, 주술의 원시적인 애니미즘이다. 또 다른 가지는 우주 전체를 하나의 초월적인 실체로 바라보는 심오한 일원론 철학이다. 힌두교도 중에는 돌이나 뱀, 쥐를 숭배하는 사람도 있을 수 있고, 신을 인간으로, 인간을 신으로 숭배하는 이도 있을 수 있으며, 하나의 신을 숭배하는 이도, 여러 신을 섬기는 이도, 아예 신을 숭배하지 않는 이도 있을 수 있다. 힌두교 신전의 어떤 신도 '나 이외의 신을 섬기지 말라'고 선언하지 않을 것이기 때문이다.

힌두교의 본질적 정신은 모든 생명이 하나임을 인식하는 것이라고 표현할 수 있다. 신과 인간은 모두 '카르마karma'라는 자연 법칙, 즉 누구도 피할 수 없는 인과관계의 법칙에 지배받는다. 우리가 실재한다고 보는 것은 단지 환상이거나 게임이거나 꿈이거나 춤이다. 우주는 끝없는 윤회를 겪는다. 힌두교의 최고신 브라마의 하루는 86억 4000만 년에 해당한다. 브라마의 시간으로 100년마다 브라마 자신을 포함한 우주만물이 사라졌다가 다시 태어난다.

서사시

힌두교의 윤리적 가르침은 고대 인도의 2대 대서사시 《라마야나Ramayana》와 《마하바라타Mahabharata》를 바탕으로 한다. 두 서사시 모두 다르마dharma와 아다르마 간의 끝없는 갈등에 관한 내용이다. 다르마는 개인의 내적 존재의 법칙이며 개인의

마디아프라데시 주의 마헤슈와르 궁전 앞에서 요가와 명상을 하는 사람들.
힌두교 서사시 《라마야나》와 《마하바라타》에도 이 지역이 명시되어 있다.

본성에 따른 도덕률과 정의, 의무와 책임 같은 것을 의미한다. 아다르마는 그냥 다르마에 반하여 행동하는 것이다. 이는 선과 악, 옳고 그름, 진실과 거짓이 절대적이지 않은 상대적인 조건임을 암시한다. 군인의 다르마는 죽이는 것이며, 죽이지 않는 것은 아다르마일 것이다. 그러나 성직자의 경우, 짐승을 한 마리라도 죽이는 것은 자신의 다르마에 위배되는 일이다.

《라마야나》와 《마하바라타》는 초기 인도-아리아 침략자들의 역사를 광대하고 강력한 전쟁과 갈등의 신화로 옮겨놓았다. 약 2천 년 전에 수백 년에 걸쳐 완성된 두 서사시는 오늘날 인도인들에게 여전히 강력한 영향력을 발휘한다. 현대판 《라마야나》가 TV 프로그램으로 제작되어 일요일 아침마다 인도 공영 방송국에서 방송되었을 때, 전 국민이 TV 수상기 앞에서 방송을 보느라 모든 활동이 일시에 중지될 정도였다. 오죽하면 버스 기사가 운행 중에 일정에도 없이 버스를 세우고 TV를 시청하는 웃지 못할 상황까지 빚어졌다.

라마야나

《라마야나》에 포함된 2400편의 운문은 라마에 관한 이야기다. 라마는 아요디아 지역의 적법한 왕위 계승자이지만, 왕의 세 번째 왕비가 자신의 아들을 위해 그 자리를 빼앗는다. 라마는 아내 시타와 동생 락슈만과 함께 숲에서 유배 생활을 한다. 그런데 악마의 신 라바나가 황금색 사슴의 도움으로 시타를 납치하고, 라마는 그녀를 되찾기 위해 라바나와 전투를 벌인다. 원숭이 신 하누만의 도움으로 라마는 싸움에서 이긴다. 반신반인인 라마는 이상적인 왕이며 시타는 충실한 힌두교도 아내의 본보기다. 《라마야나》는 다르마가 승리하는 이상 세계를 찬양한다.

마하바라타

《마하바라타》는 길이가 《일리아드》와 《오디세이》의 8배, 성경의 15배에 이를 만큼 방대하다. 이 10만 편의 운문에서 찾을 수 있는 내용을 다른 곳에서도 찾을 수는 있지만, 여기서 찾을 수 없는 내용은 다른 어디에서도 찾을 수 없다는 이야기가 있을 정도다.

《마하바라타》는 인간 본성에 대한 통찰을 보여 주는 서사시이다. 음모와 로맨스, 이중성과 도덕적 몰락, 어두운 거래, 불명예와 통탄. 여기에 이상적인 영웅은 없다. 대부분의 등장인물은 결국 죽거나 죽어가고, 승리는 전쟁터에서 불타는 시체의 냄새와 재의 맛이 난다.

이 서사시는 판다바 형제와 그들의 사촌 카우라바 형제 사이의 전쟁에 관한 이야기다. 판다바 오형제 중 장남인 유디슈티라는 주사위 게임에서 카우라바 형제에게 져 자신의 왕국과 형제들, 그리고 형제들의 공동 아내 드라우파디까지 모두 잃는다. 그들은 14년간 숲으로 유배를 떠난다. 이 기간이 끝나면 왕국을 되찾을 수 있다. 그러나 권력에 굶주린 카우라바 형제의 장남 두료다나는 왕좌를 포기하지 않는다. 판다바 형제와 카우라바 형제는 병력을 모아 쿠르크쉐트라 들판에서 싸운다. 그 순간 판도바의 3남 아르주나는 전차를 몰고 전장 한가운데로 돌진하다가 양쪽으로 갈라진 친척들과 스승들과 친구들을 보고 싸우기를 거부한다.

이때, 아르주나의 마부 크리슈나가 그에게 사랑하는 사람들과 싸우고 그들을 죽이는 것이 전사로서의 의무임을 일깨우는 장면이 《바가바드 기타 Bhagavad Gita》(신의 노래) 편의 주요 내용이다. 총 700절로 이루어진 이 철학적 시편은 힌두교 경전의 최고봉으로 알려져 있으며 여전히 막대한 영향력을 행사하고 있다. 어떤 지도자는 이를 이용해 폭력을 정당화하는가 하면, 또 어떤 지도자는 간디처럼 비폭력을 정당화하기도 한다. 복잡하고 지략이 풍부한 크리슈나는 각각의 독자에게 다른 의미로 다가간다.

3억 3000만 신

머리와 다리가 여러 개 달린 기괴한 모습의 생동감 넘치는 총천연색 신들과 여신들의 만화경은 표면적으로는 요란한 다신교의 모습을 하고 있지만 그 이면에는 일원론이 자리 잡고 있다. 그 신들은 브라마나 이시바라 또는 마하샥티라고 불리는 초월적 존재의 끝없이 증식되는 굴절된 이미지들이다.

힌두교 경전에 따르면 3억 3000만여 신들이 있다고 한다. 어떤 신들은 자연현상이나 사악한 힘, 또는 질병의 화신이며,

어떤 신들은 신격화된 인간이거나 지역 및 마을의 토속신이다. 이런 신들은 개인적 신성의 필요에 따라 등장한다. 어쩌면 이제 천연두 여신이 에이즈 여신에게 자리를 내주게 될 것이다.

신은 쌍으로 나타나는데 남성 신이 완전해지기 위해서는 '샥티shakti', 즉 아내가 될 여신이 필요하기 때문이다. 또한 모든 신과 여신은 저마다 타고 다니는 동물이 있는데 이를 '바하나vahana'라고 한다. 신들은 여러 개의 팔을 가지고 있으며 이는 힘의 상징이다.

브라마 / 비슈누 / 시바 / 가네샤

가장 중요한 신은 비슈누Vishnu와 시바Siva다. 이들은 브라마Brahma와 함께 창조와 보존, 파괴의 순환을 구현한다. 창조자 브라마는 4개의 머리가 달려 있으며 4개의 손 중 2개에 물 주전자와 묵주를 들고 있다. 그의 샥티는 지식의 여신 사라스바티로, 백조를 타고 다니고 비나veena라는 현악기를 들고 있다.

비슈누는 머리가 여럿 달린 뱀에 비스듬히 기대어 있고 배꼽에서 연꽃이 나오는 이미지가 종종 보인다. 또는 아다르마의 힘으로부터 세상을 보호하기 위해 자신의 10가지 화신 중 하나로 모습을 띤다. 라마일 때 비슈누는 활을 가지고 다닌다. 가장 인기 있는 화신은(특히 달력에서) 플루트를 연주하는 파란색 크리슈나 신이다. 비슈누의 아내는 부의 여신 락슈미다. 락슈미는 코를 치켜 올린 두 마리의 코끼리 사이에서 연꽃 위에 앉아있다. 이들의 바하나는 반인반조 가루다Garuda이다.

시바는 여러 모습을 갖고 있지만 그중 가장 아름다운 것은 신성한 춤을 추는 나타라자다. 나타라자는 다리 한쪽을 들어 올린 채 다른 한 쪽 다리로 혼돈의 악마의 머리를 찍어 누르고 있다. 네 손 중 하나는 보호 동작을 취하는 한편 다른 하나는 들어 올린 발을 가리키고, 또 다른 하나는 창조의 박자를 측정하는 드럼을, 나머지 하나는 소멸의 불을 들고 있다. 시바는 링감^{lingam}(남근상)이라고 알려진 사당에서 숭배된다.

시바의 샥티는 강력한 어머니 신 데비로, 형상에 따라 여러 개의 이름으로 불린다. 파르바티, 가우리, 두르가 그리고 가장 무섭고 흉포한 칼리다. 칼리일 때 데비는 검은 피부에 혀에서 피를 뚝뚝 떨어뜨리며 인간의 해골로 이루어진 화환을 쓴 채로 한 손에 잘려진 머리를 들고 다닌다. 힌두교는 무시무시한 음陰의 힘, 전능한 어머니의 신비롭고 어둡고 본능적인 측면을 찬미한다. 그녀는 '시간에 대한 두려움을 떨쳐내는 존재'이기 때문이다.

가장 널리 숭배되는 신은 코끼리 머리를 가진 가네샤^{Ganesha}로 시바와 바르바티의 아들이다. 신들조차 어떤 사업을 시작하기 전에 가네샤를 숭배해야 한다. 여행과 공연, 사업 또는

코끼리 머리를 가진 가네샤 신의 석상.

힌두교 의식 및 예식은 가네샤에게 올리는 기도와 함께 시작한다. 그는 난쟁이처럼 작고 배가 올챙이처럼 불룩한 모습으로 묘사되는데, 종종 바하나인 쥐 위에 앉아있다. 한 손에는 그가 좋아하는 쌀 경단이, 다른 손에는 부러진 상아가 쥐어져 있는데, 전해지는 이야기에 따르면 그가 이 상아로 현자 비야사가 불러주는 대로 《마하바라타》를 새겼다고 한다.

꽃 / 과일 / 나뭇잎 / 물

돌이나 식물의 뿌리, 강황이나 바위의 갈라진 틈, 개미총 또는 나무 그루터기로 신을 숭배할 수 있다. 크리슈나는 《바가바드 기타》에서 꽃이나 과일, 나뭇잎, 심지어 손에 담은 물도 경건한 마음으로 기도와 함께 바친다면 신이 받아들일 것이라고 말했다.

그러나 모든 가시적인 요소들을 원하는 힌두교도는 사원과 의식, 매개자인 승려들, 성자와 종교 교사 등을 찾는다. 대부분의 힌두교도는 두 가지 방식을 모두 이용하는데, 집안에 제단을 두고 직접 푸자puja(힌두교 예배)를 드리기도 하고 승려들이 푸자를 행하는 사원을 찾기도 한다. 사원에서도 단순히 신 앞에 등불을 올리는 것이 예식의 전부인 경우도 있고, 아니면 암송과 찬송, 우유와 꿀 또는 기타 값비싼 물건들을 바치며 몇 시간에 걸쳐 예배를 드리기도 한다.

숭배의 규칙을 규정하는 고대 경전에서는 다섯 가지 요소가 있어야 한다고 말한다. 인간의 육신을 상징하는 물을 담은 주전자, 신상, 자연을 상징하는 과일이나 꽃, 나뭇잎, 우주 만물을 아우르는 신성한 둥근 그림 만다라, 창조의 시작을 알리는 주문인 만트라가 그것이다. 앞의 네 가지는 선택 사항이어서 그것들 없이도 숭배가 가능하지만, 의식을 활성화하고 다른 모든 요소들에 생명을 불어넣는 신성한 말씀 만트라가 없이는 어떤 의식이나 예배도 소용이 없다.

푸자의 마지막에는 숭배자들이 쿰쿰^{kumkum}이라는 빨간 가루를 손에 묻혀 이마 중앙에 점을 찍는다. 기혼 여성은 가르마 부분에도 점을 찍는다. 그러나 빈디^{bindi}라고 부르는 이 점을 미망인은 찍을 수 없으며 기혼 여성과 미혼 여성만 찍게 되어 있다. 한편 요즘 도시 여성들은 단순히 패션을 위해 입고 있는 사리에 맞춰 다양한 색깔의 점을 이마에 찍고 있으며, 빈디를 찍은 여성이 힌두교도임을 상징하는 의미조차 사라져버렸다.

시크교

시크교의 창시자인 나나크 구루(1469~1539)는 3일간의 묵언 수행 끝에 "힌두교도도, 이슬람교도도 없다"고 선언했다.

시크교는 신을 단순히 이크^{ikk}('하나'를 뜻함)라고 부르는 영적·일신교적·윤리적 신앙으로 시작되었다. 그러나 이러한 메시지는 우파니샤드 철학에도 이미 존재했었고, 새로운 것은 사회적 병폐에 관한 자각과 효과적인 치유책을 찾으려는 관심이었다. 어쩌면 나나크 구루가 박티 성자와 수피교 신비주의자들의 영향을 받았는지도 모르지만 사랑, 신앙, 평등에 대한 그의 메시지는 그 자신의 올곧은 본성에서 나온 것이다. 그는 어떤 종교를 부정하지도, 상반되는 신앙들을 서로 섞으려 하지도 않았다. 오히려 카스트나 종교로 인한 사람들의 분열을 거부하고 추종자들에게 그런 장벽들을 부술 방법을 제안했다.

나나크 구루는 자신의 가르침과 실천을 받아들이고 따르는 낮은 신분의 농부와 수공업자, 상인들 사이에 공동체를 만들었다. 그리고 사망할 때 아들을 후계자로 내세우는 대신 제자들 가운데 한 명을 자신의 특별한 본질을 이어갈 인물, 즉 구루로 선택했다. 하나의 불꽃이 다른 불꽃으로 이어지고, 하나의 영혼이 다른 육신으로 들어가는 것을 상상해 보자. 시크교의 불꽃은 나나크에서 시작해 고빈드 싱으로 끝나는 열 개의 육신, 열 명의 구루를 통해 이어졌다. 이후로 그 불꽃은 시크교 성전인 《구루그란트Guru Granth》에 전달되어 오늘날도 여전히 현현하고 있다.

처음부터 시크교는 영성을 금욕의 경로가 아닌 현실 세계의 삶과 연결지었다. 시크교는 화합적인 사회적 전망을 발전시켰으며 이러한 전망은 이슬람교의 박해로 빠르게 정치화되었다. 무굴 제국의 자한기르 황제가 제5대 구루 아르준 싱을 고문으로 죽이자 제6대 구루는 계승식에서 전사의 갑옷을 입었고, 그때부터 불의에 맞서 무기를 드는 것이 시크교의 종교적 의무가 되었다.

제9대 구루가 종교의 자유를 위해 싸우다 순교하자 제10대 구루 고빈드 싱은 칼사khalsa(신의 선택을 받은 사람)라는 이름의 전투적 교단을 만들었다. 고빈드 구루의 부름에 일신을 바친 최초의 다섯 명, 즉 '친애하는 5인'은 무굴 통치 기간에 적과 스스로를 구분하고 자신들의 목적을 상징화하기 위해 다섯 가지 상징적 용모를 갖추었는데 이를 '5k'라 한다. 5k는 오늘날까지도 시크교도를 구분하는 표시가 되고 있다.

- **케사**kesa: 자르지 않은 머리. 수도자의 머리와 같다.
- **캉가**kangha: 나무빗. 봉두난발의 다른 수도자들과 달리, 시크

교도는 속세를 부정하지 않으며 머리를 단정하게 관리한다.

- **카라** kara: 시크교도의 정체성을 상징하는 순수한 무합금 금속으로 만든 쇠 팔찌.
- **카츠** kachh **또는 카체라** kachera: 정결함의 표시로 짧은 속바지.
- **키르판** kirpan: 단검. 군인의 단검과 유사하며, 폭력을 먼저 시작하지 않으나 뺨을 맞으면 다른 뺨을 내어주지 않겠다는 의지를 나타낸다.

나나크 구루는 평등주의에 입각한 종교를 창시했다는 점에서 최초의 마르크스주의자라고 불리기도 한다. 모든 남성과 여성은 동등한 지위를 가졌고, 모두가 성직자가 될 수 있으며, 모든 결정은 공개적인 토론장에서 집단 구성원 전체가 함께 내렸다. 모두가 사르다르 sardar(지도자)라고 불렸고, 누구나 동일한 위치까지 올라갔다. 지금도 성직자와 사원의 관리자는 선출되며, 공동체 부엌에서 모두 함께 식사를 하고, 사회적·정치적 활동이 영적인 삶과 분리되지 않는다. 이 종교는 인도 사회에 실제로 존재하는 카스트 제도를 인정하지 않는다. 여성은 교육을 받고 이론적으로 남녀 간에 위계적 구분이 없다.

시크교 사원을 구르드와라 gurdwara라고 부른다. 구루그란트는 구르드와라의 내부 성역 중앙에 있다. 시크교도 수입의 10퍼센트는 구르드와라에 봉납된다. 신은 사람들 사이에 있기 때문에 상가트 sangat(사람들의 모임)는 종교 활동의 중요한 부분이다. 성상과 공허한 의식을 거부하고 생일, 성년식, 결혼식, 장례식은 의도적으로 간소하게 진행한다.

시크교도는 흡연과 음주를 하지 않는다. 또한 종교적으로 금지하는 것은 아니지만 많은 시크교도가 소고기를 먹지 않고 다른 고기도 단칼에 죽인 동물에서 얻은 것만 먹는다. 전통적인 인사말은 '삿 스리 아칼sat sri akal'이다. 시크교도에게 성일은 제1대 구루 나나크와 마지막 구루 고빈드 싱의 탄신일을 비롯한 구루 탄신일과 1699년 3월 30일에 '친애하는 5인'이 칼사에 입문한 것을 기념하는 바이사키 축일이다. 정통 시크교도들은 성이 따로 없고 남자는 모두 싱 Singh, 여자는 모두 카우르 Kaur로 불린다.

시크교의 전통을 따르는 남자와 여자는 5k를 통해 용모의 특징을 유지한다. 다만 지금은 머리빗에 단검 모양을 새겨 넣은 것이 단검을 대신한다. 터번을 두르고 수염을 기른 남자들은 군중 속에서도 쉽게 식별할 수 있다. 그래서 인디라 간디 수상이 시크교도 경호원에게 암살당한 뒤 벌어진 대학살에서, 무고한 시크교도들은 신앙을 거부하지 않는 이상 폭력적인 군중으로부터 몸을 숨길 길이 없었다. 그리고 예상할 수 있는

편자브 주 인구의 60퍼센트를 차지하는 시크교도들.
현대적 복장을 한 청년들도 터번을 쓰고 다닌다.

일이지만, 시크교도 대부분은 그때도 머리를 자르지 않았다.

시크교도에게는 긴긴 역사 동안 자신들이 죽음도 불사하며 고유한 생활양식을 지켜냈다는 강한 자긍심이 있다. 시크교의 본고장인 편자브 지역에서는 인구의 60퍼센트가 시크교도이지만, 인도 전체 인구에서 차지하는 비율은 단 2퍼센트에 불과하다. 그런데도 인도의 군대와 정계, 재계에 진출한 시크교도의 비율이 불균등할 정도로 높은 것은 부분적으로 그들의 종교가 지닌 미래지향적이고 비배타적이고 인본주의적인 성격 때문일 것이다.

조로아스터교

파르시의 종교인 조로아스터교는 세계에서 가장 오래된 종교 중 하나다. 이 종교는 창시 시기가 불분명하며, 선지자 차라투스트라에 의해 기원전 2000년에서 기원전 650년 사이에 창시되었다고만 알려져 있다.

차라투스트라는 숭배의 지배적 형태가 수많은 신들을 달래기 위한 희생과 의식이었던 시대에 도덕성과 일신교, 진리 탐구의 교리를 설파했다. 한때 조로아스터교는 근동 및 중동 지역 일대에 확산되었지만 이슬람교도의 종교적 박해와 강제 개종으로 신도 수가 급감해 인도로 피신해야 했다. 파르시라는 이름은 그들이 탈출한 '페르시아'에서 따온 것이다.

조로아스터교의 좌우명 '선한 생각, 선한 말, 선한 행동'은 다른 인간들을 향한 윤리적인 입장을 고집한다. 그들의 신 아후라 마즈다Ahura Mazda는 '모든 빛나는 존재 중에서도 가장 빛나는 존재'이며 '모든 영광스러운 빛 중에 가장 영광스러운 빛, 즉 태양을 입고 있다.' 불은 아후라 마즈다의 상징이다. 물리적인 불이 쓰레기를 태우면서도 그 자체는 밝고 순수하게 남는 것과 마찬가지로, 정신은 거짓을 태우고 아샤^{asha}, 즉 진실로 빛나야 한다. 인간들 사이의 진실과 선함은 악의 힘 아리안과의 싸움에서 아후라 마즈다를 강하게 만든다. '불꽃 사원'은 숭배의 장소다. 뭄바이에서 약 100마일 거리의 우드바다에 있는 이 사원의 불꽃은 페르시아 피난민들이 가져온 성화로, 1741년부터 계속 타오르고 있다.

차라투스트라는 맹목적인 신앙을 거부하고 선택의 자유를 강조했다. 따라서 파르시의 아이는 나브조테^{Navjote}라고 하는 입문 의례를 거행할 때까지 조로아스터교도가 되지 않는다. 성인식 때 당사자는 순백색 면으로 만든 신성한 셔츠 '수드레이^{sudrei}'와 고급 양모실 72가닥으로 이루어진 신성한 실 '쿠시티^{kushti}'를 받는다. 수드레이에는 매일 밤 그날 한 일 중에서 적어도 1제곱인치만큼의 선행을 신에게 바칠 것을 상기시키는 작은 주머니가 달려 있다. 쿠시티 72가닥은 가장 신성한 경전 72장을 상징한다. 쿠시티는 좋은 것을 생각하고 말하고 행하라는 의미에서, 그리고 악에 대한 보호막으로 허리에 세 번 두른다.

8만 5000명의 구성원으로 이루어진 파르시 공동체는 뭄바이와 구자라트에 집중되어 있으며, 파르시 종교의 세습적 본성(파르시와 파르시 사이에서 태어난 아이만 파르시가 될 수 있다)과 파르시 이외의 사람과 결혼하는 것을 금지하는 규칙 때문에 축소될 운명에 처해 있다. 파르시는 그 숫자에 비해 고위층 인사 비율이 불균형적일 만큼 높으며 그중 두 명은 사람들의 입에 늘 오르내리는 유명한 이름이 되었다. 타타^{Tata}와 고드레지

Godrej는 인도 최대 규모의 산업체이며 소금과 비누에서 자물쇠와 트럭에 이르기까지 모든 것에 이름이 붙어있다.

불교

부처는 말했다. "슬픔은 어디에나 있다. 모든 사물에는 고정된 실체가 없다." 그가 설파한 진리는 '고통은 삶의 본질이며 번뇌는 고통을 낳는다는 것'과 '8정도를 따름으로써 번뇌와 고통에서 벗어날 방법을 찾을 수 있다는 것'이다.

기원전 563년 가우타마 싯다르타 왕자가 탄생했을 때, 한 예언자는 싯다르타가 위대한 왕이 되거나 아니면 위대한 영적 지도자가 될 것이라고 예언했다. 그 예언을 들은 왕은 왕자가 영적인 세계를 추구하려는 욕구를 느낄 기회를 차단하기 위해 왕자가 태어난 순간부터 궁전에만 머물게 하고, 젊고 아름답고 건강한 사람들에게만 궁전 출입을 허락했다. 그래서 싯다르타는 삶의 진실을 전혀 보지 못했다. 그는 이렇게 만들어진 인공적인 천국에서 혼인해 13년간 행복하게 살았다.

그러던 어느 날 밤, 싯다르타는 마부에게 자신을 현실 세계로 데려가도록 명령했다. 제일 먼저 그는 한 노인을 보았다. 그리고 마부에게서 그 노인처럼 늙는 것은 예외가 아니며 모든 인간의 운명이라는 얘기를 들었다. 이어서 질병으로 황폐해진 한 남자를 보았고 이 역시 그 남자에게만 해당되는 경우가 아니라는 것을 알게 되었다. 다음으로 그는 시체를 보았고 죽음은 자신의 운명이기도 하다는 것을 알게 되었다. 싯다르타는 그동안 자신이 꿈속에서 살아왔음을 깨달았다. 마지막으로 그는 평온하게 깊은 명상에 잠긴 힌두교 고행자를 보았다.

시킴 주에서 만난 어린 동자승들. 불교의 발상지인 인도에서 불교의 위상은 다른 종교에 비해 그리 높지 않다.

© Baciu

그날 밤 그는 아내와 어린 아들이 잠든 사이 궁전을 빠져나와 6개월간 방랑하는 고행자의 삶을 시작했다. 그는 당시에 유행하던 모든 철학 학파를 연구했으나 결국 모두 거부했다. 그리고 마침내 비하르 주 보드가야의 보리수나무 아래에서 진리를 깨닫고 부처 Buddha, 즉 '깨달은 자'가 되었다.

이후 45년간 그는 따분하고 복잡한 형이상학에 빠지지 않고 사람들의 보통 언어로 이 메시지를 인도 전역에 설파했다. 그는 카스트 제도의 부당함과 성직자들에 의해 통제되는 숭배 의식과 희생을 공격했기 때문에 브라만 계급의 우월성에 심각한 위협이 되었다.

불교는 경제력은 있으나 사회적 지위가 낮은 상인 계급과 그 어느 쪽도 갖지 못한 낮은 카스트 사람들의 관심을 끌었다. 불교는 의식과 희생의 유용성을 부정하고 카스트 제도 자체에서 벗어날 것을 선택함으로써, 두 계급 모두에게 브라만 계급의 억압에서 탈출할 수단을 제공했다. 이후 불교는 아시아 전역에서 별도의 종교로 자리매김했지만 인도에서는 힌두교에 흡수되어 그 메시지도 희석되었다. 신의 존재를 부정했던 부처는 비슈누의 화신 중 하나로 힌두교 신전에 추가되었다.

자이나교

한 자이나교도는 이렇게 말했다. "불을 붙이는 자는 생명체를 죽이고, 불을 끄는 자는 불을 죽인다." 궁극적으로 비폭력 또는 불살생은 자이나교의 엄격한 관행이다. 그러니 자이나교도가 채식주의자여야 하는 것은 두 말할 나위 없으며 엄격한 자이나교도라면 뿌리채소와 요구르트까지 피한다. 뿌리채소를 경작하는 과정에서 벌레와 지렁이가 죽임을 당하고, 요구르트에 들어있는 유산균도 생명체이기 때문이다. 또한 자이나교도는 가죽 제품을 입거나 사용하지 않으며, 땅을 파다가 작은 생물들을 죽이는 것을 피하기 위해 건설이나 농업 같은 직업에 종사하지 않는다. 또한 거친 말과 욕설은 언어폭력이므로 그것도 피한다.

기원전 500년 경 마하비라Mahavira가 일으킨 자이나교는 원래 불교처럼 낮은 카스트 사람들에게 힘을 주는 원천이었다. 그러나 불교와 달리 자이나교는 일하는 과정에서 생물들을 해칠 수 있는 농부와 가죽 수공업자들이 실천할 수 있는 종교가 아니었다. 따라서 브라만 계급에 대응하는 상인들 사이에서 성행하는 도시적 현상이 되어 주로 대부업자, 상인, 중개인들의 공동체에서 신봉했다.

힌두교는 불교의 몇몇 측면을 흡수한 것과 마찬가지로 자이나교의 불살생과 채식주의를 흡수했다. 그래서 절대적 비폭력을 특별히 강조한다는 점 말고는, 오늘날 자이나교가 힌두교와 뚜렷이 구분되는 특징은 많지 않다. 자이나교는 카르마와 해탈, 환생 같은 힌두교 개념들과 몇몇 힌두교 신과 여신, 관습과 의식을 포함한다. 또한 자이나교도와 힌두교도 사이에 결혼도 가능하다.

자이나교도는 다양한 종류의 동물 병원과 보호소를 짓고 후원함으로써 다른 생명체에 대한 사랑을 표현한다. 늙은 젖소를 위한 보호소도 있고, 델리의 붉은 요새 복합 건물 맞은편에는 조류 병원도 있으며, 아흐메다바드에는 곤충의 집까지 있다. 갈 곳 없는 곤충들을 데려와서 생명을 지속할 만큼 먹이를 공급한다. 자이나라는 이름은 '지나Jina'에서 나왔는데 '감정을

인도의 종교 중에서 가장 금욕적인 생활을 하는 자이나교 수도승들.
백의파는 흰색 옷만 입고, 곤충을 밟지 않기 위해 빗자루를 들고 발 앞을 쓸면서 다닌다.

정복한 자'라는 뜻이다. 원칙적으로는 평범한 자이나교도도
점차 기도와 단식, 독신 서약으로 거의 수도자에 가까운 생활
방식을 취하도록 되어있다.

물론 자이나교 수도승의 삶은 두 배로 엄격하다. 자이나교
는 공의파(Digambara)와 백의파(Svetambara) 이렇게 두 파로 나
뉜다. 공의파 수도승은 자신과 연결되지 않은 모든 것을 거부
한다. 옷도 자신과 연결되지 않은 것이므로 벌거벗고 다닌다.
한편 백의파 수도승은 흰색 옷만 입고, 혹시 실수로 곤충을 삼
키게 될까봐 항상 얇은 천으로 입을 가리고 다닌다. 신도들은
곤충을 밟지 않기 위해 발 앞을 쓸면서 다닌다.

오늘날 인도에는 350만 명의 자이나교도가 있는데 주로 구
자라트와 라자스탄, 우타르프라데시에 집중되어 있다. 이들은
여전히 비살생적인 업종을 선택하고, 주로 고소득층에서 일하
며, 전국에 많은 공익 신탁 및 기관을 두고 있는 것으로 알려

져 있다. 자이나교 사원은 아름답고 정교하게 조각되어 있으며, 방문객들은 지갑이나 벨트 등 가죽 제품을 밖에 두고 들어가야 한다. 신도 수가 많지 않음에도 인도의 경제 및 사회에서 영향력 있는 역할을 하고 있다.

이슬람교

이슬람교는 인도에서 가장 큰 소수 종교로, 신도가 7500만 명(인구의 약 10퍼센트)에 달한다. 그러므로 인도는 세계에서 가장 큰 이슬람교 국가 중 하나다.

최초의 이슬람교도는 북인도에는 침략자로, 남인도에는 상인으로 들어왔으며, 따라서 이슬람교의 역사도 지역별로 다르다. 예를 들어 남부인 케랄라 주에는 대규모 이슬람교도 집단이 존재함에도 종교적 갈등이 적고 수세기 동안 다양한 종교 공동체가 평화롭게 공존했다. 반면 인도 북부의 경우 아랍인과 투르크인, 무굴인이 정복자로 침략해 때로는 힌두교도를 강제로 개종시키고 힌두교 사원을 파괴하고 힌두교 관습에 불리한 세금과 법률을 적용했다. 한때는 인사할 때의 제스처인 나마스카(합장)까지 금지한 적이 있다. 그런 만큼 해묵은 원한과 적대감이 세대에서 세대로 전해져 내려와 예기치 않은 순간 폭력으로 분출될 수 있는 긴장된 상황이다.

이슬람교가 지배적인 지역들은 음식, 건축, 음악, 춤, 사교생활, 여성에 대한 태도 또는 복장 면에서 이슬람 문화의 영향을 크게 받았다. 특히 여성들에 대한 태도가 사회에 미친 영향력은 막대하다. 이슬람 경전 코란은 여아 살해를 금지하고 결혼과 이혼, 유산 상속에서 여성의 권리를 보호하며 일부다처제를 제한한다(똑같이 보살피고 대우할 수 있는 경우에 한해, 한 시기에 아내를 네 명까지 둘 수 있다). 하지만 현재 인도에서 지배적인 이슬람교도들의 태도는 여성은 남편의 소유물이며 교육받을 가치가 없고, 제지하지 않으면 남성을 끊임없이 유혹하는 존재라는 것이다.

이슬람교도는 하루 다섯 번씩 나마즈^{namaz}라고 하는 기도 의식을 올리고, 라마단 기간 중에는 로자^{roza}라는 단식 의식을 행하고, 매년 자카트^{zakat}로 소득의 일부를 기부해 성직자들이 다양한 명분을 위해 분배하도록 하고, 적어도 일생에 한 번은 하즈^{hajj}라고 하는 메카로의 순례 여행을 떠나도록 되어있다. 이슬람교도는 돼지고기와 양서류를 먹지 않고, 고기는 이슬람교 계율에 따라 도축된(이를 '할랄^{halal}'이라고 한다) 것만 먹는다. 술도 마시지 않는다. 이슬람교 성일은 금요일로, 이때는 사원에서 특별 기도회가 열린다.

라마단 기간 중에 단식을 하는 이슬람교도는 동트기 전까지만 먹고 마시고 흡연할 수 있다. 동튼 이후부터 저녁에 해가 지기 전까지는 온종일 물 한 모금 마실 수 없다. 또 다른 중요한 날은 무하람^{Muharram}이다. 이는 무하마드의 손자가 죽은 엄숙한 사건을 기리는 날이다. 특히 시아파 이슬람교도는 이때 12일 동안 가정에서 기도와 찬송을 바치기도 한다.

절대적인 유일신 사상과 인류가 한 가족이라는 관점은 당연히 낮은 카스트의 사람들에게 대단한 매력으로 다가왔다. 모든 인간이 사후에 선행에 대해서는 보상을 받고 악행에 대해서는 벌을 받는다는 가르침은 유일신 앞에서 모두가 평등하다는 의식과 함께 형제애를 불러일으켰다. 인도계 영국 소설가 비디아다르 나이폴이 한 이슬람교도 청년에게 신앙이 당신에게 주는 것이 무엇이냐고 물었을 때, 청년은 대답했다.

"형제애죠. 모든 것에 대한 형제애요. 이슬람교는 차별을 가르치지 않아요. 사람들이 서로를 돕도록 만들죠. 맹인이 길을 건너는 것을 보면 그의 신앙이 무엇인지 따지지 않고 그냥 돕습니다."

기독교

인도는 세계에서 가장 오랜 기독교 전통을 가진 국가 중 하나다. 서기 52년, 예수의 12사제 중 처음에는 예수의 부활을 의심했던 시리아의 성 도마가 배를 타고 케랄라 해안의 말랑카라에 도착했다고 전해진다. 그는 유럽에서 기독교가 정식으로 인정되기 약 300년 전에 일부 브라만 계급 사람들을 개종시키고 일곱 개의 교회를 짓고 사제도 임명했다. 전설에 따르면 성 도마는 당시 육로를 통해 현재 타밀나두에 해당하는 동해안으로 갔다가 그곳에서 순교해 매장되었다고 한다.

초기에 높은 카스트 사람들을 개종시킨 덕분인지, 케랄라에 있는 시리아 기독교 공동체의 초기 구성원들은 사업과 무역에서 두각을 나타냈으며 힌두교도와 동등한 지위를 누렸다. 그들은 복장과 언어, 관습 면에서 기독교에 크게 양보한 것이 없었으며, 불가촉천민을 여전히 구분하는 등 비기독교적인 관습을 계속 이어갔다. 오늘날 케랄라의 기독교도는 위계질서에 동화되어 힌두교의 하위 카스트가 그러는 것처럼 공동체 내의 사람들끼리만 혼인한다.

기독교도는 인도 전체 인구의 2.5퍼센트에 불과하지만, 케랄라 인구의 4분의 1, 고아 인구의 3분의 1, 인도 최동단에 위치한 미조람과 나갈랜드의 과반수를 차지한다. 최근의 개종자들은 대부분 낮은 카스트 출신이지만 기독교의 윤리적 입장과 박애주의적 실천은 힌두교 부흥 운동 집단에까지 영향을 미쳤다. 테레사 수녀는 가장 최근에 인도의 집단적 양심을 자극한 인물이다.

종교적 민감성

인도를 방문한 사람은 현지인이 기분 상하지 않도록 모든 상황에서 종교적 관련성을 유념해야 한다. 충실한 시크교도라면 담배나 애프터셰이브 로션을 반기지 않을 것이다. 이슬람교도는 상대가 우아한 동작으로 합장하거나 '나마스테'를 유창하게 발음해도 그다지 인상적으로 보지 않을 것이다. 힌두교도에게 맛있는 스테이크에 대해 이야기한다면 그 사람은 개를 사랑하는 사람이 개고기에 대한 얘기를 들었을 때처럼 혐오감을 느낄 것이다.

반면 시크교도와 이슬람교도는 술을 마시지 않는 것이 원칙이지만 간혹 술을 마시는 사람도 있다. 그렇다면 그들에게 술을 권해야 할까? 이런 상황에서도 그렇고 다른 어떤 상황에서도 섣부른 일반화는 도움이 안 된다. 그저 종교적 금기가 존재한다는 것만 기억하고 그때그때 상황에 적절해 보이는 행동을 하면 된다. 확실하지 않은 상황이라면 인도인에게 조언을 구하는 것이 좋다.

숭배의 장소

힌두교, 이슬람교, 시크교의 사원들과 교회는 무엇보다 숭배의 장소다. 그런 종교적인 장소가 동시에 주요 관광지인 경우, 관광객은 그곳의 주된 기능을 최대한 방해하지 않을 의무가 있으며 종교적 규칙을 지켜야 한다. 어떤 사원은 신발을 벗고 들어와야 한다고 분명하게 명시하고 있다. 많은 교회를 포함해 인도에 있는 숭배의 장소들은 대부분 그렇게 할 것을 요구한다.

어떤 사원은 비힌두교도의 출입을 전혀 허용하지 않는 반면, 어떤 사원은 신을 모셔둔 지성소를 제외한 모든 공간에 외국인의 출입을 허용하고, 심지어 외국인이 약간의 시주와 함께 지성소까지 들어가서 푸자를 올리고 꽃을 바친 뒤 쿰쿰(신성한 재)을 가지고 나갈 수 있는 곳도 있다.

사원 출입 복장은 가급적 보수적인 편이 좋다. 맨 팔이나 맨 다리를 노출하면 주의를 듣기 쉬우며, 이슬람교와 시크교 사원, 일부 교회에서는 머리도 가려야 한다. 숭배 시간에는 이슬람교도 이외의 사람들이 이슬람 사원에 들어갈 수 없으며, 특정 지역에서는 여성의 출입을 허용하지 않는다. 자이나교 사원은 들어가기 전에 벨트와 지갑, 카메라 케이스 등 일체의 가죽 제품을 모두 빼야 한다.

3
인도 사람들

"모든 존재가 나를 친구의 눈으로 보기를.
내가 모든 존재를 친구의 눈으로 보기를.
우리가 서로를 친구의 눈으로 보기를."

– 야주르베다

선풍적인 인기를 끌었던 TV 애니메이션 프로그램 〈심슨 가족〉에는 인도인 캐릭터가 등장한다. 크위키 마트의 주인 '아푸'다. 그 중 한 편은 아푸의 중매결혼에 관한 내용을 다루고 있다. 처음에는 자신이 이미 결혼한 척하며 상대를 피하던 아푸는 결국 어머니 성화에 못 이겨 결혼을 받아들이지만 나중에는 그녀를 좋아하게 된다. 이 과정에서 아푸는 마치 내가 알고 있는 실제 인도 남자들처럼 행동한다. 정형화된 이미지가 만들어지는 데는 다 그럴 만한 이유가 있다. 거기에는 일말의 진실이 담겨 있기 때문이다.

그러나 정형화된 이미지가 전부는 아니다. 비틀즈를 필두로 서양인들은 인도인에 대한 천차만별의 정형화된 이미지에 노출되어 왔으며, 거기에 담긴 진실의 정도 역시 천차만별이다. 예를 들어 서양에서 요가가 유행하는 것을 보고 모든 인도인이 요가를 한다는 인상을 받기 쉽다. 하지만 만일 여기서 '요가'가 요가복을 입고 매트 위에서 하는 운동을 뜻한다면, 사실은 그렇지 않다. 인도에서 요가는 아주 다양한 의미와 목적을 갖는데 그것은 종종 일상적인 종교 활동의 일환이다.

서양에서 '다르마'는 시트콤 캐릭터이고 '삼사라'는 향수이며 '니르바나Nirvana'(또는 너바나)는 로큰롤 밴드다. 인도에서 이것들은 중요한 철학적 개념을 위한 단어들이다. 이 장을 통해 우리가 정형화된 이미지를 넘어 근본적인 진실에 한 걸음 더 다가갈 수 있기를 바란다.

인도인의 특성

인도인에 대한 아주 일반적인 오해 중 하나는 모든 인도 여성이 사리를 입는다는 것이다. 물론 어떤 여성들은 사리를 입지만 '사리'는 인도 복장의 대명사가 아니다. 인도인들은 다양한 방식으로 직조하고 장식하고 수놓고 홀치기염색을 한 직물로 만든 다양한 종류의 천을 두르고, 다양한 종류의 치마와 바지와 블라우스와 오버블라우스와 재킷을 입는다. 언뜻 보면 상당한 자유와 다양성이 있는 것처럼 보이지만 사실 인도 여성의 복장은 개인적 순응성을 드러낸다는 것을 나중에야 깨닫게 된다. 한마디로 말해 지역, 종교, 카스트의 제약을 받는다.

인도에서는 여성이 옷 입는 방식을 보고 그녀가 어디 출신인지, 어떤 언어를 쓰는지 알 수 있다. 또한 그녀가 아침으로 무엇을 먹는지까지 짐작할 수 있다. 여기에 그녀의 이름까지 알게 되면 다른 것들을 유추할 수 있는 단서가 생긴다. 물론 몇 가지 구체적인 부분에서 틀리는 경우도 더러 있지만, 어쨌거나 인도인들은 뒤죽박죽 뒤섞인 사람들 사이에서 이런 식으로 인도라는 퍼즐의 조각을 맞춘다.

이것은 시작에 불과하다. 이 책을 읽다 보면 독자들은 인도 사회라는 퍼즐 전체에서 드러나는 엄청난 차이점들과 동시에 각각의 조각들 안에서 발견되는 놀라울 정도의 동일성을 반복적으로 마주치게 될 것이다. 그리고 이런 단서들을 스스로 인식하기까지 어느 정도 시간이 걸린다. 설령 평생에 걸쳐 인도의 곳곳을 여행한다 해도 비밀 암호를 전부 풀 수 없을지도 모른다. 심지어 인도인들도 자신이 속한 지역과 사회 계층을 벗어난 사람들에 대해서는 아는 것이 많지 않을 수 있다. 그럼에도 이처럼, 여인들이 옷 입는 방식을 무심하게 관찰하는 것만으로 어느 정도 정보를 알아낼 수 있다.

예를 들어 금색 테두리가 있는 미색 천을 두른 여성이 있다고 가정해 보자. 그 천은 사리처럼 보이지만 사실 두 개의 천조각을 둘러서 속치마와 블라우스 위로 늘어뜨린 것이다. 이것은 '문두mundu'라고 하는 케랄라 지역의 복장이다. 또한 문두를 묶는 방식과 색상에서 그녀의 종교와 카스트를 알 수 있다. 문두가 미색이 아닌 흰색이고 뒤쪽이 작은 부채처럼 접혀 있다면 그녀는 시리아 기독교도일 가능성이 농후하며, 금색 테두리 문두를 입은 이웃과는 다른 아침식사를 할 것이다.

머리를 꽃으로 장식하고 금색 테두리가 있는 두꺼운 비단 사리를 걸친 피부가 검고 키가 작은 여성은 아마 타밀나두 출신일 것이다. 사리를 착용하는 방식도 다양하다. 전통적인 브라만 계급 여성들은 일반적인 6야드 사리가 아닌 9야드 사리를 착용한다. 가난한 여성들은 중산층 여성들이 속에 입는 치마 없이 그냥 사리만 몸에 두른다.

서해안을 따라 카르나타카 주의 쿠르그로 올라가면 여자들이 드레스처럼 사리로 몸의 앞면을 단단히 감싼 다음 주름 없이 그냥 뒤로 넘겨서 입는 것을 볼 수 있다. 동쪽의 오디샤 주에서는 여성들이 무릎 바로 아래까지만 내려오는 짧은 사리를 입는다.

마하라슈트라 주에서 어떤 여성들은 9야드짜리 사리를 입기도 하지만, 마치 헐렁한 바지처럼 사리 한쪽을 가랑이 사이에 넣어 종아리와 엉덩이 윤곽이 드러나도록 두른다는 점이 다르다. 뭄바이의 어부 여성들은 이 부분을 단단히 당겨 입는데 그 모습이 무척 매력적이다. 구자라트에서는 화려한 부분이 뒤쪽이 아닌 앞쪽에 오도록 해 주름지게 늘어뜨려 입는다.

일부 라자스탄 여성들은 자수로 장식된 치마를 등 파인 블라우스와 함께 입는다. 많은 직물에 홀치기염색이 되어 있다. 펀자브 지방에서는 여성들이 살와르 카미즈 salwar kameez라고 하는 통이 넓은 바지와 긴 오버블라우스 차림을 한다. 인도 북부에서는 카슈미르에서 입는 헐렁한 긴 오버블라우스와 우타르프라데시의 몸에 딱 맞게 묶어 입는 스타일, 그리고 무굴 제국의 잔재인 몸에 딱 맞는 바지를 찾아볼 수 있다.

그렇다면 남성은 어떨까? 사롱처럼 생긴 파란색, 초록색 체크무늬 하의와 셔츠를 입은 남자를 생각해 보자. 그는 아마도 타밀나두 출신일 것이다. 만일 하의 길이가 무릎 위에 오도록 밑단을 걷어 올려 허리에 감아 입었다면 거의 확실하다. 수염을 기르고 터번을 쓴 키 큰 남자는 펀자브 출신의 시크교도다. 심지어 그의 외모에서 성까지 유추할 수 있다. 그는 아마 '싱 Singh' 씨일 것이다. 그러나 주의할 것이 있다. 다른 종류의 터번

인도 여성들의 전통 복장인 사리는 지역마다 그 종류와 입는 방법이 달라 옷차림만 보고도
출신 지역을 알 수 있다. 사진은 살와르 카미즈를 입은 펀자브 주 여성들.

(그리고 아래에서 보게 되겠지만, 다른 종류의 싱 씨)이 있다. 정교하게 두른 흰색 터번과 가느다란 콧수염, 그리고 가랑이 사이로 걷어 올린 하의를 늘어뜨려 입은 사람은 라자스탄 출신이다. 인도에는 많은 종류의 터번이 있다.

이름

남자들도 다양한 전통 복장을 입지만, 요즘은 빠르게 서구식 복장으로 바뀌는 추세여서 성을 알 때까지는 그 사람에 대한 정보를 알아내는 것이 쉽지 않아졌다.

앞서 말한 것처럼 정통 시크교도들은 모두 성이 싱이다. 그러나 싱이라는 성을 가진 사람들이 모두 시크교도인 것은 아니다. 우타르프라데시와 비하르(주로 지주계급), 라자스탄(높은 카스트의 왕족)에도 싱이라는 성이 있다. 차테르지Chatterjee와 바네르지Banerjee, 무케르지Mukherjee라는 성을 가진 사람은 벵골 출신이며 높은 카스트에 속한다. 보세Bose와 고세Ghose, 굽타Gupta 역시 벵골 출신이지만 다른 카스트에 속한다. 마줌다르Mazumdar라는 성을 가진 사람은 구자라트 출신일 수도 벵골 출신일 수도 있다.

가바스카르Gavaskar와 라나데이Ranadey처럼 끝에 '카르'와 '데이'가 붙은 이름은 주로 마하라슈트라 출신이며, 전자는 높은 카스트, 후자는 낮은 카스트에 속한다. 체리안Cherian과 쿠리엔Kurien, 자코브Jacob 같은 성은 모두 케랄라의 시리아 기독교 공동체 출신이다. 메논Menon과 나이르Nair는 케랄라 힌두교도의 성이다. 전형적인 타밀 지역의 성은 스리니바산Srinivasan과 파드마나반Padmanabhan, 크리슈나마차리Krishnamachari다. 긴 성은 남인도 출신일 가능성이 매우 높다.

그런데 당신은 인도에서 특정 지역, 특정 사회 계층 내에서 움직일 가능성이 높기 때문에 만나게 될 사람들의 성들도 비슷비슷할 것이며 그 안에서 놀라운 순응성을 마주하게 될 것이다. 인도를 찾은 외국인으로서 당신은 많은 인도인들이 누리지 못하는 자유를 누릴 것이고, 지리적·위계적 경계를 넘나들며 다양한 차원에서 관찰하고 참여할 수 있을 것이다. 그리하여 아이러니하게도 정작 인도인들은 발견하기 힘든 인도를 경험하게 될 것이다.

대가족

인도에서 대가족은 개인의 삶에 큰 영향력을 행사하고, 사방으로 촉수를 뻗어 상호 의무의 속박 속에 묶어둔다. 그러나 자연재해와 질병, 가난의 위협이 늘 존재하는 데다 연금 제도도, 의료보험도 없는 나라에서 사람들에게 유일한 안전망이 되어주는 것도 역시 대가족이다.

친족 관계

친족 관계가 갖는 의미는 이름을 붙이는 방식에서 드러난다. 영어로는 'grandmother'과 'grandfather' 두 단어면 족한 할아버지, 할머니라는 표현이 힌디어와 대부분의 다른 언어에서는 네 종류가 있다. 외할아버지와 외할머니는 나나[naana]와 나니[naani], 친할아버지와 친할머니는 다다[daada]와 다디[daadi]이다. 영어로는 그저 'aunt'와 'uncle'이라는 단어로 뭉뚱그려지는 관계도 힌디어에서는 무려 10개나 된다.

- 이모는 마우시^{mausi}, 이모부는 마우사^{mausaa}
- 외삼촌은 마마^{maamaa}, 외숙모는 마미^{maami}
- 고모는 부아^{bua}, 고모부는 푸파^{phuphaa}
- 큰 아버지는 따야^{thaya}, 큰 어머니는 따이^{thayi}
- 작은 아버지는 차차^{chaachaa}, 작은 어머니는 차치^{chaachi}

인도 사람들은 여러 가지 이유로 친가와 외가를 구분한다. 아들은 아버지 혈통을 따르고, 딸은 나중에 결혼해서 남편 혈통을 따르게 된다. 힌두교도들의 일반적 관습은 딸의 남편감을 친족 외부에서 찾는 것이다. 다만 몇몇 남부 공동체에서는 외삼촌과 사촌이 적절한 남편감으로 간주되기도 한다. 외가와 친가는 그 의무와 책임에 차이가 있다. 인도 전역의 많은 공동체에서 아이들은 외삼촌과 특별한 관계가 있으며, 필요한 상황이 되면 외삼촌과 외숙모가 부모 역할을 맡기도 한다.

힌두어와 타밀어에는 'aunt'와 'uncle'을 지칭하는 호칭이 몇 가지나 있지만 '사촌'을 가리키는 별도의 단어는 없으며 그냥 'brother'와 'sister'를 가리키는 표현(힌디어로 바야^{bhayya}와 바한^{bahan})을 사촌에게도 사용한다. 사촌은 형제자매 못지않게 가까운 사이이며 그런 만큼 애정과 권리와 의무의 대상이다. 형제들은 누이들에게 의무를 지지만 자매들끼리는 서로 의무가 없다. 나이를 존중하며, 나이가 어린 쪽은 많은 쪽에게 형, 언니 같은 존칭을 쓴다. 자신보다 나이가 어리거나 비슷한 사람은 이름으로 부르는 것이 일반적이다.

전통적인 인도의 대가족은 농경사회의 필요에 의해 발전했다. 가장 나이가 많은 남성 구성원이 가장이 되고 그의 형제와 아내, 자식까지 한 지붕 아래 살면서 한 부엌에서 만든 음식을 먹고 함께 경작한 농산물을 공유했다. 오늘날 부모와 자녀만으로 이루어진 핵가족이 일반화된 도시에서도, 대가족은 정서적으로 실재한다. 대가족은 지리적 거리에 상관없이 서로에게 압력을 행사하는 동시에 지원을 베푼다. 대대손손 내려온 고향의 본가가 가족의 핵심이며, 구성원들은 중요한 행사와 기념일마다 각지에서 그곳으로 모여든다.

아들과 딸

남자는 아내와 자녀가 없으면 불완전한 존재다. 하지만 사람들은 '푸트put'라는 특별한 종류의 지옥이 있으며 오직 아들(푸트라putra)만이 그곳에서 부모를 구할 수 있다고 생각한다.

거의 모든 가족에서 장남이 대를 잇고, 장남이 늙은 부모를 부양하고 장례식을 치러주기를 바란다. 딸은 태어날 때 아들만큼 환영받지 못한다. 이런 현상은 가난한 가족일수록 더 심한데, 아들은 성장해서 돈을 벌어오고 부모가 사망할 때까지 부양하는 반면, 딸은 지참금까지 줘가며 시집을 보내야 하기 때문이다. 결혼 후 딸은 철저히 시집 식구가 된다. 심지어 아버지가 딸을 보러 가서 물 한 잔을 마셔도 돈을 지불해야 할 정도다.

최근까지도 남부에서는 사촌이나 외삼촌을 남편으로 맞이하는 혼인 풍습이 선호되었는데, 그 이유는 되도록 딸을 아는 집으로 시집보내고픈 마음 때문이다. 요즘은 그런 풍습을 구식으로 여기지만 인도 남부에서는 대체로 남편과 아내 사이의 관계가 다른 곳보다 가깝고 친밀하다.

어린 시절

인도 속담 중에 아들을 다섯 살까지는 왕자처럼 대하고, 이후 10년 동안은 머슴처럼 대하고, 16세부터는 친구처럼 대하라는 말이 있다. 이 속담은 상당 부분 실제로 행해진다. 인도에서 유년기는 모든 것을 마음껏 누리는 시기다. 가정 형편만 허락한다면 딸들도 마찬가지다. 어린아이들은 울기가 무섭게 안아서 젖을 먹이고, 어디든 맨발로 뛰어다니고 아무데서나 소변을 본다.

대가족의 아이들은 항상 누군가의 집중적인 보살핌을 받으며 자란다. 엄마나 때로는 집안 여자들 중에 대리모가 그 역할을 한다. 아이를 돌보는 역할이 상당히 분산되어 있어 아이가 고모나 숙모를 엄마라고 부르거나 실제 엄마를 숙모라고 부르는 경우도 있다.

인도 아이들은 독립성을 요구받지 않으며, 혼자서 먹고 씻고 입을 수 있는 나이가 한참 지나도록 다른 사람의 도움을 받는다. 아이가 태어나면 처음에는 부모와 자다가 나중에는 형제자매와 잠을 자기 때문에 혼자 있을 일이 거의 없다. 또한 걷기와 말하기, 변기 사용법 등을 누군가의 '가르침'을 통해서가 아니라 사람들을 지켜봄으로써 자연스럽게 배우며, 사람들이 언제 어떻게 존경의 행동과 말을 쓰는지 관찰하면서 가족의 위계를 이해하고 거기에 자연스럽게 적용한다.

때로는 가정 형편 때문에, 특히 여자아이들은 그런 호사스러운 어린 시절을 누리지 못하고 성장하기도 한다. 어머니가 어린 자식을 데리고 건설현장에서 벽돌을 나르거나 무거운 짐수레를 끌거나 논밭에서 일하는 등 힘든 육체노동을 하는 경우도 많다. 아니면 천을 나무에 묶어 만든 임시 요람이나 돗자리 위에 아이를 눕혀놓고 일하기도 한다. 인도 가정에서는 맏딸이 동생들을 책임지기 때문에 여자 아이가 제 덩치만 한 동생들을 데리고 다니는 광경도 흔히 볼 수 있다.

어머니와 아들

물론 무조건적인 일반화는 주의해야 하겠지만, 도시에 거주하는 힌두교 가정에 대한 연구 결과에 따르면 인도에서 가장 강력한 가족 관계는 모자 관계로 부부 관계를 훨씬 압도한다. 사실 인도에서 부부간의 관계는 자매 관계 바로 위로, 끝에서 두 번째에 해당한다.

젊은 아내의 첫 번째 임무는 아들을 낳는 것이며, 실패할 경우 그것은 종종 그녀의 개인적 실패로 간주된다. 대가족과 사회 안에서 그녀의 지위는 아들을 통해 주어지며, 그녀에게 아들은 권력의 열쇠다. 그러니 어머니가 아들에게 지극 정성을 쏟아 붓고 아들 역시 똑같은 애정으로 보답하는 것도 놀랄 일이 아니다. 교육을 잘 받은 요즘 남자들도 눈에 띄게 어머니에게 의존하며, 결혼을 하고 직업을 정할 때 자신의 행복을 희생해서라도 어머니의 의견을 존중한다.

가치관

인도의 사원 입구에는 거지들이 많다. 그들은 가혹한 뙤약볕 아래서 시체처럼 가만히 인내하며 안뜰로 들어가는 길 양쪽에 길게 줄지어 앉아있다. 다양한 신들의 석상이 장님과 불구자와 기형인과 삭발한 과부와 사프란색 예복을 두른 고행자들을 흔들림 없는 평온한 눈빛으로 내려다본다.

시원하고 어두운 내실로 들어가려면, 우선 앞 다투어 내미는 수많은 손들을 거쳐 가야 한다. 눈부시게 빛나는 비단 옷을 입은 우아한 인도 여인들은 숭배를 하기 전에 침착하게 동전 몇 푼을 대충 나눠준다. 이런 고통과 부당함과 고행을 눈앞에서 보

"더러운 동물은 만지게 하면서 사람을 만지지 못하게 하는 종교는 종교가 아니라 광기입니다. 한 계급이 지식을 얻을 수 없고 부를 획득할 수 없고 무기를 들 수 없다고 말하는 종교는 종교가 아니라 인간 삶의 엉터리 흉내에 불과합니다. 못 배운 사람은 못 배운 사람으로 남아야 하고 가난한 사람은 가난한 사람으로 남아야 한다고 가르치는 종교는 종교가 아니라 형벌입니다."
– 빔라오 람지 암베르카르 박사의 연설 발췌문,《인도 전통에 관한 자료》중에서

고도 누구 하나 감정을 표현하는 이가 없다. 이런 장면을 처음 접하는 외국인은 두 번 충격을 받는다. 그 비참함으로 인해 한 번, 그에 대한 무심함에 한 번. 이러한 평정심은 과연 무엇일까? 냉담함인가, 무감각인가, 아니면 극기심인가? 이런 광경 앞에서 울컥하거나 동요하지 않는 모습이 비인간적으로 보이기까지 한다.

인도의 사원 입구에서 언제나 만나게 되는 구걸하는 손들.

카르마(업보)

이런 평정심에 철학적 토대가 있다면 그것은 카르마의 교리에서 찾을 수 있다. 카르마karma는 '행동'과 '행동의 결과'를 뜻하며 그 두 가지는 서로 분리될 수 없다. 카르마는 중력의 법칙만큼이나 사람들 의식 속에 깊이 스며들어 있다. '모든 작용에는 크기는 같고 방향은 반대인 반작용이 존재한다'는 것이 철학적 차원에서 반박불가의 진리인 것처럼, 카르마 역시 도덕적인 차원에서 반박불가의 진리로 간주된다.

카르마는 원인과 결과의 법칙이다. 우리의 말과 생각과 행동은 결과를 낳기 마련이며 그 결과가 영원히 우리를 쫓아다닌다. 카르마의 필연적인 귀결은 환생이다. 전생에서의 행동이 이생의 운명을 결정하고, 마찬가지로 이생에서의 행동이 미래의 환생에 영향을 미친다. 힌두교도는 여기에 화살의 비유를 이용한다. 이미 쏘아버린 화살은 누구도 통제할 수 없다.

일상생활 속의 카르마

뉴델리에서 살 때 가정부를 둔 적이 있었다. 이름이 수잔이었는데, 그것은 그녀가 기독교도라는 것을 뜻했다. 그녀를 처음 고용했을 때는 꽤 통통했기 때문에 그녀가 임신 중이라는 사실을 몰랐지만 두 달이 지나고서는 분명해졌다. 그녀는 계속 일을 나왔고 허드렛일을 처리하는 데 문제가 없어 보였다. 수다스럽던 수잔이 하루는 침울하고 말이 없었다. 유산을 한 것이었다. 어떻게 된 것이냐고 묻자 이렇게 대답했다. "괜찮아요. 유산으로 내 악업을 지웠으니까요. 다음에 또 얻게 될 거예요." 수잔은 기독교도였지만 업보라는 힌두교적 개념을 통해 자신의 유산을 이해했던 것이다.

또 한 번은 독일에 사는 인도인 친구를 방문한 적이 있다. 몹시 바빴던 그날, 모든 신호등에서 예외 없이 빨간불에 멈춰야 했고, 하나 남았던 주차장 자리마저 놓쳤고, 에스컬레이터가 고장 나 걸어 올라가야 했다. 그녀는 얼굴을 찌푸리며 "내가 전생에 무슨 악업을 쌓았기에 이런 일을 당하는 거지?"라고 말했다. 유산뿐만 아니라 교통 신호등도, 주차 공간도, 에스컬레이터도 카르마의 법칙에 지배당한 것이다.

이것은 과거의 행동에서 발생한 카르마, 즉 업보이며 그냥 그대로 놔둬야 한다. 신들조차 실제로 행해진 행동의 결과를 바꾸어놓을 수는 없다. 그 반면에 과녁을 향해 겨누어졌으나 아직 시위를 당기지 않은 화살(현재의 행동)과 아직 화살집에 있는 화살(과거의 행동으로 축적된 공과)의 경우는 궁수가 전적으로 통제할 수 있다.

카르마는 2000년이 넘도록 힌두교 사상을 지배해 왔다. 그것이 일종의 변명이건, 아니면 우주의 본성에 대한 깊은 이해이건, 카르마는 인도인들이 어떤 상황에 직면해서도 어깨를 으쓱하며 "그게 다 내 업보지 뭐"라고 말할 수 있도록 해준다. 최악의 불행도 그것이 응당하다고 생각해 수용하게 만드는 것이다. 착한 사람에게 나쁜 일이 벌어지면 언뜻 부당해 보이지만, 그렇게 느끼는 것은 우리가 과거를 모두 기억하지 못하기 때문일 뿐이라는 것이다. 그럼에도 인간은 그저 운명이나 신의 변덕에 이리저리 휘둘리는 희생양만은 아닌 것이, 이생에서의 선행이 내세에 영향을 미치기 때문이다.

카스트

인도의 세습적인 계급제인 카스트 제도는 카르마를 철학적 정당화의 근거로 삼는다. 카스트는 산스크리트어로 색을 뜻하는 '바르나varna'다. 그것은 처음에 인도를 침략한 피부가 희고 이목구비가 뚜렷한 아리아인들이 인더스 계곡의 검은 피부 토착민들과 동화되는 것을 피하기 위한 방식으로 만들어졌다.

리그베다의 후반부 찬가들 중 하나는 카스트의 신화적 기원에 대해 이야기하는데, 카스트가 원시 인류인 푸루샤Purusha의 희생 의례에서 나왔다고 묘사하고 있다.

도비(dhobi, 세탁부)는 직업 카스트에 속한다.

"그들이 그의 몸을 갈랐을 때 몇 부분으로 나누었는가?
그들이 그의 입과 두 팔, 허벅지와 발을 무엇이라고 부르는가?
그의 입은 브라만이 되었고, 그의 팔은 전사로 만들어졌으며,
허벅지는 백성이 되었고, 그의 발에서는 하인들이 태어났다."

카스트는 중세 시대 영국의 길드와 오늘날 노동조합이 수행
하는 것과 동일한 역할을 하는 쪽으로 진화했다. 노동자들을
불공정한 경쟁으로부터 보호하고 각 공동체의 지식을 보존하
는 것이다. 도공의 딸이 도공과 결혼한다면, 그녀는 흙을 어디
서 구하고 어떻게 가공하는지, 가마에는 어떤 나무를 넣어야
하는지 등을 이미 다 알 것이다. 만일 그녀가 대장장이와 결혼
한다면 그런 지식이 어디로 가겠는가?
또한 소독약과 항생제가 존재하지 않던 시절에는 특정 집단
의 사람들이 시체를 실어다 버리고 짐승 가죽을 가공하는 등

의 위험한 일을 도맡아 해야 할 실용적인 이유가 있었다. 이런 '불가촉천민' 카스트는 여러 세대를 거치며 면역력이 생겼고, 다른 카스트는 순전히 건강상의 이유로 그들을 피했다는 학설도 존재한다.

카스트가 세습되기 시작하자 함께 음식을 먹거나 결혼하는 것에 대한 금기도 등장했다. 또한 직업과 상호의존성을 관계의 바탕으로 하는 '자티스jatis'라는 하위 카스트들의 거대한 망도 등장했다. 개인은 이런 망에 갇혀 카스트의 사다리를 오를 수 없지만, 집단으로서 하위 카스트는 시대가 변하면서 일의 성격이 새로운 의미를 획득함에 따라 새로운 지위를 얻을 수 있다. 인도에 새로 정착하는 인종 집단은 별도의 하위 카스트가 되어 더 큰 카스트 구조 속에 동화된다.

수백 개의 자티스 또는 카스트 집단은 순결의 척도에 따라 등급이 매겨지며, 브라만은 제일 위쪽, 불가촉천민은 바닥에 속한다. 불과 1세대 전까지만 해도, 어느 지역의 불가촉천민은 그림자만 닿아도 오염된다고 여겨졌기 때문에 자신들이 근처에 있음을 알리기 위해 종을 달고 다녔다. 그들은 마을 밖에 살았고 별도의 우물에서 물을 썼으며 인간의 분뇨와 동물 시체를 치우는 것 같은 불결한 일을 했다.

낮은 카스트의 사람들이 비참함에서 벗어나는 유일한 길은 불교, 기독교, 이슬람교처럼 카스트를 부정하는 종교로 개종하는 것뿐이었다. 그러나 이런 종교 집단들도 위계적 등급으로 분류되었기 때문에 카스트 제도는 계속 살아남았다.

1950년 인도 헌법은 그때까지 카스트 제도가 누렸던 준準법적 지위를 부정하고 모든 시민이 법 앞에 평등하도록 만들었다. 1인 1표 원칙은 '카스트주의', 다시 말해 카스트에 입각한 정치세력화로 이어졌고, 피지배층 사람들은 기나긴 카스트의 역사에서 처음으로 그 갈등을 이용해 이로움을 얻을 수단을 갖게 되었다.

시골에서는 여전히 카스트 규칙을 어기면 죽임까지 당할 수 있지만 도시 지역에서는 카스트의 중요성이 훨씬 덜하다. 이제는 버스나 공장, 식당에서 옆자리에 누가 앉건 통제할 방법이 없어졌다. 또한 정부 일자리와 대학 입학 정원의 일정 비율을 낮은 카스트 사람에게 할당하는 정부의 '차별 철폐 조치'로 인해 신분의 상향 이동이 촉진되면서 카스트 제도는 더욱 흔들리고 있다.

카스트 제도에 대한 저항은 어제오늘 일이 아니다. 부처와 자이나교의 지도자 마하비라는 기원전 6세기에 이미 카스트 제도를 거부했다. 15세기 박티 bhakti 운동은 인간과 신의 중재자인 브라만을 거부하고 직접적 관계를 강조했으며, 많은 박티 운동 지도자들이 낮은 카스트의 남성과 여성이었다. 이슬람교의 영향을 받은 시크교는 공제 조합을 권장했는데, 조합에서는 함께 식사하는 것이 중요한 교리였다. 또한 오늘날 힌두교 부흥 단체들은 카스트를 악으로 간주하고 있다.

그러나 카스트가 완전히 사라진 것은 아니다. 한 지정카스트(불가촉천민 대신 쓰이는 공식적인 호칭) 출신 유명 정치인에 관한 웃지 못할 이야기도 회자되고 있다. 그는 고향 마을에 병원을 세웠고, 전에는 그를 피했던 사람들에게 영웅 대접을 받았다. 멋진 연설과 근사한 오찬을 마친 뒤 떠나려 하는데 다른 지정카스트 사람이 뒷문으로 들어왔다. 정치인은 그에게 말했다. "이제 뒷문으로 들어올 필요가 없습니다. 나도 한때는 당신과 똑같았는걸요. 이제 내가 얼마나 성공했는지 보세요." 다른 사람이 대답했다. "저는 그냥 그릇을 찾으러 온 것뿐입니다. 사람들이 당신이 쓸 그릇을 제게 빌려갔거든요."

또한 1992년 10월 다람 힌두자라는 청년의 비극적 자살과 관련한 실화도 있다. 그는 부유한 인도 사업가의 외아들로 영국에서 생활했지만, 그의 집은 보수적인 힌두교 가정이었다. 그는 음주와 흡연을 하지 않고 고기도 먹지 않았으며, 그의 부모님은 아들이 당연히 중매결혼을 해야 한다고 생각했다. 그러나 그 젊은이는 22세에 사랑에 빠져 가족들 모르게 비밀 결혼을 했다. 신부는 영국-인도 혼혈 여성으로, 그의 가문의 결혼상대로는 부적절해 보였다. 이 결혼 사실이 신문에 공개되기 직전 다람 힌두자는 분신자살을 택했다.

카스트는 현대 인도에서도 틈만 나면 고개를 쳐든다. 대부분의 힌두교도는 카스트 없는 사회제도를 상상하지 못한다. 신문의 구혼 광고만 봐도 대번에 그것을 확인할 수 있다. 카스트를 색깔과 연관 짓던 예전의 사고방식도 그대로 남아 모두들 피부가 흰 신부를 원한다. 아리아인 침략자들이 피부가 검은 토착민을 다사Dasa(하인)라고 부르며 경멸했던 그 시절 이래로 '검은 피부 = 천한 신분'이라는 공식이 변하지 않았다.

다르마

다르마dharma를 정확하게 번역하기는 어렵지만 '자연법칙'이나 '보편적 정의' 또는 '본분' 정도가 가장 적절한 번역일 것이다. 행성들도 자신들의 다르마를 따른다. 스바-다르마는 우리의 양심과 같은 개인의 도덕규범이다. 특정한 맥락에서 다르마는 '타고난 위치와 인생의 단계에서 해야 할 일을 하는 것'을 뜻한다.

다르마는 카스트에 따라 개인별로 다르며, 나이와 상황에 따라서도 변한다. 성직자에게 올바른 행동이 직공에게도 올바른 것은 아니다. 고대에는 일종의 역차별로 범죄에 대한 형벌이 카스트에 따라 정해졌다. 브라만 계급의 도둑은 낮은 카스트의 도둑보다 여덟 배에 해당하는 벌을 받았다.

카르마와 다르마는 단지 고대의 철학적 개념에 그치지 않고 일상생활에서 지극히 세속적인 행동들을 설명할 때도 자유롭게 이용된다. 정치인들은 항상 자신의 주장을 한 차원 높게 격상시키기 위해 그 용어를 이용한다. 또한 많은 영화 줄거리가 과거 카르마의 결과로 인한 우연의 일치에 의존하며, 영화 속 영웅들은 다르마를 완수하기 위해 영웅적으로 행동한다. 다르마는 많은 인도인들이 우주의 섭리라고 인식하는 방식이다.

전통

인생의 단계들

인생에 네 단계가 있다. 아이일 때는 공부하고 기술을 습득하는 데 집중한다. 이것은 제1단계인 아슈라마 ashrama로, 미혼의 학생으로 사는 단계다. 나중에 집을 소유하게 되면 그의 의무도 달라진다. 이제는 결혼을 해서 가정을 꾸릴 시간이다. 이 인생의 단계에서는 재물과 권력(아르타 artha), 쾌락(카마 kama)을 추구하는 것이 올바르다.

첫 손자를 보고 나면, 은퇴해 숲에서 사는 것이 이상적이다. 마지막으로, 생산적인 삶을 살고 자신의 사회적 책임을 모두 완수한 후에는 종교와 신을 찾고 해탈을 추구할 시간이다.

성 / 사랑 / 결혼

고대 힌두교의 성에 대한 관점은 전혀 금욕적이지 않았다. 성은 지극히 정상적이고 꼭 필요한 것이며, 따라서 주의 깊게 연구할 가치가 있는 것으로 간주되었다. 《카마수트라》(쾌락의 경전)는 그 주제에 관한 방대한 문헌 중 가장 유명한 것일 뿐이다. 열두 종류의 포옹과 열일곱 종류의 키스, 그리고 사랑을 하는 동안 내는 여덟 가지 손톱자국을 묘사하는 마지막 부분에서, 저자는 이렇게 쓴다. "《카마수트라》는 종교적 정신 수양과 신에 대한 명상에 온전히 몰입하면서 세상을 이롭게 하기 위해 성서의 계율에 따라 바츠야야나에 의해 작성되었다."

그런데 《카마수트라》가 쓰인 서기 600년 이후 어느 시점엔가 인도인들은 성에 대한 금기를 만들었다. 그래서 혼전 성관계가 금지되었는데 사회 계급에 따라 그 엄격함의 정도가 다르다. 최상위 계급과 최하위 계급에 대해서는 비교적 관대한 편이고 중간 계급에게 제약이 가장 엄격하다. 그런데 여기서도 남녀 간에 분명한 이중 잣대가 적용된다. 모든 계급에서 여성의 행동수칙이 남성보다 엄격한 것이다.

《카마수트라》에서도 이상적인 성적 행복은 혼인 관계 속에서 찾을 수 있다고 말하고 있다. 인도에서는 서로의 사진만 보고 결혼하는 중매결혼이 일반적이다. 사랑은 함께 살아가면서 자연스럽게 생겨나 세월이 흐르면서 더욱 더 강해지는 것이라고 여긴다. 결혼 전에 꼭 사랑에 빠질 필요는 없다는 얘기다. 사실 연애결혼은 궁합과 카스트, 경제적 지위, 교육 수준에 따라 신중하게 계획된 결합이 아닌 감정에 의해 지배되는 결합이라고 여겨 그리 곱게 보지 않는 경향이 있다.

노년

오늘날도 인생의 4단계가 의미를 잃은 것은 아니다. 한번은 어떤 정력적인 사업가가 산중에 있는 자신의 오두막에 대해 얘기하는 것을 들은 적이 있다.

"내가 의무를 다하고 나면 돌아갈 곳입니다. 이제 막내딸을 출가시킬 일만 남았네요. 자식들이 잘 정착해 사는 걸 보고 나면 다음 단계로 넘어갈 수 있겠죠. 이제 영적인 면을 돌보고 싶어요."

물론 모든 힌두교도가 노년에 직업을 포기하고 영적인 성장에 집중할 처지는 아니며, 그럴 여력이 있는 사람들이 모두 그렇게 하는 것도 아니다. 그러나 노년을 쇠락의 시기가 아닌 지극히 중요한 목적을 적극적으로 추구하는 시기로 보는 관점은 인도인들의 의식에서 아주 중요한 부분을 차지한다. 청춘이 가는 것을 슬퍼할 이유도, 나이가 드는 것을 숨기거나 피할 이유도 없다. 공동체에서 나이든 구성원은 존경을 받는다.

나이가 들면서 여자들은 남자들과 거의 동등해진다. 중년의 인도 여성은 흰 머리를 숨기거나 몸이 불어나는 것을 막거나 주름을 없애기 위해 별다른 노력을 하지 않는다. 오히려 나이든 몸을 편안하게 느끼고, 젊은 여성들의 삶을 좌우하는 제약들에서 어느 정도 벗어나게 된다. 원한다면 아주 독립적이고 솔직해질 수 있다.

성자

고행자(산야신 sannyasin)는 누구나 나이가 들어 속세를 버리면서 거치게 되는 인생의 한 단계다. 고행자가 되는 사람들은 사회에서 성자로 간주되어 존경을 받는다.

사회의 법과 제약, 의식은 고행자나 그런 것을 포기한 사람에게는 별로 의미가 없다. 고행자는 진리를 찾는 방랑자로 시작한다. 이런 성자들이 속한 많은 수도회가 있으며, 이런 곳들은 각자의 철학과 관습을 가지고 있다. 많은 수도회가 독신을 요구하지만 모두가 그런 것은 아니다. 어떤 수도회는 입문자들에게 일정 시간을 거지처럼 돌아다니며 밥그릇에 동냥한 음식만으로 살아갈 것을 요구한다. 단정함과 청결함은 사회적인 가치로 간주된다. 그러나 속세와 속세의 가치 체계를 버린 성자들은 나신으로 돌아다닐 수도 있다. 어떤 이들은 엉겨 붙은 긴 머리에 재를 뒤집어쓴 채 다니기도 한다.

　육신을 고통스럽게 하는 종교적 관행도 있다. 불 위를 걷거나, 뺨과 혀를 금속 꼬챙이로 뚫거나, 무릎으로 걷거나, 굴러다니는 등의 행동이 거기에 속한다. 이는 종교적 경험을 위해 정신이 감각을 정복했음을 입증하기 위한 시험이다.

　감각적인 힘이 얼마나 강력한 것인지 보여 주는 이야기가 있다. 호랑이에게 쫓기던 한 남자가 벼랑 너머로 떨어졌지만 간신히 덩굴식물에 매달려 목숨을 구한다. 그런데 쥐 두 마리가 덩굴식물을 갉아먹기 시작한다. 벼랑 아래에서는 악어가 입을 벌린 채 그가 떨어지기를 기다리고, 위에서는 여전히 호랑이가 도사리고 있다. 그 순간 꽃에서 꿀 한 방울이 떨어지려 한다. 남자는 그것을 받아먹기 위해 혀를 내민다. 이처럼 죽음이 확실시되는 상황에서도 인간이라는 존재는 감각적 쾌락을 추구하기 마련이다.

　끝없는 윤회의 사슬은 인간의 조건이며, 여기에서 벗어날 가능성이 있는 사람은 성자뿐이다.

죽음

힌두교의 세계관에서 죽음은 끝이 아니다. 죽음은 또 다른 시작으로 통하는 문일 뿐이며, 천국도 지옥도 없이 끝없이 반복되는 윤회의 과정만이 존재한다. 내세의 보상이나 형벌 같은 것은 없으며, 무한하게 거듭되는 삶을 통해 가차 없는 카르마의 법칙이 펼쳐질 뿐이다.

이러한 사슬을 깨는 방법은 모크샤^{moksha}, 즉 해탈 또는 열반에 도달하는 것뿐이다. 힌두교도는 해탈에 이르는 방법에 대해 독단적이지 않다. 사람과 성격에 따라 다른 길을 따를 수 있다. 어떤 이들은 요가와 명상을 행하고, 어떤 이들은 찬송과 의식을 통해 크리슈나 같은 신을 개인적으로 숭배하는가 하면, 또 어떤 이들은 선행을 통해 깨달음에 이를 수 있도록 '카르마 요가'라고 하는 일종의 자선 활동을 택할 수도 있다.

피할 수 없는 인생의 단계

카르마와 다르마, 아르타와 카마, 모크샤와 같은 개념들은 개인에게 정해진 길을 제시한다. 집단 내의 상호의존과 협동을 권장하고 독립심과 개인적 노력을 경계하는 인도식 양육 환경에서, 그렇게 정해진 길을 받아들여 남들에 의해 결정된 직업과 결혼에 만족하고 자신의 사회적 위치를 받아들이는 것은 당연한 반응이다.

때로는 개인적 순응의 압박이 너무 크다. 사회에서 통용되는 가치들을 거부하는 사람들에게 열려 있는 유일한 길은 고행자의 길뿐이다. 고행자는 직업과 결혼 문제와 가족과 사회의 요구를 통째로 저버림으로써 그런 압박을 피한다. 그러나 가령 가업인 시멘트 사업을 하는 대신 의사가 되려는 남자나 결혼 후에도 댄서 일을 계속하려는 여자에게 쉬운 해결책은 없다. 때로는 다람 힌두자의 예처럼 자살만이 유일한 탈출구로 보인다.

미신

이성적으로 생각하면, 카르마의 법칙에 따라 돌아가는 우주에서 미신 따위는 불필요해 보일 수 있다. 그러나 카르마와 관련된 용어를 말하는 사람들이 모두 고매한 철학적 의미에서 그런 개념들에 관해 말하고 생각하거나, 논리적인 결과를 고려하고 그에 따라 행동하는 것은 아니다. 세상에 모순 없는 사람이 어디에 있을까?

어떤 이들은 별자리와 손금을 운명과 연결 짓는 반면, 어떤 이들에게 별자리와 손금을 읽는 것은 단지 재미일 뿐이며 신문에서 오늘의 운세를 읽는 것과 별반 다를 것이 없다. 또 누군가에게 그것은 보험 상품을 사는 것과 비슷한 행위일 수 있다. 밑져야 본전이라는 태도다. 또한 중요한 일을 하기 전에 꼭 성자와 상담을 하거나 별자리를 보는 사람들도 있다.

길일

길일, 즉 상서로운 날은 별과 행성의 움직임에 따라 결정된다. 인디라 간디는 점성가와 성자들에게 조언을 받아 여행을 계획할 때 반드시 길일을 택했다고 한다. 엘리자베스 여왕도 인도를 내방할 때, 점성가들의 조언에 따라 비행기가 정각 12시가 아닌 12시 5분 전이나 5분 후에 착륙하도록 했다고 한다.

토지 등기는 물론이고 등교 첫날과 결혼식 및 기타 기념행

인도에는 많은 종류의 터번이 있다. 수염을 기르고 터번을 쓴 키 큰 남자는 아마도 펀자브 출신의 시크교도일 것이다.

© OlegD

우타르프라데시의 갠지스 강가에 위치한 바라나시는 3천 년 동안 존재해 왔으며 힌두교 성지로 여겨진다.

인도에는 물이 귀한 지역이 많다. 사막의 도시 자이살메르에서는 동네마다 우물을 파놓고 식수 문제를 해결한다.

© Yavuz Sariyildiz

마디아프라데시 주의 카주라호에는
950~1050년경에 지어진 힌두교와 자이
나교 사원 20여 개가 남아있으며, 건축물
에 새겨진 에로틱한 조각으로 유명하다.

히말라야 산맥 아래로 드넓게 펼쳐진 다르질링 차밭에서 찻잎을 따는 여성들. 18세기에 발견된 차는 전 세계적으로 사랑받는 음료이며 인도의 중요한 수입원이다.

사, 개업 또는 여행을 위해서도 상서로운 날짜와 시간을 선택한다. 내가 책에서 읽은 바에 따르면, 일반적으로 월요일과 토요일은 동쪽으로 여행하기에 상서롭지 않은 날이다. 화요일과 수요일은 북쪽으로 여행하기에 상서롭지 않다. 금요일과 일요일은 서쪽으로 여행하기에 좋지 않으며, 목요일은 남쪽으로 가는 것이 좋지 않다.

인도에서 점성가들의 주 종목은 결혼이다. 그들이 1984년 2월 8일이 그 세기에 결혼하기에 가장 좋은 날이라고 예언하자 편자브에서만 2000쌍이 그날을 결혼식 날로 택일했다. 그러나 불행히도 하필 그날 총파업이 있어 결혼식을 올릴 수 없었다(그래서 요즘 인도의 이혼율이 치솟고 있는 것이 아닌지 의문을 품는 사람도 있다).

인도의 거리에는 온갖 종류의 점쟁이들이 있다. 점성가에게 점을 볼 경우, 정확한 점괘를 위해 출생한 날짜뿐 아니라 시간도 알아야 한다. 앵무새가 운명을 읽어주는 곳도 있다. 앵무새가 카드 한 장을 고르면 새의 주인이 결과를 해석해 주는 식이다. 사람들은 어디서나 징조를 찾는다. 도마뱀이 찍찍거리는 것은 요일에 따라 상서로울 수도, 불길할 수도 있다. 특정 새가 운다거나 특정 동물을 본다거나 특정 사람을 만난다거나 하는 것들(예를 들어 머리가 엉겨 붙은 남자, 과일을 들고 있는 여자)도 징후를 읽는 법을 배운 사람들이 해석할 수 있다.

인도의 여성

혹시 인도 여성을 상징하는 대표적인 이미지를 찾는다면, 그것은 두 손을 얌전히 포갠 채 우아하고 상냥하게 미소 짓고 있는 여행 책자 속의 미인은 아닐 것이다. 오히려 벽돌이나 물동이, 땔감, 사료용 풀을 머리에 인 채 꼿꼿이 서있는 강단 있는 여인일 것이다.

가난한 여성들은 꼭 필요하기 때문에 일한다. 다른 국가들에 비해 인도는 일하는 여성의 비율이 높다. 웬만한 업종 중에 여성이 몸담지 않은 곳은 거의 없다. 여성들은 채석장에서 돌을 깨기도 하고, 탄광에도 들어가고, 직물도 짜고, 도자기도 만들고, 벼도 심고, 땅을 갈아 작물도 경작한다. 여기에 우물에서 물을 긷고 땔감과 사료용 풀을 모으는 등의 잡일과 요리, 청소, 육아까지 담당한다. 건설 현장에서 아이를 등에 업고 벽돌을 머리에 인 채 아슬아슬 대나무 사다리를 오르는 여성들도 심심치 않게 볼 수 있다. 미숙련 직종의 여성들은 남성들과 똑같이 등골이 빠지게 일하면서도 임금은 더 적게 받고 임신 중이나 수유 중에도 일한다.

물론 이런 여성들이 외국인들이 흔히 접할 수 있는 부류의 여성은 아니다. 여성들의 조건이 모두 일정한 것은 아니며 계급과 카스트, 종교적 관점에 따라 큰 차이가 있다. 또한 인도 사람들은 마치 서로 다른 시대를 살아가는 것처럼 보인다. 일부 라자스탄 지역은 여전히 중세 시대 문화에 머물러 있어 최근에도 한 여인이 지고한 전통적 이상에 따라 남편을 화장할 때 함께 불태워졌다. 한편 도시 지역에서는 심지어 이상이라는 허울조차 없이, 결혼 지참금으로 가져가지 못한 VCR과 냉장고 때문에 뉴델리에서만 하루에 한 명꼴로 새 신부들이 불태워진다.

완전한 일반화는 어렵지만, 대체로 이슬람교 지배층의 영향이 강력한 북인도는 봉건적이고 가부장적인 반면, 남인도는 남녀 간 관계가 비교적 평등한 편이다. 부족 사회는 남녀평등 경향이 뚜렷해 오히려 서양 사회보다 나은 경우도 있다. 낮은 카스트에 속하는 가난한 여성들은 계급으로 인한 차별과 억압을 받지만 높은 카스트 여성에 비해 오히려 자율권이 큰 편이다. 종종 여자들을 일할 필요 없이 고분고분 얌전하게 집에만 머물게 하는 능력에 의해 가문의 지위가 결정되기 때문이다. 상류층 여성들은 풍요와 여가를 얻는 대신 자유를 대가로 지불해야 한다.

높은 카스트의 여성들은 푸르다purdah와 사티sati, 조혼, 미망인의 지위 하락 등 여성을 억압하는 전통적인 관습의 피해를 가장 크게 겪는다. 커튼을 뜻하는 '푸르다'는 여자들을 남들 눈에 띄지 않도록 숨겨 두는 관습이다. 애초에는 이슬람교에서 내려온 전통이지만 북인도의 높은 카스트에 속하는 힌두교 가정으로까지 확대되었다. 오늘날도 많은 여성이 낯선 남자 앞에서는 허겁지겁 사리 자락을 끌어올려 얼굴을 가리곤 한다. 실제로 이를 따르는 여성의 비율은 15퍼센트에 불과함에도 여성을 사회적·심리적·경제적으로 격리시키는 결과를 낳았다. 오늘날 이러한 방식으로 여성들을 거느릴 능력이 있는 남자는 사실상 부자들뿐이어서 푸르다는 부와 명망의 상징이 되어 사회 규범 측면에서 가장 큰 영향력을 행사하는 계급에 영향을 미치고 있다. 남편의 시신과 함께 아내를 화장하는 '사티' 풍습도 높은 카스트 여성에게만 행해졌다.

태아의 성별을 확인한 후 여아를 낙태하는 관습은 인도인들의 남아선호 사상을 반영한다. 아들만 대를 이을 수 있고, 죽은 자의 영혼이 힌두교의 연옥을 안전하게 통과하게 해주는 장례식도 아들만이 거행할 수 있다. 또한 아들은 신부 집에서 지참금이나 선물을 받는 반면, 딸은 집안을 거덜낼 만한 거액의 지참금을 싸들고 시집을 가야 한다.

남인도 지역은 과거 일부 지역이 모계 사회였던 영향으로 아리아족이 출현하기 이전의 대지모신大地母神 숭배와 연관성이 크기 때문에, 다른 지역만큼 남아선호 사상이 팽배하지 않다. 남녀의 결합이 자유롭고, 여성은 가족 관계에서 평등하며 사회 진출도 많다. 뭄바이와 델리, 콜카타, 첸나이를 비롯한 도시에는 생계를 위해 벽돌을 나를 필요도, 푸르다 관습 때문에 얼굴을 가릴 필요도 없는 교육 수준이 높고 당당하고 독립적인 여성들이 많다. 이런 여성들은 대가족과 하인들이 제공하는 도움 덕분에 의사, 변호사, 언론인, 영화제작자, 예술가로 일하면서 결혼생활과 육아를 병행하고 있다. 어찌 보면 이들의 삶은 서양 여성들의 삶보다 더 충만하고 자유롭고 만족스러울 수 있다.

권력자의 자리에 오른 여성들도 많지만 이는 어느 정도 남성과의 관계 덕분이었다. 인도 총리의 자리에 올랐던 인디라 간디는 자와할랄 네루의 딸이다. 타밀나두의 주 총리였던 여배우 출신 자얄랄리타 역시 영화배우였던 전 주 총리 MG 라마찬드란(MGR)의 여인이었다. 주 환경장관이 된 마네카 간디 또한 인디라 간디의 아들, 산자이 간디의 미망인이었다. 국민회의 당수가 된 소니아 간디는 라지브 간디의 이탈리아인 미망인이었다. 지금까지는 여성이 남성의 배경 없이 권력을 잡기가 어려운 실정이다.

가족 내에서 여성은 여러 역할을 한다. 아내로서 여성은 카스트의 순도를 유지하는 전통과 의식을 이어간다. 베다 시대에 여성은 남성과 동등한 지위를 누렸으며, 성직자가 될 수 있고, 남편을 여의면 재혼도 할 수 있었다. 그러나 그 후로 지위가 격하되어 중요한 기념행사에서 그저 남편 옆자리를 지키는 역할을 맡고 있다. 어머니로서 여성은 존경받고, 특히 아들을 통해 권력을 얻는다. 시어머니로서 여성은 며느리에 대해 무조건적인 권력을 누리며, 며느리는 득남해 권력을 얻게 될 때까지 어떤 수모도 감내해야 한다.

인도 신화에서는 신을 아내인 샥티가 함께 있어야만 작동되는 수동적인 힘으로, 그리고 여신은 능동적인 힘으로 표현한다. 힌두교는 칼리를 통해 강렬한 여성적 에너지의 이미지를 제공한다. 검은 피부에 목에 해골 목걸이를 걸고 피를 마신 탓에 혀가 빨간 칼리는 세상의 주기가 끝날 때 세계를 파괴하고 재창조 과정에 시동을 거는 여신이다. 그러나 이처럼 어둡고 강렬하고 무시무시하고 위풍당당한 칼리와는 대조적으로, 이타적이고 헌신적이며 이상적인 아내 시타도 있다. 그녀는 남편 라마를 따라 숲으로 들어갔고, 정조를 의심 받을 때 불의 심판을 견뎌냈다.

가정에서건 사회에서건 종교에서건, 인도에서 여성의 위치는 큰 내적 갈등 없이 두 가지 모순적 관점을 포용하는 인도의 특성을 드러내는 전형적인 예다. 한 인도 여성은 간결하고 씁쓸하게 얘기한다. "인도 사람들은 어머니를 사랑하지만 여자는 혐오한답니다."

4
인도 사회
들여다보기

"당신은 내가 알지 못하던 친구들을 알게 해주었습니다.
당신은 나의 집도 아닌 곳에서 내 자리를 내주었습니다.
당신은 멀리 있는 것들을 가깝게 하고,
낯선 이들을 형제로 만들어주었습니다."

— 라빈드라나드 타고르, 《기탄잘리》

마지막으로 인도에 갔을 때, 나는 한 젊은 프랑스인 부부로부터 결혼식 선물로 무엇을 가져가야 할지 조언해 달라는 부탁을 받았다. 그 부부는 첸나이에서 코치로 가는 기차 안에서 결혼을 앞둔 한 인도인 젊은이와 같은 침대칸을 사용하게 되었는데, 그 젊은이가 이 생면부지의 이방인들을 불쑥 결혼식에 초대했다고 한다. 인도인들에게 이보다 더 자연스러운 일이 있을까! 결혼과 생일, 그 밖의 특별한 축제는 가족과 친지는 물론이고 때로는 그저 기차에서 우연히 동석한 사람들과도 어울릴 수 있는 기회. 다다익선이라고, 많은 사람이 모일수록 더 즐겁다는 것이 그들의 철학이다.

인도 전역에서 이방인을 환대해야 한다는 의식이 지배적인데다 외국인에 대한 호기심도 만만치 않다. 한마디로 외국인은 오락적 가치가 있는 존재다. 당신이 인도에 간다면, 십중팔구 당신이 잘 알거나 잘 모르는 인도인으로부터 일종의 기념 행사에 초대받을 것이다. 여기서 인도인들이 기념하는 중요한 행사에 대해 잠시 짚고 넘어가겠다.

관혼상제

인도는 힌두교가 우세한 국가이므로 여기서는 힌두교도의 의식을 중심으로 얘기하겠다. 자이나교, 불교, 시크교의 관혼상제는 힌두교와 비슷하다. 이슬람교, 기독교, 파르시교도는 그들만의 기념행사가 있는데, 이 내용은 앞서 종교에 관한 부분에서 간략하게 언급했다.

인생의 중요한 사건들을 기념하는 힌두교 의식을 '삼스카라 Samskara'라고 부른다. 고대 경전에서는 그런 의식을 12가지에서 16가지로 규정하지만, 요즘 도시 가정에서는 그 모든 의식을 수행할 시간도 의지도 없다. 의식을 제대로 거행하려면 낮은 카스트의 사람과 높은 카스트의 사람이 모두 필요하다. 축문을 읽고 의식을 주관하는 브라만 승려 외에도, 행사 주인공의 머리칼을 정갈하게 다듬어줄 이발사와 아기 출생 시에 호출되는 세신사, 동물 가죽을 만진다는 이유로 불결하게 여겨지는 북수(북 치는 사람)에 이르기까지 다양한 사람들이 동원된다. 아기가 출생할 때 나타나는 환관 공동체는 인도 북부 몇몇 지역의 특징이다. 자칫하면 잠자는 숲속의 미녀가 태어날 때 찾아온 마녀처럼 저주로 모든 것을 망쳐 놓을지도 모르니 그들을 잘 달래주어야 한다.

출생

최초의 의식은 임신 7개월에 이루어진다. 임산부는 대지모신과 동일시되며 가족 구성원이 그녀에게 다가와 머리에 꽃을 꽂아준다. 그녀가 팔에 커다란 팔찌를 차고 사리 앞자락을 내밀면 다산과 풍요를 상징하는 쌀을 채워 준다. 출생 전에는 아기를 위해 아무것도 가져오거나 계획하지 않는다. 신생아가 처음 입는 옷은 새것이 아니어야 하며 보통은 손위 형제나 사촌의 것을 빌린다.

출생 후에 산모와 아기는 6일에서 10일 동안 격리된다. 친구들에게도 아기가 태어난 사실을 알리지 않는다. 아마도 높은 영아 사망률 때문에 생긴 풍습으로 보인다. 6일 또는 11일째에 작명식을 위해 승려를 부른다. 이름은 상서로운 숫자를 고려해 아이 별자리에 따라 선택한다. 승려가 그 이름을 아기의 귀에 '불어넣고' 생쌀을 담은 접시에 이름을 쓴다. 이 행사에는 사람들이 모이기도 한다.

생후 6개월이 되면 '아나 프라사나anna praasana'라는 의식과 함께 아기가 첫 이유식을 시작한다. 첫 걸음마와 첫돌 때는 일종의 종교 의식이 거행되기도 한다. 이런 많은 행사 중에서도 최초의 삭발식은 특히 의미 있다. 아기가 첫 아이인 데다 아들이면 출생 1개월 이내에 삭발식을 한다. 다른 경우에는 보통 1년 후나 첫 걸음마 이후, 또는 홀수로 세 살이나 다섯 살에 하기도 한다. 이 의식을 미루는 데는 몇 가지 이유가 있는데, 단순히 경제적 여유가 없어서인 경우도 있다. 승려를 부르고 행사를 진행하자면 돈이 많이 들기 때문이다. 그때까지는 남자아이도 머리를 길러 땋고 다닌다. 원래는 아버지가 손수 삭발해주게 되어 있지만, 승려가 산스크리트어로 축문을 암송하는 동안 아버지가 몇 가닥만 자른 뒤 그 임무를 이발사에게 넘기는 것이 보통이다. 처음 자른 머리칼은 제물처럼 신들에게 바친다.

생일

도시에 사는 부유한 인도인들은 서양에서처럼 파티와 선물, 케이크, 아이스크림으로 생일을 축하하기도 한다. 부유층은 서로 경쟁을 벌이듯 5성급 호텔에서 밴드와 코끼리까지 동원해 기발하고 호화로운 잔치를 벌인다.

그러나 대다수 인도인은 첫돌을 제외하면 생일을 별로 챙기지 않는다. 혹시 챙기는 경우, 아이에게는 새 옷을 사주고 학교 친구들에게 사탕을 돌린다. 그 외에 남자아이가 누릴 수 있는 전통적인 사치로는, 몸무게를 달아 그 무게만큼의 밀이나 쌀을 사원이나 자선단체에 기부하는 것이 있다. 우리 어머니는 생전에 캐나다에 살면서도 손주 생일에 인도 고향 마을의 가난한 아이들을 위해 잔치를 열고 선물을 나눠주셨다. 이런 식의 선물 문화가 여전히 남아, 대도시를 제외하면 생일 당사자가 선물을 받기보다 주변에 베푸는 경우가 많다.

일부 마을과 부족 공동체에서는 소녀들이 사춘기에 접어들면 결혼할 준비가 된 아가씨가 한 명 더 생겼음을 알리는 성인식을 치른다. 도시에서는 복장 변화만으로도 성인이 되었음을 표시할 수 있다. 예를 들어 그냥 치마를 입고 다니다가 인도 전통 복장인 사리나 살와르 카미즈로 갈아입는 것이다.

월경

교육 수준이 높은 가정에서도 여성의 월경은 여전히 의식을 행하기에 불결한 시기로 간주되곤 한다. 이 며칠 동안은 여성들이 부엌에 들어가지 않고, 하인이나 성장한 딸 또는 다른 사람이 없는 경우 남편에게 요리를 맡긴다. 생리 중인 여성은 소금을 만지거나 사원에 가거나 어떤 의식도 수행하지 못하게 되어 있으며, 엄격한 힌두교 집안의 여성들은 중요한 의식에 참석하기 위해 피임약으로 생리 기간을 조절하기도 한다. 외국 여성의 경우, 적극적으로 의식에 참여할 입장이 아닌 단순한 구경꾼이라면 월경이 문제가 되지 않는다. 외국인 여성이 초대를 받은 경우, 대부분 상황에서 그 집안 여성이 그녀의 상태를 확인할 것이다. 이때 굳이 그 얘기를 먼저 꺼내지는 말되, 혹시 이런 이유로 의식에서 배제되더라도 기분 상하지 말고 이해하도록 한다.

결혼

뭐니 뭐니 해도 가장 크고 중요한 행사는 결혼식이다. 결혼식은 가문의 부와 지위를 과시하는 기회다. 공동체별로 결혼 풍습은 다르지만 대체로 신부 가족의 경제력이 허락하는 한 최대한 호화롭게 준비한다.

대학 교육을 받았거나 외국에서 유학한 젊은이를 포함해 인도인들의 약 95퍼센트가 지금도 중매결혼을 한다. 어떤 이들에게는 그 결정이 전적으로 부모의 몫이며 본인에게는 선택권이 없어 보인다. 그보다 진보적인 가정에서는 본인이 사진을 보거나 상대를 직접 만나본 후에 거부권을 행사하기도 한다. 대체로 남자 가족이 신붓감을 선보며 외모, 몸가짐, 살림 솜씨 등으로 판단한다. 이러한 전통이 여전히 남아있지만, 요즘은 빠른 목적 달성을 위해 신문 광고, 컴퓨터 중매, 최신 경향, 배우자감의 비디오, 인터넷 등의 현대 기술도 동원된다.

결혼은 선물을 주는 의식으로 간주된다. 아버지가 자신의 딸(칸야)을 선물(단)로 바친다는 의미로 '칸야단kanya dan'이라고 하며, 이는 아버지가 줄 수 있는 가장 큰 선물이다.

미혼자들은 마음을 단단히 먹을 필요가 있다. 인도인들은 미혼자를 동정의 대상으로 여긴다. 미혼인 우리 오빠가 인도에 있을 때 만나는 사람마다 안쓰러워하며 적당한 신붓감을 소개시켜 주려고 애를 썼다. 심지어 오빠를 결혼시키지 못한 부모님을 탓했다. 오빠가 아무리 자신은 독신이 좋다고 말해도 귀담아 듣는 사람이 없었다. 오죽하면 'No life without wife(아내가 없으면 인생도 없다)'라는 말도 있지 않은가.

결혼식

결혼식을 하기에 가장 상서롭다는 웨딩 시즌에는 결혼 행렬 때문에 델리 교통이 마비되기 일쑤다. 서구식 밴드 유니폼과 검은 부츠, 흰 각반까지 차려입고 다른 어떤 부족함도 상쇄할 만큼 큰 소리로 흥겨운 음악을 연주하는 악단을 필두로, 친척과 하객 무리가 몸을 이리저리 흔들거나 빙글빙글 돌면서 걸어가고, 그 뒤에는 백마나 멋진 차 또는 코끼리 위에 신랑이 태연한 얼굴로 앉아있다. 행렬은 신부가 기다리는 곳으로 뱀처럼 구불구불 나아간다. 화려하게 치장한 신부 역시 태연한 얼굴로 신랑이 도착하기를 기다린다. 결혼식 내내 신랑도 신부도 딱히 행복해 보이지 않는다.

전통적인 결혼 예식은 며칠에 걸친 축제를 동반하기도 한다. 그중에서 특히 인기 있는 것은 신부와 여성 하객들이 헤나 염료를 이용해 손바닥에 문신처럼 다양한 문양을 그리는 메헨디mehendi 파티다. 이것은 원래 북인도 지역 전통이었지만 영화에 등장한 뒤 인기를 끌어 요즘은 전국의 결혼식에서 빠질 수 없는 주요 행사가 되었다. 헤나를 갈아 고운 반죽으로 만든 다음, 여성 하객의 손이나 발에 바른다. 그러면 사람의 체열에 의해 헤나의 색이 피부에 착색된다. 사람마다 체열이 조금씩 달라서 착색 정도가 다르고, 시간을 오래 두거나 마를 때 덧발라주면 색이 더 진해진다. 이 문신은 2~3일 정도 지속되다가 점차 희미해진다.

결혼식 자체는 오래 걸리지 않지만 일반적으로 상서롭다고 선택된 시간에 거행되기 때문에 때로는 다소 불편할 수 있다.

인도에서는 중매결혼이 일반적이며, 결혼 전에 꼭 사랑에 빠질 필요는 없다고 생각한다.

전통적인 결혼 예식에는 신부와 여성 하객들이
손발에 헤나 장식을 하는 메헨디 파티도 포함된다.

제일 먼저, 신부 아버지가 신부는 자신의 딸이며 딸을 신랑에
게 주겠노라고 선언한다. 그러면 신랑이 오른손으로 신부의
오른손을 잡거나 늘어진 사리 자락을 자신의 상의에 묶고 두
사람이 함께 걸어 성화 주변을 일곱 바퀴 돈다. 한 바퀴 한 바
퀴가 모두 축복을 상징한다. 식량, 힘, 재산, 행복, 자녀, 소, 경

건함이 그것이다. 신랑신부는 산스크리트어 서약을 서로에게 암송해 평생 친구와 동반자가 되겠다는 의지를 표현한다.

이 서약과 불 주변을 걷는 행위는 결혼을 신성하고 되돌릴 수 없는 것으로 만든다. 불의 신이 그들의 맹세를 지켜보았기 때문이다. 이때 신랑과 신부는 그들의 조상이자 수호신인 비슈누와 그의 아내 락슈미를 대신하는 것이다. 결혼을 깰 방법은 없으며, 타밀어에도 산스크리트어에도 '이혼'에 해당하는 단어가 없다.

신랑 가족은 신부의 혼수로 자동차와 냉장고, TV와 VCR, 현금 등을 요구하는데 결혼식 후에 요구가 더 늘어나는 경우도 종종 있다. 신부 가족이 더 이상 요구를 들어주지 않으면 신랑이 한 번 더 결혼해 새 오토바이나 TV를 챙길 수 있도록 신부에게 석유를 부어 불을 붙이는 일까지 있다. 이것은 오지에 사는 야만인들이 저지르는 희귀 범죄가 아니라, 대도시 중산층에서도 심심치 않게 벌어지는 사건이다.

1975년에는 델리 한 곳만 따져 봐도 '신부 불태우기'가 거의 매일 일어났다. 1983년에는 그 수가 늘어 델리에서 690명이나 사망했다. 2005년에는 인도 전체에서 지참금 살인사건이 6787건에 달했으나 유죄 판결을 받은 것은 겨우 몇 건에 불과했다. 이런 범죄는 주로 가정 내에서 벌어지고 목격자도 없기 때문에 대부분은 자살이나 석유난로를 서툴게 다루다가 발생한 사고로 취급된다. 경찰은 그런 살인사건을 입증하기 힘들고, 범인은 처벌을 면한다.

최근에는 여성단체들이 행동에 나서기 시작했다. 법원에서 사건을 기각하더라도 용의자 집에 혐의를 알리는 현수막을 걸어 그 가족이 다른 희생자를 찾기 어렵게 만들고 있다.

60세 또는 80세

60번째 생일은 인생의 중요한 분기점이다. 12개월이 1년을 이루는 것처럼 12년은 또 하나의 단위를 이루고, 이 단위가 다섯 번이면 완전한 주기를 채운다. 남자가 결혼한 상태로 이 주기를 마치면 매우 상서로운 것이다. 또한 사람이 살아 80번째 생일에 이르는 것은 100살이 되는 것만큼이나 경사스러운 일로 여겨진다.

죽음

인도에서는 죽음을 해방으로 본다. 다음번 가장무도회에 참석하기 전에, 영혼이 육신의 가면과 옷을 잠시 벗고 자유로워지는 것이다. 죽는다는 것은 개인의 삶에서 긍정적인 사건이다. 죽음을 일컫는 단어들이 이를 잘 보여 준다. 사마디samadhi는 최고의 정신적 경지에 오르는 것을 말하고, 모크샤moksha는 해방을 의미하며, 샨티shanti는 평화를, 카이발야kaivalya는 완전한 평정을, 파라마파다paramapada는 궁극적인 장소를 뜻한다. 죽음을 준비하는 것은 개인의 의무 중 하나다.

사후에 영혼이 선조들의 땅에 안전하게 도착하기를 기원하는 의식들이 거행된다. 화장은 사망 후에 최대한 빨리, 그러나 상서로운 시간에 이루어져야 한다. 죽은 자의 몸을 정갈하게 씻기고 새 옷을 입혀 신에게 바칠 준비를 한다. 구체적인 풍습은 공동체별로 다르다. 어떤 공동체에서는 수의 색깔을 구별하는데, 기혼 여성은 마치 결혼식처럼 치장하고 주황색 수의를 입히며, 남성과 미망인은 흰색 수의를 입는다. 망자의 아들 또는 가장 가까운 남성 근친은 화장 의식을 거행하기 위해 목욕재계를 하는데 이는 종교적 공덕을 쌓는 행위다. 화장터에서는 제단에서 불의 신(아그니)을 숭배하며 망자를 제물로 받아달라고 간청하는 노래를 부른다.

화장 장작으로 약 3분의 1톤의 나무를 이용한다. 인디라 간디 같은 유명인사와 경제적 여력이 있는 사람들은 백단향을 이용한다. 케랄라에서는 망고나무가 인기여서 사람들은 어렸을 때 나중에 자신의 화장 장작으로 쓸 망고나무를 한 그루씩 심는다. 그러나 요즘은 나무를 구하기가 힘들어 소똥으로 화장용 장작을 만들고 있다.

화장 장작 위에 시신을 올리고 망자 아들이 불을 붙인다. 여섯 시간 정도 있으면 육신이 재로 변한다. 열로 인해 두개골이 터져야 하며, 그렇지 않으면 상주가 직접 깨야 한다. 그 순간 망자의 영혼이 해방되고 아그니가 그 영혼을 죽음의 신과 선조들에게 바치기 위해 데려간다고 믿는다. 의식을 제대로 거행하면, 영혼은 10일에서 30일간 넋으로 머물다가 다음 단계로 이동하게 된다.

죽음은 망자 가족을 오염시킨다고 여겨 상제들은 특정한 금기를 따라야 한다. 엄격한 집안에서는 망자의 근친은 일정 기간 동안 면도를 하거나 머리를 빗거나 신발을 신거나 반지 또는 발찌를 하거나 요리를 하거나 행사를 주관하거나 참석하지 못하게 되어 있다.

사후 4일째, 10일째, 14일째 되는 날도 특별한 의식으로 기린다. 이렇게 애도 기간이 끝나면 '슈바스비카람shubasvikaram'이라는 의식을 행하는데, 이는 '일어난 일을 받아들이고 순조로운 삶으로 돌아가는 것'을 뜻한다. 이 의식에는 망자의 죽음으로 역할이 달라진(예를 들어 아내는 미망인이 되고, 장남은 가장이 되고) 상제들이 세상으로 복귀할 수 있게 하는 정화 의식도 포함된다.

1856년부터는 미망인의 재혼이 법적으로 허용되었고 1859
년에는 남편을 화장할 때 아내를 산 채로 함께 태우는 사티를
금지했다. 그러한 법적 변화에도 미망인을 평생 따라다니는
'불길하다'는 오명은 사라지지 않았다. 전통은 여전히 미망인
이 밝은 색 옷을 입거나 꽃으로 머리를 장식하거나 팔찌를 하
거나 이마에 점을 찍거나 가르마 시작 부분에 순조로운 결혼
상태임을 표시하는 '신두르sindoor'라는 빨간 점을 찍는 것을 허
락하지 않는다. 심지어 가르마가 아예 보이지 않도록 머리를
삭발할 것을 요구하기도 한다. 반면 아내가 죽은 남자에게는
어떤 제약도 없다.

선물

선물을 주는 것은 즐거운 의식에서 중요한 부분이다. 이승
에서 선물을 많이 줄수록 사후에 영혼의 여행이 수월해진다.
그래서 선물을 받는 쪽이 아닌 주는 쪽이 오히려 감사를 표한
다. 무언가를 기념하기 위해 사원에 금이나 코끼리, 말 등의
호화로운 선물을 바치면 그것이 사원 돌담에 새겨진다.

선물을 주는 데는 엄격한 원칙이 있다. 특히 모든 사람을 만
족시키기 어려운 결혼 예단은 신중하게 준비해야 한다. 신랑
어머니에게는 가장 값비싼 사리를, 신랑 누이나 형수, 제수에
게는 조금 덜 비싼 사리를 선물한다.

생일과 결혼은 주로 가족 행사로 치른다. 인도인들은 자신
의 의무 범위에 속하는 사람들이 어떤 선물을 기대하는지를
잘 알고 있으며 그에 따라 선물을 마련한다. 그런데 친구나 하

인, 또는 동료로부터 통과의례 행사에 초대받은 외국인들은 그 범위에 속하지 않기 때문에 선물로 무엇을 줘야 할지 명확하지 않다. 너무 값비싼 선물을 하면 상대 역시 그럴 형편이 아님에도 답례로 값비싼 선물을 해야 한다는 부담을 느낄 수 있으므로 주의한다.

가장 안전한 선물은 현금이다. 결혼 축의금은 신혼부부가 아닌 가족에게 돌아가는데, 결혼식에 들어간 막대한 비용을 조금이나마 상쇄하려는 것이다. 현금을 선물할 때는 주로 상서로운 숫자에 액수를 맞춘다. 가령 101, 501, 1001루피가 상서롭다고 간주된다. 이밖에 결혼하는 친구에게 선물을 주고 싶다면 실용적이거나 장식적인 가정용품이 적절할 것이다.

축제 때는 전통적으로 주고받는 선물이 있을 수 있다. 예를 들어 코끼리 머리를 한 가네샤 신의 탄신일에는 쌀 경단을 선물하는 전통이 있다. 요즘은 사탕이나 꽃, 케이크, 그리고 술을 좋아하는 사람에게는 와인이 더 환영 받는다.

대안적 삶의 방식

인도에서 동성애는 불법이며 일부 종교는 공개적으로 동성애를 비난한다. 그렇다고 동성애가 존재하지 않는 것은 아니다. 대부분의 경우 동성애자들은 은밀하게 조심하면서 산다. 어떤 상황에서는 묻지도 말하지도 않는 것이 상책이다. 내가 수년 동안 알아온 절친한 친구 중에 동성애자로 의심되는 친구들이 많지만 그들은 내게 그 사실을 얘기하지 않았고 나 역시 묻지 않았다.

인도에서는 젊은 남녀 사이에 성적인 교류가 거의 없는 탓에 사춘기 소년들 간에 종종 신체적 접촉이 이루어지곤 하는데, 누군가 그것을 동성애라고 의심하면 깊은 모욕감을 느낀다. 그들은 장차 결혼을 할 것이고 이성 관계를 가질 것이고 그런 종류의 성생활은 영원히 정리할 것으로 생각한다.

또한 남자들끼리 손을 잡는 것은 동성애 징후가 아니다. 인도에서는 '게이'라는 말이 서양에서 통용되는 것과 똑같은 의미를 갖지 않는다. 예를 들어 첸나이에 있는 '게이 트래블'과 '게이 맨 테일러'는 단지 편안한 쇼핑과 여행을 암시하려는 상호일 뿐이다. 어떤 집단에서는 이 주제에 대해 극도로 민감하게 반응할 수 있을 수 있으니 말할 때 각별히 주의해야 한다.

다음은 인도 사회에 적응하는 데 도움이 될 만한 몇 가지 조언이다.

- 다양한 사교 행사에 초대될 것을 예상하라. 심지어 잘 모르는 사람이 초대할 수도 있다.
- 선물을 선택할 때는 종교적인 민감성과 식습관 및 음주 습관, 받는 사람과의 관계를 염두에 둔다.
- 행사의 특별한 특성을 즐기라. 헤나 문신, 홀리 축제의 다양한 색 가루들, 연날리기 등
- 모든 초대에 응해야 한다는 강박을 느낄 필요는 없다.
- 잘 모르는 사람에게 값비싼 선물은 삼간다.

5

인도에서
살아보기

인도에서 '추운 날씨'란 그저 관습적인 표현일 뿐이며,
놋쇠 문고리가 녹을 정도의 날씨인지,
아니면 그냥 물렁해질 정도의 날씨인지를
구분할 필요성 때문에 이용되는 말이다.

– 마크 트웨인

형식적 절차

예전에는 사람들이 비자 신청을 하려고 인도 대사관이나 영사관을 찾는 순간부터 인도의 관료주의를 맛보았다. 예전에 토론토에 있는 영사관에 찾았을 때 그곳에 준비된 신청서가 다 떨어지고 없었다. 나는 그 얘기를 듣기 위해 20분이나 줄을 서서 기다려야 했는데, 누구 하나 불편을 끼쳐 미안하다는 사과 한마디 없었다. 혹시라도 그런 일이 생길까봐 영사관에 가기 전에 전화 통화를 시도했지만 돌아오는 것은 자동응답기와 통화중 신호뿐이었다. 마치 대사관이 이렇게 말하는 것 같았다. "이 정도도 감당하지 못한다면 인도 여행은 꿈도 꾸지 마셔야죠."

이후 인도는 비자 신청 절차를 효율화해 이제는 인터넷으로 비자 신청서를 다운로드할 수도 있다.

인도는 여러 나라들과 양자 협약을 맺고 있어 모든 사람에게 유효한 하나의 비자 형식은 없다. 최선의 방법은 가까운 영사관이나 대사관에 연락하는 것이다. 영사관 직원이 당신의 필요에 가장 적절한 비자가 무엇인지 알려줄 것이다. 관광 비

주한 인도 대사관 연락처

홈페이지: www.indembassy.or.kr
주소: 서울 용산구 독서당로 101
전화번호: (02)798-4257

비자의 종류

- **관광 비자**: 한국인은 복수 입국이 가능한 비자가 6개월간 발급된다. 재정 상태를 증명하는 서류를 제출해야 할 수도 있다.
- **사업 비자**: 신청서와 함께 초청 기관으로부터 사업 성격과 예상 체류기간, 방문할 장소와 기관을 표시한 서류와 유지비용 등을 충당하겠다는 보증서를 제출해야 한다.
- **학생 비자**: 인도의 대학 및 공인 교육기관의 합격 통지서에 따라 학업 과정과 5년 중 더 짧은 기간에 대해 발급된다.
- **언론인 비자**: 인도를 방문하는 언론인과 사진기자에게 발급된다. 신청자는 뉴델리나 다른 도시에 있는 외무부 공보과와 인도 언론정보국에 미리 연락해 취재 허락을 받아야 한다.
- **취업 비자**: 기업 및 기관, 경제 프로젝트에 기술자나 기술전문가, 임원 등으로 임명된 기술과 자격을 갖춘 전문가들에게 발급된다. 신청자는 해당 회사나 조직에서 발급하는 외국인 계약, 고용, 참여를 입증하는 증명서를 제출해야 한다.

자와 경유 비자 외에 상용 비자(사업용), 취업 비자, 학생 비자, 연구 비자, 프로젝트 비자, 종교 비자, 언론인 비자, 의료 비자, 회의 비자 등이 있다. 배우자용 비자는 주로 장기 체류 시에만 발급된다.

인도에 2년 이상 머물려면 정부 운영 병원에서 에이즈 검사를 받아야 한다. 인도는 HIV/에이즈 문제가 심각한 것이 사실이지만 외국인이 여기에 미치는 영향은 미미한데 어째서 이런 요구사항이 적용되는지 알 수 없는 일이다.

연속 6개월 이상 인도에 체류하는 모든 외국인은 도착 14일 안에 외국인등록소FRRO에 방문해 등록 신청을 해야 한다. 외국인등록소는 대부분의 대도시에 있다. 절차가 복잡하지는 않지만 기다리는 동안 길고 지루한 시간을 보내야 하므로 책 한 권쯤 챙겨갈 것을 권한다. 이 절차를 마무리하면 인도 항공권과 호화 호텔 객실료를 인도인 적용 요금으로 지불할 수 있다(외국인은 보통 15퍼센트 정도를 더 지불한다). 인도에서 6개월 이상 일하거나 사업을 하는 경우에는 출국할 때 조세 당국으로부터

NOC ^{No Objection Certificate}를 받아야 한다. 그렇지 않으면 공항에서
번거로운 상황이 벌어질 수 있다.

도시 생활

전체 인도 인구 중에 도시에 사는 사람은 30퍼센트에 불과
하지만 인구가 12억이 넘다 보니 30퍼센트라도 그 수가 엄청
나다. 도시의 구조물들은 인간의 바다 속에 난파되어 있다. 와
글거리며 구불구불 흐르는 대중의 물결이 거리에 활기를 불
어넣으며, 마치 에릭 에릭슨이 '감각적, 감정적 멀미'라고 표
현한 현상을 불러일으킨다. 보이는 표면마다 복잡한 조각들이
빈틈없이 새겨진 인도의 사원들처럼, 도시도 모든 공간이 빽
빽이 채워져 여백도 없이 그저 온갖 인간군상이 만들어내는
끝없이 변화하는 패턴들만 존재하는 듯 느껴진다.

도시에서 가장 빠르게 성장하고 있는 구역은 바스티 ^{basti}라
는 빈민가로, '더 나은 삶'이라는 막연한 약속에 현혹되어 고
향 마을을 떠나온 사람들이 정착한 곳이다. 4대 주요 도시의 3
분의 1 이상이 빈곤선 이하에서 살고 있다. 빈민가가 부유층
밀집 지역을 사방에서 잠식하고 있어 에어컨이 다섯 대나 있
는 고급 주택과 얼기설기 지은 판잣집이 높은 담을 공유하는
형세다. 판잣집으로서는 그 담이 유일하게 튼튼하고 안정된
부분인 셈이다.

적응하기

인도 대도시에는 아름다운 정원을 거느리고 높은 담에 둘러

싸인 대형 주택이 밀집한 동네가 있다. 대부분의 외국인은 그런 곳에 산다. 여기서는 시끌벅적하고 낯선 인도 안에서 시원하고 평화로운 오아시스를 만드는 것이 가능하다. 익숙한 것들로 안식처를 만들려는 것은 어쩌면 당연한 시도일 것이다. 이런 곳에서라면 암울한 현실을 잠시 차단할 수 있다.

어느 정도까지는 그런 보호구역을 만드는 것이 가능하고 또 바람직하다. 그러나 아무리 호화로운 동네에 살고, 아무리 높은 담에 둘러싸인 아름다운 집에 격리되어 있어도, 제3세계의 현실이 불쑥불쑥 끼어들기 마련이다. 인도의 가정에서 삶에 대한 기대치와 현실 사이에 발생하는 갈등을 해결해야 하는 인물은 바로 아내이며 어머니인 여성들이다.

전기가 나갔는데 전화도 불통이다. 수돗물은 4시까지 나오지 않는다. 가스통이 바닥났는데 가스 배달원은 이틀 뒤에나 교체해 준단다. 이틀! 이 나라에서 대체 무슨 일을 할 수 있을까 싶다. 선진국에서는 24시간 공급되는 전기, 전화, 수돗물을 아주 기본적인 삶의 필수품으로 받아들이지만, 사실 그런 생활수준을 누리는 사람들은 세계 인구의 4분의 1에 불과하며 이들이 세계 자원의 80퍼센트를 사용한다. 다른 4분의 3에게 그런 것은 여전히 사치이며 당연시되지 않는다.

집 구하기

고급 숙소

어느 도시에나 부유한 동네가 있다. 많은 외국인이 거주하는 델리에는 외국인들이 주로 집을 구한다고 알려진 동네들이 있다. 이런 동네에는 서양 수준의 편리함을 갖춘 주택들이 있

뭄바이의 아파트 단지. 아파트는 인도에 파견 나온 외국인 근로자들이 선호하는 주거 형태다.

다. 건물도 으리으리하고 대리석 바닥과 개인 욕실, 시설이 잘 갖춰진 주방이 딸려 있다.

뭄바이에서는 아파트가 일반적이다. 그러나 임대가 쉽지 않아 외국인 간부를 영입하는 대다수 회사들은 아파트를 장기 임대해 사용하고 있다. 회사 아파트는 뭄바이에 있는 인도인 간부에게도 환영받는 숙소다. 첸나이와 콜카타에 사는 외국인들은 주로 가죽과 철강 업계의 다국적 대기업에서 일하는데, 이런 도시들에서도 형편만 된다면 수영장을 포함해 서양식 편의시설을 갖춘 호화 주택을 찾을 수 있다.

주택과 아파트는 가구가 딸린 곳과 딸리지 않은 곳이 있는데, 장기 임대인 경우 가구가 딸리지 않은 쪽이 일반적이다. 가구가 딸리지 않은 집에는 에어컨과 냉장고도 없기 쉬우며 선풍기와 조명기기 정도는 대체로 포함된다.

많은 집주인은 외국인 세입자를 선호하는데, 그들이 언젠가는 떠날 것임을 알기 때문이다. 인도에서는 장기 세입자를 퇴

거시키기가 법적으로 어렵다. 또한 같은 이유로 집주인은 개인 임대보다 회사 임대를 선호할 수 있다. 보증금으로 몇 개월 치 임대료를 선불로 내는 것이 관례이며 이 돈은 마지막 몇 개월치 임대료 형식으로 환불된다. 몇 개월만 체류할 경우, 이사하기 전에 임대료를 전액 지불해야 할 수도 있다. 많은 집주인들이 집세 중에 소득세로 신고할 만큼의 액수에 대해서만 영수증을 준다. 나머지는 증빙이 어려운 '검은 돈'이 되는데 그 비율이 90퍼센트에 이르기도 한다.

인도식 숙소

호화 숙소에서 사는 데 필요한 몇 분의 일의 비용으로 평범한 중산층 동네에서 사는 것도 가능하다. 물론 미국이나 유럽 기준의 합리적인 생활 여건은 포기해야 한다. 인도인들은 이틀에 한 번꼴로 단수를 겪는 데 익숙하다. 수돗물이 공급되는 몇 시간을 중심으로 생활을 조직하는 것이 그리 녹녹치 않을 것이다. 아침 일찍 일어나서 큰 양동이에 물을 채우고 그렇게 저장한 물의 양에 따라 설거지를 하고 몸을 씻을 준비가 되어 있는가? 전화 없이 살 수 있는가? 에어컨이 없어도 무방한가? 인도의 중산층 주택으로 이사하기 전에 이런 것들을 진지하게 따져보는 것이 상책이다.

수돗물 공급 시간과 전기 상황 등의 문제는 마을 전체에 동시에 영향을 미치므로, 일단 인도 중산층 집으로 이사를 가면 이웃들이 그런 정보를 알려줄 것이다. 물론 이런 곳에 사는 이점도 있다. 무엇보다 아주 저렴하게 장을 볼 수 있다. 외국인들은 대부분 차 없이 생활하는데 이런 곳은 시장과 대중교통에 대한 접근성이 좋다. 게다가 항상 주변에 사람들이 있어 외로울 일도 없다. 또한 모두들 높은 담장에 경비까지 두고 사는 동네에서보다 '진짜'에 가까운 인도를 경험할 수 있다.

집 구하는 법

신문에 광고가 실리긴 하지만 집은 주로 부동산 중개인을 통해 구한다. 그러나 중개인이 항상 외국인의 기대치를 잘 알고 있는 것은 아니며, 때로는 이런 기대치를 설득력 있게 전달하는 것도 힘들다. 최근에는 대도시에 신종 대리인도 등장했다. 주로 외국인들과 접촉하기 쉬운 인맥 좋고 교육 수준이 높은 여성들이다. 이들은 외국인들이 필요로 하는 것을 잘 이해하고 있으며, 외부인의 기대치와 관련한 복잡한 문제들을 다루는 데도 정통하다.

중개인 수수료는 보통 1~2개월치 임대료이다. 뭄바이와 델리에서 표준 이상의 숙소는 뉴욕이나 런던 못지않게 임대료가 높을 수 있다. 첸나이와 콜카타는 평균가격이 조금 낮은 편이지만 최고급 주택가의 집들은 여기서도 만만치 않다.

집을 구할 때 다음과 같은 조언을 따르는 것이 좋다.

- 동료와 인도의 지인, 선임자 또는 인도에서 얼마간 생활한 외국인 등에게 물어본다.
- 인도인들은 모든 외국인이 고급 숙소에만 관심이 있을 거라고 생각하기 쉽다. 인도식 숙소를 찾아볼 생각이라면 그 점을 분명하게 밝힌다.
- 뭄바이와 콜카타에서는 동네에 침수가 발생할 만한 도로가 없는지 확인한다.
- 정전이 더 잦은 동네도 있으니 전기 공급에 대해 물어본다.

- 전화선에 대해 물어본다. 동네에 전화선이 이미 설치되어 있다면 전화를 놓기가 한결 수월할 것이다.
- 서양식 화장실과 샤워 시설은 있을지 모르지만 욕조는 기대하지 않는 편이 좋다.
- 도로교통 상황을 확인한다. 인도 도심은 교통 문제가 심각하다. 배관과 전기 콘센트, 조명 시설, 선풍기, 에어컨 등도 꼼꼼하게 확인하고, 보증금을 내기 전에 어떤 것이 작동되고 어떤 것이 작동되지 않는지를 확실하게 해둔다.

전기

인도에서는 낮이건 밤이건 몇 분 또는 몇 시간씩 전기가 끊기는 정전이 일상적으로 일어난다. 도시 전력 수요가 너무 커서 공급이 따라갈 수 없을 때 때때로 병원이나 공장이 없는 지역의 전기 공급이 끊기는데, 이런 곳은 주로 주거 지역이다. 한밤중에 에어컨이나 선풍기가 꺼져 숨 막히는 열기 속에 이부자리가 점점 흥건하게 젖어가는 것도 어쩔 수 없는 일이다.

밤에는 정전이 가져온 갑작스러운 암흑 때문에 아이들이 겁먹을 수 있다. 그럴 때는 가로등마저 꺼져 정말 칠흑처럼 캄캄하다. 손전등과 양초를 (배터리, 성냥과 함께) 항상 준비해 두는 것이 중요하다. 전원이 들어올 때도 공급이 일정치 않고 전압도 심하게 들쑥날쑥하다. 냉장고, TV, 컴퓨터 같은 주요 가전제품은 전류를 조절해 심각한 손상을 야기하는 서지를 방지하기 위한 안정기가 필요하다. 전류는 유럽처럼 230~240볼트, 50헤르츠의 교류를 사용한다.

수리를 요청했을 때, 전기 기사가 와서 주로 사용하는 도구는 아주 큰 고무장갑과 도시 내의 웬만한 두꺼비집은 모두 열 수 있는 열쇠꾸러미, 전류를 감지하기 위한 두 개의 전선이 달린 전구와 각종 전선들이다. 퓨즈는 일반적으로 전선으로 감은 구식 퓨즈이고, 금속 전선관에 감싸인 알루미늄 전선을 이용하기도 한다. 퓨즈가 나가면 전선을 더 감아 용량을 증가시키는 식으로 응급조치를 한다. 그러나 전선관에 습기가 차고 케이블이 약하면 거실 소켓에서 불꽃놀이가 펼쳐질 수도 있다.

지속적인 문제와 수리에 대한 해결책으로는, 문제가 생길 때마다 전기 기사를 불러 비용을 지불하기보다 아예 매월 관리비를 지불하는 방법을 찾는 것이 좋다. 기사 입장에서도 위험한 응급조치를 계속하기보다 평소에 시설을 잘 운용하는 편이 이롭다고 생각할 것이다.

전화

예전에는 인도에서 전화를 놓는 것이 아주 어려웠다. 그러나 2005년 4월에 인도는 설치된 전화의 수가 1억 대를 돌파해 세계에서 다섯 번째로 전화가 많은 나라가 되었다. 그러나 전화 사용 밀도는 여전히 낮아서 100명당 10명 정도만 전화를 가지고 있다. 야채 장수부터 경삼륜차 기사, 목수에 이르기까지 모두가 휴대전화를 가지고 다니는 요즘 믿기 힘든 현실이다. 일반전화가 있는 사람들은 대개 휴대전화도 있으며 휴대전화 번호를 알려주는 편을 선호한다.

경쟁이 증가한 덕분에 일반 전화선을 놓는 과정이 훨씬 단순해졌으며 대기 시간도 짧아졌다. 서비스도 전보다 일정해졌고 고장이나 혼선도 한결 적어졌다. 일반전화 연결을 제공하는 회사는 바랏 산차르 닌감Bharat Sanchar Nigam과 마하나가르 텔레폰 닌감Mahanagar Telephone Nigam이 있다. 두 회사 모두 웹사이트에서 전화 신청에 관한 정보를 제공하고 있으며 1주일 이내에 전화를 연결해 준다고 약속한다.

휴대전화는 대도시 어디서나 쉽게 볼 수 있지만 모든 회사가 똑같은 서비스를 제공하지 않는다. 따라서 현지인에게 직접 물어봐야 최상의 요금과 서비스를 제공하는 전화 회사를 찾을 수 있다. 선불제와 후불제 서비스가 있으며, 전자의 경우 원하는 액수의 돈을 내고 충전 가능한 카드를 구입한 뒤 필요에 따라 추가하면서 쓰면 되고, 후불제 서비스는 일정한 주소를 증명해야 하며 매월 사용량에 따라 요금이 청구된다.

인터넷

전화 회사를 통해 인터넷을 연결하는 것이 가능하지만 서비스 속도도 느리고 불안정하다. 인도에는 작은 마을에도 PC방이 있는데 그런 곳에서 갖가지 목적으로 인터넷을 이용하는 사람들을 볼 수 있다. 미국에 사는 손주와 연락하려는 사람, 신랑감이나 신붓감을 찾는 사람, 점성술 정보를 얻는 사람, 음란물을 보는 사람도 있다.

물

인도에서는 수돗물의 양과 질 모두 문제가 된다. 많은 곳에서 수돗물 공급이 일정치 않고 수압이 낮아서 하루 중 꽤 긴 시간 동안 수도꼭지에서 물이 똑똑 떨어지는 정도로만 물이 공급된다. 일부 지역에서는 주택 지하나 높은 곳에 저수조를 만들어 물이 공급되는 시간 동안 채워두었다가 쓰기도 한다.

첸나이와 뭄바이는 주기적으로 물 부족을 겪고 있으며, 물을 어떤 방식으로 사용할 수 있는지는 개인의 비용 지불 능력에 달렸다. 가난한 사람들은 몇 시간 동안 길에서 줄을 서는 반면, 돈이 있는 사람은 큰 물통을 배달해서 쓴다. 첸나이 일부 지역에는 지하수가 있어 가정에 우물을 만들어두고 필요에 따라 높은 곳에 설치한 수조로 펌프질해 쓸 수 있다.

우물과 수조가 깨끗하게 유지되고 뚜껑을 덮어둔다면 우물 물을 추가적인 처리 없이 마셔도 안전할 수 있다. 하지만 수돗물은 그렇지 않다. 안전을 위해서라면 어느 지역에서건 물을 끓이고 걸러 마시는 것이 좋다. 반드시 10분 이상 펄펄 끓이고 걸러서 정수해야 박테리아로부터 안전하다.

가장 흔한 정수 필터는 세라믹 원뿔로 물을 통과시켜 방울방울 떨어뜨리는 형식이다. 필터의 세라믹 원뿔은 주기적으로 꺼내 빡빡 닦고 삶아줘야 한다. 얼마나 자주 해줘야 하는지는 걸러지는 물의 수질에 따라 다르다. 이물질이 끼어 필터가 갈색이나 회색으로 변하기 시작하면 청소가 필요한 때다. 1주 또는 2주에 한 번이 일반적이다.

요즘은 병에 든 생수를 거의 어디에서나 구입할 수 있다. 커다란 플라스틱 통에 담은 생수를 판매하기도 하는데, 어떤 통에는 작은 꼭지가 달려 있고 어떤 통은 급수 장치에 끼워 쓰게 되어 있다. 생수통은 주문해 배달로 받거나, 필요할 때 소매점에서 구입할 수 있다.

범죄

인도의 주택은 대체로 높은 담으로 둘러싸여 있고 대문에 경비를 둔다. 창문과 문에 마치 감방처럼 쇠창살을 설치한 경우도 많다. 이런 광경을 보면 인도에는 범죄가 엄청 많을 것 같은 인상을 받는다. 그런데 통계 수치에 따르면 최근에 도시 범죄가 늘어난 것은 사실이지만 이는 도시 인구 증가의 결과일 뿐이라고 경찰 간부들은 말한다.

델리에서는 소요나 시위, 수상한 활동이 있을 때마다 검문소를 세워 무장경찰을 상주시킨다. 그런 검문소는 다소 불편하고 얼마나 믿음직한 보안을 제공하는지도 의심스럽지만, 적어도 주변에 문제가 있으니 조심해야 한다는 것을 상기시키는 역할을 한다.

대부분 주택에는 튼튼한 맹꽁이자물쇠와 묵직한 빗장 같은 단순한 보안 장치가 갖춰져 있다. 그러나 단순한 것 중에서도 단연 최고의 방식은 '초키다르chowkidar'라고 하는 동네 야간 경비원을 쓰는 것이다. 이들은 밤새 동네를 돌면서 이따금 호각을 불거나 곤봉으로 탁탁 소리를 냄으로써 자신들의 존재를 각인시키고 사람들을 안심시킨다. 처음에는 주기적으로 들리는 삑삑 소리와 탁탁 소리에 자꾸 잠이 깨곤 하지만, 얼마간 시간이 지난 후에는 오히려 그 소리가 나지 않으면 불안해서 잠을 못 이루게 된다.

최근까지만 해도 인도 도시들은 적어도 여성에게만은 세계에서 가장 안전한 곳에 속했다. 물론 소매치기를 당할 위험은 있지만 그 정도가 고작이었다. 그러나 최근에는 강간을 비롯한 각종 범죄율이 상승하고 있다.

하인들

인도에서 현대 기술 문명의 이기를 언제 어디서나 누릴 수 있는 것은 아니지만 사람들의 도움만큼은 언제 어디서나 누릴 수 있다. 당신이 하기 싫은 일이나 할 수 없는 일, 또는 시간이 없어서 못하는 일을 대신 해줄 사람들이 얼마든지 있다. 조금 과장해서 말하자면, 원하기만 하면 매일 아침 구두끈을 매줄 하인까지 고용할 수 있다.

인도에서는 자기 일을 스스로 한다는 것을 자긍심과 연관해 생각하지 않는다. 오히려 몸을 쓰는 일을 하면 지위가 떨어진다고 생각한다. 따라서 경제적 여력이 되는 가정은 모두 여러 명의 하인을 두고 있다. 요리사, 가정부, 정원사, 운전사, 집을 지키는 초키다르와 아기를 돌봐주는 아야^{ayah}, 세탁을 해주는 도비^{dhobi}, 짐을 옮기는 것은 물론이고 화장실 청소를 제외한 각종 허드렛일을 해주는 짐꾼 등 그 종류도 다양하다.

힘들이지 않고 필요한 일을 할 수 있다는 것은 하인을 고용함으로써 얻는 많은 이점들 중 하나에 불과하다. 더 중요한 것은 이들이 이 나라를 잘 알고 있으며 이들의 지식이 종종 당신의 무지를 상쇄해 준다는 사실이다. 요리사는 소고기를 먹는 것이 금기인 나라에서 어디에 가면 양질의 소고기를 구할 수 있는지, 또 가스통이 비면 어떻게 해야 하는지 따위를 알고 있다. 아야는 동네에서 아이들이 함께 놀 만한 친구를 찾아줄 수 있다. 청소부는 진공청소기와 대걸레, 광고에 나오는 기적의 세제 없이도 집안 구석구석을 깨끗하게 청소해 준다.

서양 기준으로는 얼마 안 되는 돈으로 당신은 하인들에게 자식들을 먹이고 입히고 학교에 보낼 수 있는 소득을 제공할 수 있다. 당신은 고용주가 되어 실업률이 높은 나라에서 경제를 부양하는 데 작은 기여를 할 수 있다. 게다가 당신이 고용한 사람들은 이런 기회가 아니면 접촉할 일이 없는 인도의 일부를 대표하는 이들이다. 하인들은 고용주의 집에 붙어있는 하인 숙소에서 사는 경우가 많다. 따라서 그들 가족의 삶은 당신의 인도 경험에서 중요한 일부분이 될 것이다.

주종 관계

고용주와 하인은 상호 의무의 유대 관계로 연결되어 있다. 당신은 사힙 sahib (나리)과 멤사힙 memsahib (마님)으로서 그들의 결혼식에 참석하고, 새로 태어난 아기의 이름을 지어주고, 돈을 빌려주고, 신청서를 작성해 주고, 왕실 가문에게나 적합할 법한 온갖 의식적인 의무를 수행하게 되어있다.

주종관계는 옛날 봉건제도의 잔재다. 따라서 주인이 기분 내키는 대로 하인을 고용하고 해고해도 하인으로서는 어쩔 도리가 없다. 여러 사람이 당신의 집을 마치 회전문 통과하듯 드나들지 않도록, 가급적 시간을 두고 신중하게 하인을 고용하는 것이 중요하다. 초기의 작은 실수는 해고에 정당한 사유가 되지 않으니 바로잡아 주고 용서해야 한다. 당신이 하인에게 적응할 시간이 필요한 것처럼, 하인들도 당신에게 적응할 시간이 필요하다.

하인들에게는 노동조합도, 의료보험도, 치과 보험도, 어떤 종류의 실업급여도 없다. 하인을 고용하면 이런 책임을 전적으로 고용주가 부담해야 한다. 이것은 명문화되어 있지 않지만 암묵적인 규칙이다. 이성과 양심에 따라 사망이나 중병 같은 예측할 수 없는 상황에서 공평한 조치를 취해야 한다.

그리고 어느 단계가 되면 하인들에게서 돈을 빌려달라는 난처한 부탁을 받게 될 것이다. 이런 부탁은 주로 결혼식 등과 관련된 아주 중요한 문제이므로 진지하게 받아들여야 한다. 돈을 빌려줄 때는 얼마 되지 않는 금액이라도 그것을 대출로 처리해 영수증을 받고, 상환 일정을 정하고, 임금에서 변제한 금액은 서명해 확인한다. 돈을 빌려달라는 부탁은 선물을 달라는 암시가 아니며, 은행에서 하는 것과 똑같이 취급해야 한다. 물론 이자는 부과하지 않는다.

하인들, 특히 남인도의 하인들은 어떤 측면에서는 주인과 동등한 관계를 맺으면서도 어느 순간 돌연 카스트와 종교, 나이, 계급적 지위를 의식하는 행동을 할 것이다. 카스트와 계급에 따른 금기가 가장 큰 영역은 먹고 마시는 것이다. 하녀들은 당신과 여성들끼리의 친밀한 이야기를 나누고 남편을 다루는 방법에 대해 조언하고 당신이 아이들에게 화를 내면 당신을 꾸짖다가도, 당신과 차 한 잔도 함께 마시지 않을 것이다. 당신이 방에서 차를 마시는 동안 그녀는 자신의 전용 찻잔을 가져와 방 바로 바깥 바닥에 앉아 당신에게 잔소리를 계속할 것이다.

하인 대 하인

하인들은 카스트, 나이, 성별, 직무에 따라 자기들 사이에서 누가 누구에게 명령할 수 있는지를 결정하는 위계적 구조를 구축한다. 그런데 집주인 입장에서 이것은 효율적인 시스템이 아닐 수 있다. 당신은 그들 중 가장 명석하거나 영어를 가장 잘하는 하인을 골라 요리사에게 메시지를 전하겠지만, 하필 그 하인이 카스트가 낮은 젊은 여성이라면 나이가 많은 남자 요리사는 그녀의 말을 귓등으로도 듣지 않고 당신에게 직접 지시를 내리라고 요청할 것이다.

화장실 청소는 하인들에게 민감한 부분이다. 청소를 담당하는 하인이 있어도, 뒷문으로 들어와서 차 한 잔도 마시지 않고 오직 화장실 청소만 하고 돌아갈 사람을 따로 고용해야 할 수도 있다. 이 가장 모멸적인 임무는 불가촉천민만을 위한 일이다. 간디는 화장실 청소를 하는 것을 그의 철학의 가장 중요한 교리로 삼았다. 화장실 청소에 대한 금기가 그만큼 강력했기 때문이다. 그러나 그의 가르침에도 인도인 대부분은 그런 교훈을 전혀 수용하지 않았다. 인도 일부 지역에서는 화장실을 치우는 사람에게 찍힌 낙인이 여전히 선명하다.

추천장으로 고용하기

옛날에 인도의 부유한 대가족 집안에서는 하인 가족도 전체 구조의 일부였다. 하인의 자식은 다음 세대에도 그 집안 하인이 되었다. 지금도 어떤 인도 가족은 평생 하인을 거느리고 살아가며 하인은 가족 구성원과 마찬가지다. 가령 선조 때부터 내려온 가족의 집이 카슈미르에 있는데 딸이나 아들이 델리로 이사할 경우, 집에서 하인 한 명을 딸려 보내기도 한다. 요즘은 이런 경우가 흔치 않아 인도인들도 좋은 하인을 구하기 위해 힘들게 발품을 팔아야 한다.

나는 아직까지 하인을 구하는 데 이용할 만한 마땅한 알선 업체를 발견하지 못했다. 미국대사관의 여성 조직이나 클럽에서 하인 명부를 가지고 있는 경우가 종종 있으니 이곳을 통해 몇몇 후보자와 접촉해도 좋을 것이다. 대사관은 델리에 있으며, 다른 대도시에는 영사관이 있다. 미국인들은 직원들을 지원하기 위한 최고의 네트워크를 제공하는 것으로 보이며, 하인 명부 같은 서비스는 누구에게나 개방되어 있다.

하인을 구하는 가장 일반적인 방법은 하인들 사이의 입소문이다. 친구의 하인에게 사람을 구한다고 말하면 그들의 인맥을 통해 당신이 요리사나 정원사, 가정부를 구한다는 소문이 퍼져 곧 지원자들이 이전 직장에서 받은 추천장을 들고 당신을 찾아올 것이다. 이전 고용주들의 의견이 적힌, 여러 번 접었다 폈다 반복해서 낡고 너덜너덜하고 군데군데 얼룩진 이 종이가 그들에게는 자격증인 셈이다. 그러니 추천장을 꼼꼼히 읽어야 한다.

하지만 누군가에게 완벽한 하인이 반드시 당신에게도 완벽하리라는 법은 없다. 한 번은 친구의 두 아이가 가정부에게 친구 집에 놀러가겠다고 말했는데 가정부는 그러라 하고 자신은 집에서 TV를 보고 있었던 적이 있다. 아이들은 겨우 네 살과 일곱 살이었고 가정부는 아이들이 누구네 집에 갔는지, 그 집이 어디인지, 아이들이 그 집을 정확히 아는지도 모르고 있었다. 그 가정부 역시 훌륭한 추천서를 가지고 있었다. 어쩌면 이전에 고용되었을 때는 아이들을 전담해 돌보는 임무를 맡은 적이 없었거나, 집안에 그녀의 실수를 가려줄 다른 똑똑한 하인이 있었을지도 모르겠다. 그러니까 결론은 추천장을 반신반의하며 받아들이고, 나중에 추천서를 쓸 때도 본의 아니게 그것을 읽을 사람을 속이게 되는 일이 없도록 신중해야 한다는 얘기다.

이 관계는 단순히 고용주와 피고용인의 관계를 넘어서는 것이다. 그러므로 어느 정도 유대관계를 쌓을 수 있는 사람을 찾는 것이 중요하다. 누군가를 집에 들이기 전에 사전에 정한 임금으로 1~2주 정도 시범 기간을 갖자고 제안하는 것도 좋다.

사생활

내가 아는 외국인 친구들은 하인을 두면 사생활이 없어진다고 불평하며 이렇게 말한다. "내 집에서 벌거벗고 돌아다닐 수도 없잖아." 맞는 말이다. 그런데, 사실 전 가족이 한 방에서 먹고 자고 생활해 온 사람이 사생활의 개념을 이해하지 못하는 것은 당연하다. 외국인을 위해 일해 본 경험이 없는 하인이라면 노크도 없이 침실 문을 열고 불쑥불쑥 들어올 수 있다.

이럴 때는 당신만의 불가침 공간과 방해하지 말아야 할 시간을 정해 두는 것이 좋다. 내 남편의 경우는 부저를 울릴 때까지 하인들이 위층에는 올라오지 않도록 정했다. 이 방법은 제법 효과가 있었다. 다만 가끔은 예고 없이 찾아온 손님들이 대체 남편이 무엇을 하는 건지 궁금해하며 몇 시간 동안 기다리는 일도 발생했다. 하인이 손님들에게 "나리는 침실에 계신데 절대 방해하지 말라고 했다"고 아무렇지 않게 밝혔기 때문이다.

집안 전체에서 옷을 벗고 다닐 자유가 아주 중요하다면 다른 형태의 고용을 생각해 보는 게 좋겠다. 시간제 가정부도 한 가지 방법이다. 아파트에 살고 있다면 같은 건물의 다른 집에서 일하는 가정부를 고용하는 것도 가능하다.

기준에 못 미치는 일솜씨

내가 들은 또 다른 불평은 이렇다. "그들은 그냥 내 기준에 맞게 일을 하지 못해. 차라리 내가 직접 하는 편이 낫지." 내 경우는 집안일을 워낙 싫어해서 그런 생각을 해본 적이 없다.

솔직히 말하면, 어떻게 하면 내가 하는 편이 나을 정도로 일을 못할 수 있는지 상상하기 어렵다. 나로서는 이렇게 말해야 할 것 같다. "내가 일을 하느니 차라리 누군가 우리 집에 와서 일하게 만드는 편이 낫지." 그러니 나로서는 이런 상황에는 어떻게 대처해야 하는지 잘 모르겠다.

하지만 생각해 보자. 그 사람들의 생활 방식과 문해력과 세계에 대한 노출 정도를 고려할 때 당신의 요구가 합리적인가? 그들의 관점에서 상황을 보려고 노력하는 것이 중요하다. 물을 끓이는 것처럼 단순한 임무를 예로 들어보자. 그들이 박테리아에 대해 알고 있을까? 박테리아와 질병의 관계와, 물을 끓이고 거르면 박테리아가 파괴된다는 사실을 알고 있을까? 만일 모른다면(지금까지 아무도 말해주지 않았는데 어떻게 알겠는가?) 물을 끓이고 거르는 일은 괴짜 외국인의 독단적인 변덕처럼 보일 것이다.

이런 종류의 지식을 당연시할 수는 없다. 내가 아는 모든 하인은 나의 관점과 내가 그들에게 무엇을 원하는지를 이해하려고 열심히 노력했다. 그러나 가끔 그들의 표정에서 항상 내 말을 이해하는 것은 아님을 볼 수 있었다.

하인들을 어느 정도는 훈련시킬 수 있다. 물론 여러 차례 거듭해 지적해야 할지 모르지만 이는 그들이 멍청하거나 게을러서가 아니다. 그러나 어느 시점에는 그냥 그들이 일할 수 있는 수준에 만족해야 할 것이다. 아니면 당신이 일을 직접 해야 한다. 인도에서도 하인들은 점점 기계에 일자리를 빼앗기고 있다. 세탁부의 일은 세탁기가 대신하고, 새로 나온 소형차에 운전사를 두는 짓은 너무하다. 어쩌면 좋은 현상일지도 모른다. 하인의 아이들이 하인이 되지 않고 있으니 말이다. 카스트 제도가 있음에도 신분의 상향 이동이 이루어지고 있다. 우리 집에서 일하는 치아가 없는 세탁부는 아이들을 대학까지 보냈다. 친구 집 요리사의 딸은 인도 전통 무용수가 되어 전 세계를 다니며 공연을 하고 있다. 싱가포르에서 TV에 나온 그녀를 본 적도 있다. 인도는 변화하고 있다.

쇼핑

천 년이 넘는 세월 동안 전 세계 사람들이 쇼핑을 하기 위해 인도에 왔다. 인도는 몇 세기 전과 마찬가지로 지금도 멋진 물건들을 팔고 있다. 희귀하고 화려하고 값비싼 물건들뿐 아니라 그저 일상적인 필수품도 있다. 상점가에는 다양한 물건들이 넘쳐나며 주방 싱크대를 비롯해 그야말로 없는 것이 없다.

대도시 쇼핑센터는 서양식 쇼핑몰을 재현하려 한다.

슈퍼마켓

대도시 부촌에는 슈퍼마켓이 있어서 쇼핑이 훨씬 효율적이다. 슈퍼마켓은 각종 가정용 필수품을 한 곳에서 제공하려고 애쓴다. 쇼핑카트와 스캐너가 있는 계산대가 있고, 통로 진열대에서는 냉동식품이며 시리얼, 팩 주스는 물론이고 세제와 치아관리 제품까지 필요한 물건을 거의 다 찾을 수 있다.

동네 시장

동네마다 과일과 채소, 우유와 쌀, 건조식품, 하드웨어, 문방구에 이르기까지 각종 생활필수품을 공급하는 시장이 하나씩 있다. 취급 물품은 동네 주민에 따라 다양하다. 남인도 사람들이 사는 곳에서는 콜람kolam 파우더를 찾을 수 있고, 이슬람교도가 사는 곳에서는 육류를 찾을 수 있으며, 외국인들이 많이 사는 곳에서는 셀러리 같은 이국적인 채소를 합리적인 가격에 구입할 수 있다. 여전히 많은 인도인들이 근처에 슈퍼마켓이 있어도 제품의 품질과 신선도, 가격 때문에 동네 시장에서 장을 본다.

동네 시장은 매일 이른 아침부터 늦은 밤까지 사실상 문 닫는 시간이 없이 영업을 하지만 중간에 몇 시간은 물건을 사려면 누군가를 깨워야 할 수 있다. 대부분은 오전 10시에 문을 열고 오후 1시부터 3시까지 점심 겸 낮잠을 즐기기 위해 셔터를 내렸다가 밤 7시에서 10시 사이에 문을 닫는다.

만물 시장

화훼 시장과 청과물 시장을 비롯해 자동차 부품과 전선, 수출품 수준의 T셔츠와 골동품, 보석류에 이르기까지 거의 모든 물건을 전문으로 취급하는 특화 시장도 있다. 구입할 물품을 취급하는 전문 시장을 찾아가면, 주변 블록이나 거리 전체가 오직 그 물건만 파는 가게로 가득한 풍경을 발견할 것이다. 한 가게에서 원하는 색이나 모양을 찾지 못하면 옆 가게에서 찾아보면 된다.

많은 시장이 중심부에서부터 여러 갈래로 뻗어나가도록 배치되어 있으며, 개별 거리마다 각기 다른 물품을 전문으로 취급한다. 중심부에는 주로 청과물이 있고, 한 거리에서는 직물을, 다른 거리에서는 향신료와 식품을, 또 다른 거리에서는 스테인리스 제품을 파는 식이다. 건물과 관련한 모든 것을 취급하는 시장처럼 조금 더 특화된 곳도 있다. 어떤 거리에서는 나무를, 어떤 거리에서는 배관시설을, 또 다른 거리에서는 조명과 전기 제품을 취급한다. 동네 시장에 이 모든 것을 공급하는 상점이 있을지도 모르지만, 특정한 물건을 찾거나 물건을 대량으로 구입하려 한다면 다양성과 가격 면에서 특화 시장을 따라갈 곳이 없다.

대형 매장은 보통 일주일에 하루는 휴무이며 모든 매장의 휴무일이 동일한 것은 아니다. 주민 대부분이 이슬람교도인 지역에서는 금요일이 휴일일 것이다. 월요일에 문을 닫는 시장이 있는가 하면 화요일이 휴무일인 시장도 있다. 쇼핑을 나서기 전에 우선 가고자 하는 시장이 언제 문을 닫는지 확인하는 것이 좋다.

방문 판매

때로는 문지방만 넘으면 장을 볼 수 있다. 인도 중산층 동네에서는 청과물이며 수산물, 난방용 석유, 플라스틱 양동이와

이른 아침, 삼륜자전거에 야채를 잔뜩 싣고 방문 판매를 나서는 상인.

스테인리스 냄비 따위를 문 앞에서 살 수 있다. 외국인들이 사는 동네에서는 등가구와 바구니, 카펫, 자수, 놋쇠와 기타 사치품도 이런 방식으로 구할 수 있다. 상인들이 이런 물품들을 머리에 이고 다니거나 자전거에 얼기설기 묶거나 카트에 싣고 다니면서 판다.

또한 날짜가 지난 신문이나 빈병, 깡통 등을 사러 오는 고물상도 있다. 칼갈이와 대나무 블라인드 수리공, 이불솜을 틀어주는 사람도 있다. 뱀 부리는 사람과 피리 만드는 사람, 작은 이동식 회전목마와 관람차를 끌고 다니며 손님들을 부르는 사람들도 있다.

상인들은 독특한 소리로 자신의 존재와 제품을 알린다. 어떤 이들은 동네를 걸어 다니며 듣기 좋은 노래를 부르기도 한다. 일단 상인들 각각의 독특한 소리를 알아들으면 문가로 나가 소리치거나 손을 흔들어 그의 관심을 끌면 된다. 그러면 곧바로 눈앞에 물건들이 펼쳐질 것이다. 카펫과 놋쇠 같은 사치품을 제외하면, 물건을 살 의사도 없이 그저 '구경'하려고 사람을 부르는 것은 실례다. 상인들은 일단 물건을 내려놓으면 당연히 물건이 팔릴 것이라고 기대한다. 가격은 대체로 아주 좋은 편이지만 그래도 흥정은 필요하다.

기후

작가 니라드 차우두리 Nirad Chaudhuri는 인도에 관한 통렬한 저서 《키르케의 대륙》에서, 인도인들을 운명론자로 만들고 그들에게서 야망을 앗아가고, 키르케가 자기 손아귀에 들어온 인간들에게 그런 것처럼 그들을 돼지로 변하게 만든 것은 바로

'기후'라고 말한다. 어쨌거나 더위와 비가 인도인의 삶의 형태를 결정하는 중요한 요인인 것만은 분명하다.

그늘에서도 수은주가 영상 42도까지 치솟는 무더운 여름은 그나마 건조한 편이어서 많은 사람들이 차라리 이편이 낫다고 말한다. 1년 중 이 시기는 에어컨보다 '사막 쿨러'라고 하는 냉방 장치가 더 자연스럽고 효과적이다. 이것은 인간의 신체와 동일한 냉각 원리, 즉 수분 증발에 의해 작동한다. 사막 쿨러는 강력한 팬이 물에 흠뻑 적신 나무섬유 패드를 통해 공기를 빨아들였다가 집안 곳곳에 날려보내도록 되어있다. 기계가 아주 크고 시끄러운 데다 나무섬유 패드도 주기적으로 갈아줘야 하지만, 극도로 건조한 무더위에서 상쾌한 냉각 효과를 즉시 발휘하므로 그런 단점을 무시할 만하다.

그러나 더위에 습기까지 더해지면 뚜렷한 냉각 효과를 바랄 수 있는 유일한 방법은 에어컨뿐이다. 이 경우 우리 몸이 날마다 급속하고 극단적인 온도 변화에 적응해야 한다. 에어컨이 켜진 집에서 거리로, 에어컨이 켜진 차에서 야외 시장으로, 에어컨이 켜진 레스토랑에서 야외 수영장으로, 에어컨이 켜진 사무실에서 건설 현장으로 수시로 이동해야 하는데, 이런 지속적인 적응은 몸에 무리를 줄 수 있다. 결국 무더위 문제를 해결할 완벽한 해결책은 없다.

델리처럼 평원에 위치한 도시는 낮과 밤의 일교차가 뚜렷해 이른 아침에는 창문을 활짝 열어 찬 공기가 들어오게 했다가 낮에는 창문을 모두 닫고 커튼까지 쳐서 내부를 시원하게 유지하는 방법이 유용하다. 건조한 무더위에는 오후에 대리석 바닥에 물걸레질을 하면 수분 증발로 인한 냉각 효과를 볼 수 있다.

델리에는 겨울도 있다. 밤에는 기온이 6도까지 내려가기도 한다. 북미나 북유럽 사람들은 코웃음을 칠지도 모르지만 중앙난방 장치가 없는 인도에서는 이 정도면 상당히 춥게 느껴진다. 간혹 벽난로가 있는 가정도 있지만 대부분은 유일하게 의지하는 장치가 실내 난방기뿐이다. 델리의 겨울이 주는 즐거움은 낮 시간 동안 날씨가 청명하고 쾌적하다는 점이다. 낮 기온이 약 18도로 캐나다의 여름 날씨와 비슷하다. 이제 아침 내내 닫아두었던 창문을 열어 따뜻한 외부 공기를 들여보냈다가 늦은 오후에 기온이 떨어지기 전에 문을 닫아야 한다.

장마가 닥치면 습도가 거의 포화 상태에 이른다. 이는 뭄바이와 콜카타가 가장 심하다. 저지대 지역은 홍수를 겪기도 하며 이로 인해 교통, 전기, 전화선이 영향을 받는다. 열대기후의 영향을 받지 않는 건축 자재는 없다. 진흙은 무너지고 벽돌과 시멘트에서 물기가 스며 나오고 회반죽은 곰팡이 때문에 거뭇거뭇해진다. 나무가 퉁퉁 불어 문과 창문이 갑자기 닫히지 않는다. 빨래도 마르지 않아 실내에서 선풍기로 말린 다음 다리미질로 남은 습기를 제거해야 한다. 이때는 냉방뿐 아니라 제습을 위해서도 에어컨이 꼭 필요하다. 신발과 가죽 벨트, 책, 카세트 및 비디오테이프도 모두 습한 기후에서 번식하는 곰팡이에 취약하다. 컴퓨터와 카메라, 스테레오 같은 값비싼 장비는 항상 에어컨을 켜둔 방에 보관해야 한다.

몬순은 모기까지 데려온다. 불행히도 대부분의 인도 주택에는 문과 창문에 방충막이 설치되어 있지 않다. 모기장과 모기향 그리고 전기를 이용한 다양한 모기 퇴치제를 시장에서 찾을 수 있는데, 이런 제품들은 모두 나름의 장단점이 있다. 전기가 자주 나가는 지역에서는 플러그인 방식의 퇴치제가 별로 소용이 없다. 밤 동안 아주 천천히 타는 모기향은 어떤 사람에게는 건초열을 유발한다. 모기장은 효과적이지만 불편하다. 그러나 수천 마리의 굶주린 모기들이 윙윙거리는 소리를 듣고 있노라면 하얀 모기장 텐트 안에 안전하게 누워있는 것이 그렇게 만족스러울 수가 없다.

모기는 정체된 얕은 물에서 알을 낳는다. 정원이나 동네에 빈 화분이나 막힌 배수구처럼 물이 고일 만한 곳이 없는지 확인하는 것이 좋다. 많은 도시들이 말라리아 퇴치 프로그램을 실시하고 있으며, 주민들에게 아무 경고도 없이 연무 장치를 이용해 살충제를 살포하기도 한다. 방역을 위해 뭐라도 하고 있으니 다행이지만 특유의 '쉬익' 소리나 화학약품 냄새, 하얀색 연무가 감지되면 즉시 창문을 닫는 것이 상책이다.

의료 및 예방

인도에는 유능한 의사와 치과의사들이 있으며, 유럽과 미국에서 훈련받은 의사들도 많다. 대도시에 있는 대사관과 영사관에서는 추천 의사 명단을 제공한다. 그러나 의사의 가치를 학위나 자격증만으로 확인할 수 있는 것은 아니다. 신뢰를 주는 인품과 태도, 치료 방식도 중요하다. 소아과 의사의 경우는 더욱 그렇다. 의료적인 문제가 발생하기 전에 미리 의사를 찾아 유대 관계를 맺는 것이 좋다. 그러면 응급 상황에서 더 나은 치료와 보살핌을 받을 수 있을 것이다. 의사를 찾는 최선의 방법은 현지 친구에게 조언을 구하는 것이다. 이미 그 의사의 태도와 치료 방식을 경험한 사람이 추천하면 발품을 줄일 수 있다.

예방 의학

많은 열대 질병이 오염된 식품과 물에 의해 퍼진다. 설사, 이질, 간염이 가장 일반적이며 회충과 소아마비, 장티푸스와 콜레라 등도 여기에 포함된다. 대부분의 외국인이 거주하는 지역에는 열린 하수구와 옥외 화장실처럼 질병을 유발시키는 비위생적인 환경이 존재하지 않는다. 그러니 조심하기만 하면 심각한 질병을 피하고 이따금 찾아오는 복통을 극복하면서 인도에서 즐거운 시간을 지닐 수 있다.

음식과 물

인도에서 겪을 수 있는 많은 질병은 먹고 마시는 문제에서 발생한다. 그중 가장 흔하고 어쩌면 피할 수 없는 것이 '델리벨리 Delhi belly'라고 불리는 설사 증상이다. 이런 문제를 피하기 위해서는 절대적으로 안전한 식수를 이용하는 수밖에 없다. 너무 많은 질병이 수인성이어서 물만 조심해 마셔도 여러 가지 잠재 요인을 제거할 수 있다. 이를 닦을 때도 끓인 물이나 생수를 이용해야 한다.

하인들에게도 식수를 끓이고 거를 때, 채소와 육류를 준비할 때, 식품을 저장할 때 올바른 절차를 따르게 하는 것이 중요하다. 열대기후에서는 음식이 쉽게 상하므로 조리한 즉시 먹어야 하고 파리가 앉지 않도록 주의해야 한다.

몇몇 대사관은 직원들에게 오이나 수박처럼 수분 함량이 많은 과일과 채소를 아예 섭취하지 말라고 권고한다. 밭에 정수되지 않은 물을 주기 때문이다. 인도에서 얼마간 지내보면 물과 관련해 얼마나 주의가 필요한지 판단할 수 있을 것이다. 현지에서 어느 정도 면역력을 키울 때까지는 되도록 길거리 음식을 피하는 것이 좋다. 처음에는 철저하게 시작해서 서서히 '현지화'되도록 한다. 인도 사람들이 식품에 대해 똑같은 문제를 겪지 않을 것이라는 생각은 오산이다. 설사는 인도 아동 사망의 1등 주범이다.

설사

그렇다고 배탈이 날 때마다 항생제를 듬뿍 투여해야 하는 것은 아니다. 항생제는 해로운 박테리아뿐 아니라 이로운 박테리아도 없애 몸의 저항력을 약화시키므로 오히려 반복적인 배탈의 원인이 될 수 있다. 제1단계는 소화가 잘 되는 부드러운 음식을 먹고 물과 당분 없는 차를 많이 마시는 것이다.

심지어 우리 아이들도 설사에 좋다는 BRAT 식품이 무엇인지 알고 있다. 바나나Banana, 쌀Rice, 사과Apple, 차Tea와 토스트Toast. 그중에서도 사과가 으뜸이라고 알려져 있다. 설사는 수분을 빼앗아 더운 날씨에는 곧 탈수증으로 이어질 수 있다. 이럴 때는 설탕 한 자밤과 소금 한 자밤을 물 한 컵에 타서 마시는 것도 괜찮은 수분 섭취 방법이다. 아니면 약국에 가서 더 확실한 수분 보충 제품을 구입해 먹는다. 최대한 많이 마시는 것이 좋다.

장운동을 둔화시키거나 변을 단단하게 해 설사를 멎게 하는 지사제는 역효과를 낸다. 몸은 최대한 빨리 나쁜 균을 제거하려 하는데 지사제가 그 과정에 제동을 건다. 하지만 장시간 비행을 해야 할 때는 유용할 수 있다. 항생제는 최후의 보루다. 열을 동반한 설사 증상이나 피고름이 섞인 변이 나오는 경우에는 얼른 병원에 가봐야 한다. 이질의 한 종류일 수 있으며, 그렇다면 약물 치료가 필요하다.

콜레라와 장티푸스 예방을 위한 백신 접종과 감염성 간염 예방을 위한 감마글로빈 주사가 있는데, 서양 의사들은 조금 과하다 싶더라도 안전한 편이 좋다는 생각에 백신을 전부 처방하는 경향이 있다. 그러나 예방주사를 맞는다고 콜레라와 간염을 완전히 예방할 수 있는 것은 아니며, 주사를 맞았더라도 먹고 마시는 것을 주의해야 한다. 또한 예방주사의 효능도 6개월 정도밖에 지속되지 않으므로 차라리 그때그때 필요할 때 맞는 것이 더 합리적일 수 있다. 가령 동네에 전염병이 발병했다거나 절대적인 청결을 보장하기 어려운 여행을 앞두고 주사를 맞으면 좋다.

말라리아

백신 접종과 마찬가지로 말라리아 예방약도 완벽하지 않다. 인도 모기는 클로로퀸에 내성이 있어 요즘은 라리움을 치료약으로 쓰고 있다. 그러나 라리움은 일부 사용자에게 심각한 부작용을 초래한다고 알려져 있다. 게다가 라리움과 말라로네, 독시사이클린은 필라이아병과 댕기열처럼 모기가 옮기는 다른 질병들은 전혀 예방하지 못한다.

말라리아 예방약을 사용하려면 제 때에 적정량을 투여해야 한다. 너무 많이 투여하거나 너무 조금 투여해도 위험하다. 말라리아에 취약한 구역에 들어가기 전에 정제를 복용하기 시작해 그곳을 떠난 후 몇 주간 계속 복용해야 한다.

항말라리아 정제를 복용한다 하더라도 모기가 있는 곳마다 살충제와 모기장을 꼭 사용해야 하며, 특히 주변에 말라리아 전염병이 도는 경우에는 더욱 엄격하게 준수한다. 어떤 말라리아 종은 약에도 내성이 있다. 인도에서 종종 볼 수 있는 다리가 퉁퉁 부어오르는 증상도 역시 모기에 의해 전염된다. 상피병이라고도 부르는 이 질병은 말라리아 약으로 예방되지 않는다. 최선의 예방책은 모기 자체를 멀리 하는 것임을 명심한다. 오도모스Odomos는 가장 인기 있는 열대 모기 퇴치제다.

태양

인도의 태양은 다소 기만적이다. 살이 별로 타지 않기 때문이다. 아이러니하게도 먼지와 교통 공해가 보호막을 제공한다. 그럼에도 일사병을 일으킬 수 있다. 아주 빠르게 탈수 상태가 될 수 있으므로 물을 많이 마셔야 한다. 태양이 뜨거울 때 서양인들은 옷을 벗는 경향이 있는 반면 동양인들은 몸을 가린다. 이럴 때 가벼운 면섬유를 걸치면 옷을 아예 안 입은 것보다 오히려 시원한 느낌이 든다. 또한 열대기후에서는 조금 베이거나 긁힌 상처도 빠르게 감염되므로 소독약으로 즉시 닦아낸다. 아이들과 하인들에게 소독하는 방법을 보여주도록 하자.

하인들의 건강

하인과 그 아이들의 건강에 주의를 기울일 필요가 있다. 이때 고등학교에서 배운 기본적인 건강 관련 조언이 유용하다. 언젠가 우리 집 하인의 셋째 딸이 걸음마를 시작했을 때, 나는 그 아이가 살짝 오다리인 것을 알아챘다. 그래서 병원에 보냈더니 검사 결과 구루병에 걸린 것으로 나타났다. 인도에서 정상적으로 햇빛에 노출될 경우 그런 병에 걸릴 가능성은 별로 없다. 그 아이는 몸이 약해 항상 실내에만 있었던 것이다. 이후 규칙적으로 비타민D를 섭취하고 햇볕을 쬔 결과, 증세가

호전되어 이제는 예쁜 다리를 갖게 되었다.

건강한 하인을 두는 것은 당신 자신에게도 이로운 일이다. 황달과 설사, 이 등이 그들을 통해 당신에게 전파될 수 있기 때문이다. 하인이나 그 가족이 필요할 때 병원에 가는 것을 주저하지 않도록 치료비를 대주는 것이 바람직하다. 가장 좋은 방법은 당신의 담당 의사에게 그들을 보내 문제가 심각하면 알려달라고 부탁하는 것이다. 그들은 의사의 지시사항을 이해하지 못했어도 그것을 면전에서 인정하거나 질문하지 않을 가능성이 크기 때문에, 당신이 나중에 지시사항을 알아보고 그것을 올바르게 따르도록 도와줄 수 있다.

광견병

인도는 광견병에 의한 사망자가 연간 약 2만 5000명으로 세계에서 가장 많다. 광견병은 개뿐 아니라 원숭이와 쥐에 의해서도 전염된다. 또한 전염된 모든 동물이 입에 거품을 물고 미친 것처럼 행동하는 등의 전형적인 패턴을 보이는 것은 아니다. 마비성 광견병을 앓는 동물의 경우 이런 증상을 보이지 않지만 똑같이 치명적이다. 또한 광견병에 걸린 개가 꼭 10일 이내에 죽는 것은 아니며 1년까지도 살 수 있다.

이런 상황을 고려할 때 아이들에게 몇 가지 규칙을 가르치는 것이 중요하다. 아무리 귀여워 보여도, 길에서 돌아다니는 개를 만지는 것은 안전하지 않다. 광견병 걸린 개의 침이 상처 부위나 점막에 닿으면 위험하다. 리시케시처럼 도처에서 원숭이가 활보하는 곳에서는 원숭이들이 먹을 것을 가진 사람을 보면 아주 공격적이게 될 수 있다. 원숭이들은 영악해서 어른보다 아이들을 위협해 쿠키나 바나나를 빼앗기가 훨씬 쉽다는

리시케시에서 흔히 볼 수 있는 원숭이들. 광견병은 원숭이를 통해서도 전염된다.

것을 안다. 아이들에게는 동물이 자신이 가진 음식에 관심을 보이면 즉시 바닥에 버리도록 가르쳐야 한다.

광견병 바이러스는 쉽게 죽기 때문에 물린 즉시 비누와 물로 상처를 깨끗이 씻은 다음 소독약에 적신 면봉으로 소독하는 초기 대처가 중요하다. 그런 다음 병원에 가서 항광견병 백신 투여에 관해 상의한다.

입원

내 조언대로 특정 의사와 미리 알고 지낸다면, 응급 상황이 아닌 경우에 그 의사가 병원 입원을 위한 모든 준비를 해줄 수 있다. 당신의 담당 의사가 일하는 클리닉이나 개인병원에서는 몇 가지 질문에만 답하면 입원이 가능하다.

인도에는 보편적인 건강보험이 없다. 지불 능력이 있어 보이는 사람의 경우, 재정 상태보다는 건강기록과 관련된 서류를 작성하게 될 것이다. 인도인들은 환자를 평가하는 나름의 방식을 가지고 있는 것이 분명하다. 나는 치료를 받기 전에 돈과 관련된 질문을 받은 적이 딱 한 번 있었는데 당시에 선택한 검사가 값비싼 검사였기 때문이다. 병원에서 내게 사전에 비용을 지불할 것을 요구한 것은 그때뿐이었다.

좋은 개인 클리닉은 깨끗하고 친절한 직원들이 도움을 준다. 보통은 2인실과 4인실 중에 선택할 수 있다. 어떤 병원은 식사를 제공하는 반면 그렇지 않은 병원도 있다. 후자라면 누군가 식사를 가져와야 한다. 필요한 약을 밖에서 사와야 하는 경우도 있다. 내가 출산했을 때도 남편이 차를 몰고 약국에 가서 분만촉진제인 옥시토신을 사와야 했다.

개인 클리닉은 대체로 응급상황에 대처할 수 있는 장비를 갖추고 있지 않다. 그러므로 응급상황이 발생하면 복잡한 전문 장비를 갖춘 종합병원으로 가야 한다. 개인이 운영하는 종합병원과 기독교 선교사가 운영하는 병원 그리고 정부 운영 병원이 있다. 선택의 여지가 있다면 개인이나 선교사가 운영하는 병원을 권한다. 이런 병원들은 세계 여느 현대식 병원에 견주어도 손색없는 조건을 갖추고 있다. 유럽과 중동, 북미의 많은 환자들이 본국보다 빠르고 저렴하게 고관절치환술과 지방흡입술 같은 의료 시술을 받기 위해 인도를 찾는다. 그래서 '의료관광'이라는 새로운 용어까지 생겨났다.

혹시 어떤 이유로 정부 운영 병원에 가야 한다면, 환자는 과도하게 많고 인력이 부족하기 때문에 치료 수준이 아주 낮을 수 있다. 게다가 간호사가 환자를 돌봐줄 수 없어 온종일 간병해 줄 사람이 필요하다. 그가 식사도 챙겨 와야 한다. 환자마다 친척들이 교대로 병실을 지키며 바닥에서 잠을 자는 광경도 흔히 볼 수 있다.

인도의 의학

아유르베다Ayurveda는 질병에 대한 전체론적 접근법을 제안하고 인체의 풍風과 담즙, 점액의 균형을 맞춘다는 이론에 따라 약초와 오일을 이용해 치료를 수행하는 가장 대중적인 인도의 의학 체계다. 값비싼 검사가 아닌 환자의 맥을 짚어 진단하는데, 이때 아유르베다 의사들은 분당 심박수 외에도 많은 것에 귀 기울인다.

치료는 약초 추출물로 특별 조제한 환약을 통해 이루어진다. 오일을 이용한 아유르베다식 마사지와 약용 식물의 수액을 혼합한 분말이나 오일을 이용한 치료도 있다. 아유르베다 의사는 식품에 내재된 성질(순수한 사트빅 음식과 자극적인 라자식 음식, 나른함을 유도하는 타마식 음식)에 기반한 특별한 식이요법을 권장한다. 아유르베다의 장점은 여기에 있다. 약효를 떠나, 적어도 강력한 대증요법 치료제처럼 해롭지는 않다. 또한 효과는 더디지만 확실히 병의 증상이 아닌 질병 자체를 치료하도록 되어있다.

그래서 특별히 아프지 않은 사람도 아유르베다 강장제와 소화제를 먹어봐도 된다. 백단유와 아몬드 반죽, 강황 등으로 만든 천연 마스크팩과 흰머리, 비듬, 탈모를 방지하기 위한 모발유, 눈을 밝게 해주는 사탕 등은 인도에서 생산되는 서양식 화장품보다 훨씬 흥미롭다.

학교

뉴델리와 뭄바이에는 국제학교가 있다. 뉴델리에 있는 미국학교는 무척 넓은데다 시설도 좋아 교내 수영장까지 있다. 그

인도인들을 아이들을 무척 사랑한다.
극빈층만 아니라면 성인이 될 때까지 상당한 자유를 누릴 수 있다.

보다 규모는 작지만 독일 학교와 영국 학교, 프랑스 학교, 일본 학교 등 다양한 국적의 아이들을 위한 학교들도 있다.

대도시에는 영어로 교육을 진행하는 훌륭한 사립학교가 있는데 외국인 학생의 입학이 가능하다. 그러나 한 여성은 콜카타에는 이런 말이 있다고 내게 얘기했다. "콜카타에서 정착할 때 구하기 힘든 세 가지가 있다. 남편이 일할 직장과 가족이 살 집, 그리고 무엇보다 힘든 것은 아이들이 다닐 학교다." 다른 도시의 인도 학교도 들어가기 힘든 것은 마찬가지인 것 같다.

이런 경험이 있는 사람들은 학교의 기본적인 태도에 대해 이야기한다. 아쉬운 건 당신들이지, 학교는 아쉬울 것이 없다는 태도라는 것이다. 따라서 학부모가 학교를 선택하는 것이 아니라 학교가 아이를 선택한다. 요모조모 따져보고 결정을 내리기 위해 수업하는 것을 보거나 교수요목 또는 교장이나 교사의 교수법, 철학 등을 듣는 것도 일반적으로 불가능하다. 학부모는 무조건 감탄의 표정을 짓고 교장에게 아이를 받아달라고 사정해야 할 입장이다.

어떤 학부모는 외국인을 혐오하는 것처럼 보이는 교장을 만난 반면, 외국인의 환심을 사려는 것처럼 보이는 교장을 만난 학부모도 있다. 많은 학부모는 교장들이 학부모의 지위와 위상에 관심을 갖는다고 말한다. 그러니 외교관에게는 유리할 것이다. 어떤 사람은 차라리 아무것도 모르고 뻔뻔한 외국인처럼 행동해 문화적 장벽을 헤쳐 나가는 편이 효과적이라고 말한다.

인도 학교들은 대체로 대기자 명단이 길고 일반적으로 서양에 비해 높은 수학 성적을 포함해 입학 조건이 엄격한 경우가 많다. 가끔 외국인 학생들에게는 이런 조건이 면제되기도 한다. 일단 아이가 학교에 들어가면 학부모로서 교수법이나 과제물, 아이들을 다루는 문제에 대해 이의를 제기할 권한이 거의 없다. 무엇이 최선인지는 학교가 가장 잘 알고 있으니 간섭하지 말라는 태도다.

유아의 경우, 많은 사설 유아원과 유치원이 있다. 어떤 시설은 마치 놀이를 하는 것 같은 자연스러운 학습을 강조하는 몬테소리 방식으로 운영된다. 그보다 조금 큰 아이들에게는 기숙학교도 고려해 볼 만한 대안이다. 북인도에도, 남인도에도 아름다운 산간 기숙학교가 있다. 어떤 학교는 전통적인 교육 방식으로 운용되며, 벵갈루루 근처의 리쉬 계곡 학교 같은 곳은 개인적 성장과 발전을 장려하는 교육 철학에 따라 운영된다. 도시 지역에서는 자질을 갖춘 교사들을 찾을 수 있으므로, 단기적으로는 가정교사도 한 가지 대안이다.

인도에 정착하기 전에 현지인과 외국인 지인에게 인도 학교에 대해 자세히 물어보는 것이 좋다. 어떤 학교가 좋은 학교인지에 대한 개념은 사람마다 다르고 학교 자체에서 정보를 얻기가 어려운 상황임을 감안하면, 학교와 접촉하기 전에 먼저 철저히 점검해 볼 필요가 있다. 내가 아는 거의 모든 학부모가 처음에는 인도 학교에 입학을 거절당했다가 나중에 허락받았다. 그러니 선택한 학교를 너무 쉽게 포기할 필요는 없다. 특히 고학년 아이가 있는 경우, 본국을 떠나기 전에 대사관이나 인도에 있는 회사 직원을 통해 입학 가능한 학교들에 대해 먼저 확인하는 것이 좋다.

인도 학교에서의 문화충격

국제학교는 본국의 학교 환경을 재현하려 하며, 따라서 자녀들이 적응하기가 상대적으로 쉽다. 그러나 인도 학교는 시스템이 다르다. 도시에 따라 휴일도 다르고, 심지어 학교에 따라서도 다를 수도 있다.

아이들은 학교에서 문화충격을 경험할 수 있다. 일단 서양 학교에 비해 숙제가 훨씬 많아진다. 여섯 살 학생도 하루에 30분에서 1시간씩 해내야 할 숙제가 있다. 교복에도 익숙해져야 한다. 여학생들은 인도의 복장과 행동 규범이 제약적이고 억압적이라고 느낄 수도 있다. 또한 인도 학교는 서양 학교에 비해 실습이 많지 않고 이론과 암기 위주로 수업이 이루어진다.

교통

인도도 물론 다른 어느 나라들처럼 도로와 보도가 구분되어 있다. 그러나 인도의 보도는 사람들이 누워서 잠을 자고 물건을 팔고 자전거를 세워두고 차를 마시고 라디오에서 크리켓

이륜차와 경삼륜차, 자동차, 심지어 소나 염소 등의 동물들로 혼잡한 인도 거리.

경기 중계방송을 듣는 등, 걸어서 이동하는 것과는 무관한 온갖 활동이 벌어지는 곳이다. 보행자는 이 장애물 코스를 헤쳐 나가거나 아니면 위험을 무릅쓰고 버스와 트럭과 자동차, 경삼륜차와 인력거, 자전거와 오토바이, 달구지와 소, 그리고 가끔은 낙타와 코끼리까지 다니는 도로를 이용해야 한다.

도로에서의 생존 규칙

혼란스러워 보이는 인도의 도로에도 나름의 규칙은 있다. 다만 그것은 정글의 규칙이다. 첫눈에 봤을 때 다른 모든 규칙을 앞서는 규칙은 바로 '도로에서는 큰 차에게 우선 통행권이 있다'는 것이다. 뒤에 '경적을 울려 주세요 Horn Please'라고 버젓이 써 붙인 거대한 타타 트럭이 마치 사자가 생쥐를 무시하듯 옆 차선의 차를 무시하며 대담하게 끼어드는 일이 다반사다.

이에 우선하는 규칙은 '잃을 것이 없는 자에게 우선통행권이 있다는 것'이다. 그래서 수입 메르세데스가 낡은 앰버서더에게 길을 비켜주는 반면, 무모한 삼륜차는 아무에게도 길을 비켜주지 않는다. 이 모든 규칙을 앞서는 또 한 가지 규칙은 '소에게 항상 우선통행권이 있다는 것'이다. 인도인들은 소를 죽이는 것을 어머니를 죽이는 것과 마찬가지로 여기기 때문에 보행자를 위해 브레이크를 밟지 않는 운전자들도 소 앞에서는 모두 브레이크를 밟는다.

자동차

예전에 도로에서 가장 흔한 차는 앰버서더였다. 1950년대에 생산된 영국의 모리스 옥스퍼드를 본떠 만든 이 차는 매번 이전 모델과 똑같아 보이는 모델이 새로 나왔다. 앰버서더는 어떤 자동차 수리공이라도 수리할 수 있는 튼튼하고 내구성 좋은 자동차였지만 높은 사회적 지위를 상징하지는 못했다.

경제자유화와 함께, 새로운 멋진 모델들과 타타 수모 Tata Sumo 같은 대형 SUV가 나왔다. 이런 차들은 소유자의 부와 지위를 상징했다. 최근 등장한 소형차들은 운전사가 아닌 자동차 소유주가 직접 운전하는 차일 가능성이 크다.

이륜차

자동차를 구입할 여력이 없는 사람들은 스쿠터, 오토바이, 자전거 같은 이륜차를 운전한다. 오토바이는 정부가 권장하는 가족계획에 큰 동기부여가 된다. 부모와 자녀 둘을 둔 4인 가족이 두 바퀴로 균형을 잡고 탈 수 있는 최대치이기 때문이다. 유일하게 안전 헬멧을 쓰는 아버지가 운전을 하고, 한 아이는 앞이나 바로 뒤에 앉고, 엄마는 한 팔로는 아이를 안고 한 팔로는 남편의 허리를 붙잡은 채 두 다리를 한쪽으로 모아 옆으로 앉는다.

경적 이용하기

인도에서는 경적 없이 운전하느니 차라리 브레이크 없이 운전하는 편이 더 쉬울 것이다. 실제로 인도 자동차 제조업체들이 액셀에 경적을 연결해 놓는다면 운전자들이 수고를 상당히 덜 것이다. 인도에서 경적은 자동차 장비의 필수적인 부분이며 소리는 클수록 좋다.

어쩌면 인도인들이 아주 오랫동안 구술 문화를 발전시켜 왔기 때문인지, 아니면 주문에 대한 믿음이 크기 때문인지, 인도인들에게 소리는 강력한 힘을 갖는다. 인도인들은 상대가 오는 것을 똑똑히 보면서도 소리를 들어야만 그 존재를 진지하게 받아들인다. 그러니 경적에 대한 서양식 예의범절일랑 모두 잊고 인도인처럼 경적을 사용해야 한다. 누군가를 치지 않기 위해서일 뿐 아니라, 당신이 오고 있다는 것을 모두에게 알리기 위해 규칙적으로 짧게 경적을 울린다.

도로에서의 수신호

인도의 트럭 운전수는 방향지시등 대신 수신호를 이용한다. 손목을 크게 돌리면서 손가락으로 전방을 가리키는 것은 '전방이 비어 있으니 추월해도 좋다'는 뜻이다. 위아래로 튕기는 움직임은 '속도를 줄이라'는 뜻이다. 우측에 앉은 운전자가 창밖으로 손을 빼면 우회전 신호다(인도는 영국과 마찬가지로 자동차들이 좌측통행을 한다). 좌회전을 할 때는 왼쪽 조수석에 앉은 사람이 창밖으로 손을 뺀다. 조수석에 사람이 없는 경우 좌회전 신호를 보내지 않는다.

버스

대도시 버스들은 대부분 인도인들을 감당하기에도 이미 벅차 상태여서 외국인이 이용할 여지가 거의 없다. 항상 너무 혼잡하고 출입문에 승객들이 매달리는 탓에 차체가 한쪽으로 기울어 있다. 게다가 버스정거장에서도 완전히 정차하는 것이 아니라 속도만 늦추는 정도여서 운동신경이 좋은 사람이 아니면 타고 내리기가 어렵다.

물론 요금이 엄청 싸다는 것과 대형차여서 다른 운송 수단보다 비교적 안전하다는 장점이 있다. 바쁜 시간을 제외하면 좌석에 앉는 것도 가능하다. 그리고 인도인들은 아무리 혼잡해도 한 사람이 더 탈 공간은 언제나 만들어낸다.

경삼륜차

경삼륜차는 교통 서열에서 아주 낮은 계급에 속하지만 마치 도로의 주인처럼 행동한다. 크기가 작은 대신 숫자로 압도한다. 경삼륜차는 시끄럽고 불편하고 공해를 일으키는 교통수단이다. 경삼륜차 기사들이 파업에 들어갈 때면 교통 흐름이 원활해져 인도가 인도처럼 보이지 않을 정도다. 그럼에도 그들이 다시 업무에 복귀하면 모두들 크게 안도한다. 그들 없이는 도시가 돌아가지 않기 때문이다.

경삼륜차는 마치 짐을 싣고 달리는 검은색과 노란색이 섞인 당나귀처럼, 다른 차가 닿을 수 없는 곳까지 짐과 사람을 실어 나른다. 그들은 곡예를 하듯 좁고 혼잡한 거리를 요리조리 헤치고 움푹 파인 길도 가뿐히 통과하며 질주한다. 게다가 값도 싸고 빠르고 거의 언제나 이용할 수 있다.

모든 경삼륜차에는 미터기가 설치되어 있지만 그것은 기본

차가 다닐 수 없는 좁은 골목 안까지 빠르게 사람들을 실어 나르는 경삼륜차

료를 정하는 목적에만 이용된다. 요금 인상이 있었는데 미터기에 반영되지 않았다면, 기사가 보여주는 요금표에 따라 미터기에 찍힌 요금에 인상분을 붙여 계산해야 한다. 밤 11시부터 정상요금의 50퍼센트 이상을 야간할증료로 부과하는 것도 합법적이다.

오랜 관습에 따라 몇 가지 다른 할증료도 붙는다. 최종 목적지에 도달하기 전에 여러 곳을 들르는 경우 대기료를 지불하는 것이 관례다. 외딴 곳이나, 돌아갈 때 손님을 태우기 힘든 곳까지 가는 경우에도 추가 요금을 부과하는 경우가 많다. 너무 짧은 거리는 미터기로 요금을 계산하기가 번거롭기 때문에 그냥 고정 요금을 부과한다. 이러한 추가 요금들은 승차하기 전에 먼저 합의하는 것이 좋으며, 시장 상황에 따라 변동된다. 가령 비오는 날에는 별로 협상의 여지가 없다. 그러나 차가 세 대인데 승객은 한 명뿐이라면 승객이 유리한 입장이 된다. 목적지에 도착해서 팁을 줄 필요는 없다.

경삼륜차 기사들은 마치 자체 레이더를 장착한 것처럼 도시에 처음 온 사람들을 귀신 같이 알아보고 교묘하게 이용한다. 승객을 이리저리 끌고 다니며 나중에 바가지를 씌우기 일쑤다. 처음에는 어쩔 수 없다. 인도인들도 종종 겪는 일이며, 모두들 비양심적인 기사들에 대해 불평하고 달리 대안이 없는 것을 한탄한다. 적정 요금이 어느 정도인지, 가는 도중에 어떤 길이 있는지 알아두었다가 "링 로드를 경유해서 가주세요"라고 말할 수도 있겠지만 대부분의 운전자는 승객이 착각하는 것처럼 혼란을 줄 수 있다. 주변 길을 완전히 파악하고 경험에서 우러나오는 권위 있는 목소리로 경로와 요금을 지시할 수 있게 되면, 더 이상 원하지 않는 도시 관광은 하지 않을 것이다.

택시

미터기가 있는 택시는 검은색과 노란색이 섞여 있다. 택시는 승객을 찾아 돌아다니지 않고 주요 쇼핑 구역, 철도와 버스 정거장, 공항, 대형 호텔, 관광지와 부촌처럼 도시의 전략적 지점에 위치한 택시 정거장에서 대기한다. 또한 전화로 택시를 부를 수도 있다.

택시 요금은 경삼륜차에 비해 상당히 높고, 역시 미터기에 찍힌 요금에 추가 요금이 붙는다. 주요 공항이나 기차역에서 아주 쾌적하고 편리한 선불 택시 서비스를 소개해 주기 때문에, 적어도 처음 택시를 탈 때는 실랑이와 바가지요금을 면할 수 있다. 공항이나 기차역에 있는 창구에서 이름과 목적지를 양식에 기입하고 거리에 따라 정해진 요금을 지불한 뒤 영수증을 받아 택시 승강장으로 가면 된다. 택시가 배정되면 차량 번호가 창구에 있는 장부에 기록된다. 목적지에 도착하면 영수증을 기사에게 건네준다. 예를 들어 중간에 불가피하게 목적지가 바뀌거나 기사에게 특별히 팁을 주고 싶은 경우가 아니면 추가로 돈을 지불할 필요는 없다.

'관광 택시'는 상태가 훨씬 좋고, 원하면 에어컨도 틀어준다. 5시간, 10시간 또는 주 단위로 대여가 가능하며, 일정 거리에 대해 기사와 연료비가 포함된 고정 가격을 적용한다. 거리나 시간이 추가되면 그만큼 비용도 늘어난다. 관광 택시는 오전 내내 쇼핑을 한다거나 온종일 관광을 한다거나 도시 외곽으로 짧은 여행을 할 때 가장 편리한 방법이다. 비용은 동일한 거리를 갈 때 택시를 타는 것과 비슷하지만 대기료를 지불할 필요가 없으며, 장소를 옮길 때마다 택시를 잡아야 하는 번거로움을 피할 수 있다.

단, 관광 택시 기사에게 적절한 시간에 식사를 하고 차를 마실 돈을 주고, 하루 일과를 마친 후에 서비스에 만족했다면 팁을 지불하는 것이 관례이다. 택시 대여를 위해 지불하는 금액에서 기사의 몫은 아주 적으며, 기사들은 대부분 팁에 기대어 생활하기 때문이다.

한편, 대부분 도시에는 콜택시 회사가 있어서 전화를 걸면 어디로건 택시를 보내준다. 그러나 서양에서 택시를 부를 때와 달리 적어도 30분 이상 기다려야 한다.

행선지에 도달하는 방법

첸나이에서 택시 기사에게 안나 살라이 Anna Salai 로 가달라고 부탁하면 아마 어리둥절한 표정을 지을 것이다. 뭄바이 택시 기사에게 LD 루파렐 마르그 LD Ruparel Marg 나 바우 사하브 히레 마르그 Bhau Sahab Hire Marg 에 가달라고 해도 마찬가지 반응을 보일 것이다. 사실상 안나 살라이는 마운트 로드Mount Road이고, 많은 사람들은 여전히 LD 루파렐 마르그를 네핀 시로드Nepean Sea Road로, 바우 사하브 히레 마르그를 마운트 플레전트 로드Mount Pleasant Road로 알고 있다.

인도의 도시들은 대부분 방대하고 불규칙하게 뻗어있으며, 도심지 지도는 있을지 몰라도 주거 지역의 미로 같은 거리를 보여 주는 최신 지도는 찾을 수 없다. 예를 들어 뉴델리 지도는 아난드 니케탄Anand Niketan이라는 지역이 어디에 있는지 보여 주지만 구체적으로 'E-16 Anand Niketan'이라는 주소지를 찾는 데는 도움이 되지 못한다.

도시의 각 지역들은 마치 반얀나무처럼 성장하는 것 같다. 논리적이고 체계적인 계획에 따라 만들어진 것이 아니라 제 멋대로 성장하는 유기체의 모습이다. 동네 이름은 영화 제목처럼 속편이 이어진다. 델리에는 그레이터 카일라시Greater Kailash 파트1과 파트2가 있다. 이 이름은 인기가 아주 좋아서 이스트 오브 카일라시East of Kailash와 카일라시 콜로니Kailash Colony라는 이름의 동네까지 생겼다.

찾고 있는 동네에 도착하면 구체적인 주소를 찾는 것이 문제다. 뉴델리에 있는 E-16 Anand Niketan을 이론적으로 따져보면, 'E'는 해당 블록 전체를 가리키며 그곳의 모든 집들이 E 블록에 있다. 그러면 다들 이렇게 생각할 것이다. '음, 간단하네. A 블록과 B 블록, C 블록, D 블록을 지나가면 E 블록이 나오겠군.' 그런데 그렇지 않다는 게 함정이다! 원래는 그럴 생각이었는지 모르지만 그 생각은 오래 전에 폐기된 것 같다. 어느 정도 체계적인 배열이 있긴 하지만 그것은 마을마다 다르며 조감도로만 분명하게 볼 수 있다.

길을 찾는 가장 좋은 방법은 여러 차례에 걸쳐 방향을 묻는 것이다. 길을 묻기에 가장 좋은 상대는 자전거를 탄 십대 소년들이다. 이들은 그 동네를 제대로 알고 있는 유일한 사람 같다. 돌아다니며 다림질을 하는 사람이나 식료품점에서 일하는 배달부, 동네 정거장에 서있는 경삼륜차나 택시 기사에게 물어도 성공 확률이 높다. 마지막으로 기댈 수 있는 방법은 동네 우체국에서 위치를 확인하는 것이다. 우체국은 우편관할구역에 대한 일종의 거리안내 책자를 가지고 있다.

지하철

도시 안에서 열차를 이용하는 것도 한 가지 대안이다. 델리와 콜카타에는 지하철이 있다. 콜카타 지하철은 1984년에 운행을 시작한 인도 최초의 지하철이다. 현재 덤덤에서 톨리건지까지 남북 방향으로 16.5킬로미터에 걸쳐 17개 역을 두고 운행 중이다. 라빈드라 바반과 칼리 가트 같은 일부 지하철역은 아름다운 모자이크 벽화로 장식되어 있다. 지하철은 저렴하고 깨끗하며 사용하기 쉽다.

비교적 최근에 건설된 델리 지하철은 넓고 안락한 열차가 제 시간에 운행되고, 화강암과 대리석으로 아름답게 장식된 최첨단 시스템이다. 여기에 역마다 보안 경찰이 배치되어 있어 그야말로 훌륭한 교통 대안이 되고 있다. 빵빵거리는 경적과 시커먼 매연 속에 1시간 30분 동안 잡혀 있을 것인가, 아니면 버스 요금보다 싼 승차권으로 에어컨이 작동되는 편안하고 스트레스 없는 환경에서 15분간 있을 것인가.

뭄바이와 첸나이에는 지상철도 시스템이 있다. 첸나이에서는 열차가 20분마다 운행되는데 그리 혼잡하지 않다. 영어를 할 줄 아는 직원이 있고 열차 시간과 방향을 알리는 영문 표지판도 있다. 단점은 역내 시설들, 그중에서도 특히 화장실이 깨끗하지 않다는 점이다. 어떤 역은 완공되지 않았고 다른 교통수단들과 멀리 떨어져 있어 한참 걸어야 하는 경우도 있다. 또한 길게 이어지는 오염된 운하를 따라 열차가 달릴 때는 악취를 견뎌야 한다.

뭄바이에서는 뭄바이 교외철도가 매일 600만 명의 통근자를 실어 나른다. 세계 어느 철도보다 승객 밀도가 높다. 1700명을 수용하도록 설계된 열차가 출퇴근 시간에는 최대 4700명까지 실어 나른다. 그러다 보니 사고는 피할 수 없는 일이며 연간 3500명의 승객 사망자가 발생하고 있다. 사람들이 압사하거나 열린 객실 문에서 떨어지거나 이동하는 열차에 치어 죽는 것이다. 다른 대안이 있다면 가급적 이 교통수단은 피하는 것이 좋다.

교외철도 차량 위에까지 올라탄 승객들. 도시 인구밀도가 너무 높아 철도가 다 수용하지 못하는 탓이다.

정서적 건강

아이들

아이가 인도에 얼마나 잘 적응할 것인가? 이 문제에는 워낙 많은 요인이 영향을 미치기 때문에 예측이 불가능하다. 아이의 나이, 성별, 모국어, 개인적 성격이 하나의 요인 집합을 이루고, 인도에서 정착할 지역과 학교, 동네, 떠나온 곳에 대한 그리움 등이 다른 요인 집합을 이룬다. 그리고 이런 요인들의 다양한 조합에 의해 의외의 결과들이 나온다.

인도 사회는 이성 간의 접촉이 드물어 십대들에게는 좌절감을 줄 수 있지만 어린 자녀들에게는 큰 영향이 없을 것이다. 뉴델리와 뭄바이 같은 대도시의 특정한 사회 계층에서는 서양식 기준이 빠르게 일반화되고 있어 큰 문제가 되지 않는다.

인도인들은 아이들을 무척 사랑해서 극빈층을 제외한 모든 인도 아이들이 5~6세까지 거의 무한대의 자유를 누린다. 서너 살이 될 때까지 아이가 원할 때마다 모유를 주고, 기저귀를 채우지 않은 채 어디든 데리고 다닌다. 그래서 인도 친구들이나 하인들은 외국인이 자녀를 훈육하는 것을 보면서 비인간적이라고 느끼기도 한다.

그 덕분에 아이들을 어디에나 데려갈 수 있다는 장점이 있다. 공연장이든 레스토랑이든 파티든, 아이들의 출입을 제한하는 곳은 없다. 심지어 클래식 공연장에서도 종종 어린아이 울음소리가 들리는데, 그럴 때마다 부모는 민망해하거나 화내지 않고 아무렇지 않게 아이를 극장 밖으로 데리고 나갔다가 잠잠해지면 다시 자리로 돌아온다. 다른 사람들도 간신히 화를 억누르는 것이 아니라 대수롭지 않게 넘기는 분위기다.

본인은 인도를 이해하기 위해 다양한 기회를 이용하면서도 자녀들에게는 그런 기회를 주지 않는 외국인을 종종 본다. 본인은 인도 언어를 배우면서 자녀들을 위한 수업은 주선하지 않고, 본인은 다양한 사람을 만나기 위해 파티를 열면서 아이들을 위한 만남의 자리는 만들지 않으며, 본인은 공연을 보고 박물관에 가면서도 아이들은 데려가지 않는다. 그 결과 아이들은 인도의 간단한 말과 기본적 예의범절도 모르고 인도 친구도 사귀지 못하고 인도의 가장 좋은 모습을 보지 못한다. 물론 인도를 이해하는 과정에 노력이 필요하겠지만 그런 노력의 결실로 아이들은 주변 환경에 대한 안도감과 편안함을 느끼게 될 것이다.

6

인도의 음식

각종 산해진미와 온갖 먹을 것과 마실 것
그리고 새콤하고 짭짤하고 매콤한 다양한 종류의 양념이 있다.
— 《라마야나》, 로버트 P. 골드만의 에세이 《라바나의 키친》에서 인용

인도인에게 사회적 상호작용은 공기처럼 필수적인 것이다. 미국의 작가 주디스 크롤은 이렇게 썼다. '인도에서 "지금은 제가 좀 바쁘니까 2주 후에 점심이나 할까요?"라고 말하는 사람은 상상할 수 없다.' 인도인들은 가족과 친구를 항상 소중하게 생각하고 이런 관계 속에서 필요한 일들이 삶의 속도를 결정한다.

환대와 친절은 인도에서 손님을 초대하는 사람들의 특징이다. 손님은 신과 마찬가지이며 따라서 환대해야 한다. 당신이 손님으로 초대될 경우, 초대자는 당신의 어지간한 실수는 눈감아주고 아무런 언급도 하지 않을 것이다. 그렇다 보니, 안타깝게도 당신은 상황을 파악하지 못해 같은 실수를 되풀이하기 쉽다. 만일 당신이 인도인을 초대한다면 입장이 바뀐다. 당신은 초대자 역할을 하는 동안 놀라거나 불쾌감을 느낄 수 있다. 사람들은 이때도 아무 말 하지 않겠지만 다음 번 파티에 참석하지 않음으로써 할 말을 대신할 것이다.

우연한 만남

한번은 내가 어린 아들과 함께 라자스탄 조드푸르에 있는 한 국영 호텔에 머문 적이 있었는데, 호텔 접수계원으로 일하는 아쇼크라는 젊은이가 우리에게 저녁식사를 대접하겠다며 집으로 초대했다. 아마 내가 내 아들의 이름도 아쇼크라고 말했기 때문일 것이다. 나는 아쇼크의 집에서 부모님과 누이, 조카, 미망인이 된 숙모 그리고 새 신부를 만났다. 아쇼크는 심지어 나와 만나게 하려고 친한 친구들까지 불렀다.

그들은 우리를 위해 라자스탄식 성찬을 준비했고, 우정의 표시로 우리는 모두 커다란 접시 하나에 담긴 음식을 함께 나눠 먹었다. 그의 가족은 모두 친절하고 사교적이었다. 그들은 내게 질문을 하고 아들과 놀아주고, 내게 라자스탄식 옷을 입히고 낯선 사람인 나와 함께 있는 시간을 즐겼다. 나는 그날을 기억하기 위해 빌린 장신구를 하고 아쇼크의 두 누이 사이에서 활짝 웃으며 사진을 찍었다.

인도에서 당신은 아마 당황스러울 만큼 많은 초대를 받을 것이다. 우연히 알게 된 사람과 처음 보는 사람들이 아들의 결혼식에 초대하거나 집에서 묵어가라고 권하거나, 함께 저녁식사를 하자거나 언제든 차를 마시러 오라고 권한다. 많은 외국인은 인도인들의 이런 친근함에 부담을 느끼지만, 또 어떤 이들은 바로 이런 점이야말로 물질적인 부족함을 상쇄하는 인도의 가장 큰 미덕이며 인도를 떠나는 것을 가장 아쉽게 만드는 특징으로 꼽는다.

대도시와 관광 중심지에서 우연히 알게 된 친구들이 진실이라고 믿기에는 너무 좋게 들리는 제안을 한다면 경계해도 손해 볼 것이 없다. 그러나 지나치게 냉소적일 필요는 없다. 너무 몸을 사리다 보면 인도 사람들의 환대를 즐기고 새로운 친구를 사귀고 인도를 좀 더 잘 알게 될 기회를 놓칠 것이다. 나는 호텔 접수계원 아쇼크 덕분에 인도에서 가장 맛있는 냉커피를 파는 곳을 알게 되었고, 또한 내가 한 번도 경험해 보지 못한 세계에 사는 그의 숙모를 만났다. 그녀는 여섯 살에 결혼해 아홉 살에 남편을 여의고 이후 60년 동안 과부 신세라는 멍에를 지고 살아온 기구한 운명의 여인이었다.

넉넉한 인심

한번은 동고츠 산맥의 산길을 걷다가 길을 잃어 작은 움막 집에서 길을 물은 적이 있다. 그 집의 안주인은 쿠민과 고추로 알싸한 향을 내서 점토 냄비에 식힌 신선한 버터밀크 한 잔을 따라주었다. 나는 너무 목이 마른 나머지 염치 불구하고 벌컥벌컥 들이켰다. 그랬더니 그녀는 한 잔 더 따라주었고 잠시 후 또 한 잔을 주었다. 아마 그 집은 나 때문에 그날 버터밀크를 마시지 못했을 것이다. 그러나 내가 돈을 내겠다고 했을 때 그녀는 약간의 비웃음이 섞인 미소를 지으면서 거절했다. 사실이다. 나는 그녀의 넉넉한 인심에 겨우 몇 루피가 아닌 다른 뭔가로 보답했어야 했다.

사람들은 계절에 따라 차나 바나나, 볶은 땅콩, 신선한 콩등을 권할 것이다. 그들이 베풀 수 있는 것은 상황에 따라 다르겠지만 인도인의 친절함에는 거의 제약이 없다. 이런 친절함이야말로 사회적 · 경제적 · 물리적 거리를 초월해 부자에게도 빈자에게도, 시골에서도 도시에서도, 남인도에서도 북인도에서도 두루 찾아볼 수 있는 인도 문화의 고유한 특징이다.

애매한 초대

인도에 갔다가 "아무 때나 들르세요"라는 애매한 초대를 받게 될지도 모른다. E.M. 포스터의 소설 《인도로 가는 길》에서, 무어 부인은 친절하지만 의사 표현이 불분명한 바타차르야 부인과 정확한 날짜와 시간을 정하려 한다. 결국 돌아오는 목요일로 약속을 잡지만 알고 보니 바타차르야 가족은 다음날 아침 콜카타로 떠나게 되어있었다. 그러니 목요일에는 마을에 있지도 않을 것이라는 얘기다. 무어 부인은 이를 알고 당황했다. 내가 아는 인도 친구에게 그 구절을 읽어주었을 때, 그녀는 상황을 전적으로 이해하고 이렇게 설명했다. "손님은 초대한 사람을 복되게 하는 존재예요. 찾아주는 것 자체가 큰 명예가 되는 거죠. 그런데 어떻게 무례하게 특정한 시간을 못 박을 수 있겠어요?"

"아무 때나 들르세요"라는 말은 정말로 당신을 다시 만나고 싶다는 뜻이다. 그러나 당연히 찾아가기 전에 미리 전화를 걸어 확인하는 편이 좋다. 문전박대를 당할까 두려워서가 아니라, 초대한 사람을 복되게 하는 귀한 손님으로서 상대에게 불편을 끼치지 않는 것이 마땅한 도리이기 때문이다.

손님은 언제나 옳다

한번은 뉴델리에 도착하자마자 우연히 알게 된 지인으로부터 저녁식사 초대를 받은 적이 있다. 나는 아직 보모를 구하지 못한 터여서 세 살배기 아들을 데려가도 되는지 물었고, 지인은 "물론이죠"라고 흔쾌히 대답했다.

아들까지 데려오라고 했으니 당연히 가족끼리의 조촐한 식사에 초대된 것이라고 생각했다. 그런데 알고 보니 많은 사람이 모여 술을 마시며 고상한 대화를 나누는 제법 거창한 파티였고, 내 아들 외에 아이는 한 명도 없었다. 음식은 밤 11시에 차려지게 되어있었지만 내 아들이 일찍 저녁을 먹고 잠들 수 있도록 별도의 음식과 잠자리가 준비되어 있었다. 그러나 낯선 환경 때문인지 아들은 먹지도 자지도 않았고, 우리 모자는 그곳에서 곤혹스러운 시간을 보내야 했다.

인도에서 초대를 하는 사람은 손님의 요청을 거의 거절하지 않는다. 당신이 어린아이건 애완동물이건 부모님이건 누구건 데려가도 되냐고 묻는다면 그들은 거절하지 않을 것이다. 그러니 센스 있게 간접적으로 묻거나 다른 친구에게 묻는 것이 좋다. 무엇보다 중요한 것은 자신의 요청 자체가 합당한지 스스로 생각해 보는 것이다.

인도 가정식

인도 가정에서 적절한 식사 예절은 어떤 가정이냐에 따라 다르다. 어떤 가정에는 식탁이나 포크, 나이프가 없을 수도 있다. 또한 다른 사람들과 함께 식사를 할 수도, 아니면 초대한 가족 전원이 지켜보는 가운데 혼자서 먹게 될 수도 있다. 아쇼크의 집에서는 커다란 접시 하나에 담긴 음식을 그의 가족과 함께 먹었다. 나로서는 전무후무한 경험이었다. 인도에서는 어떤 상황에도 준비가 되어있어야 한다.

세 가지 경우

만일 당신이 나와 함께 첸나이 교외에 사는 사촌 언니의 집에 가서 식사를 하게 된다면, 식사 과정이 델리나 구자라트 가정과는 사뭇 다를 것이다. 인도에 머무는 동안 당신은 아래와 비슷한 상황을 만나게 된다. 인도 곳곳을 여행하는 경우, 이보다 더 다양한 상황을 경험할 수도 있다.

• 첸나이에 사는 중산층 기독교 가정

첸나이에 사는 중산층 가정에서는 주로 점심식사에 손님을 초대한다. 이들에게는 점심이 하루 중 가장 중요한 식사이기 때문이다. 손님과 집안 남자들이 먼저 식사를 하고 그동안 여자들은 시중을 든다.

그들은 제일 먼저 작은 수건을 주고 식당 바로 밖에 있는 개수대로 안내한다. 이곳에서 식사 전에 손을 씻는 것이다. 이집에서 먹는 것은 탈리thali라고 부르는 정식류의 식사다. 테두리가 있는 커다란 스테인리스 접시 한가운데 수북이 밥을 담고 가장자리에 각종 반찬을 빙 둘러 담은 형태다. 이곳은 기독교 집안이고 손님을 초대했으므로 특별히 고기도 한 종류 차릴 것이다. 인도에서는 고기를 먹는 가족도 매일 먹지는 않는다. 그리고 남인도 점심식사에서 빠지지 않는 필수 요소인 삼바르sambar와 라삼rasam이라는 스테인리스 주발에 담은 국물 요리가 손님의 접시 옆에 차려진다.

음식은 오른손만을 이용해 한 입 분량의 밥과 채소 반찬을 비벼서 먹고, 그런 식으로 여러 가지를 조합해 먹는다. 사실 이것은 쉽지 않은 일이며, 수분이 많은 음식을 입으로 가져가려면 어느 정도 기술이 필요하다. 손님이 이 과정에서 곤란을 겪는 것처럼 보이면 가족 중에 여성 구성원이 눈치 채고 숟가락과 포크를 가져다줄 것이다.

식사 후에는 손을 씻고 입을 헹구도록 다시 한 번 수건을 주고 개수대로 안내한다. 그리고 디저트로는 아마 우유를 넣은 진하고 달콤한 남인도식 커피를 내올 것이다. 이제 집안 여자들이 앉아서 식사를 할 차례다. 그동안 손님과 남자들은 거실로 나가 커피를 마시며 담소를 나눈다.

인도 사람들이 먹는 기본적인 가
정식의 모습. 밥과 차파티, 그 외
반찬들로 구성된다.

• 델리에 사는 상류층 이슬람교도

전통적인 이슬람교 가정에서는 술이 금기시되지만 델리에 있는 일부 상류층에서는 술을 제공하고 마시기도 한다. 국제 도시 뉴델리에서는 스카치위스키에서부터 러시아 보드카, 인도 럼주에 이르기까지 다양한 술이 구비된 바에서 원하는 것을 골라 마실 수 있다. 관례상 저녁식사 전에 술을 마신다.

저녁식사는 밤 10시 30분에서 11시 사이에 시작된다. 식탁 위에 식탁보와 냅킨, 식사 도구 세트가 깔려 있다. 음식은 겨울에는 수프로 시작해 디저트 과일로 끝나는 서양식 코스로 차려진다. 메인 요리는 인도 음식이다. 밥과 달dhal(렌틸콩 스튜), 채소 요리, 고기, 요구르트, 다양한 절임들로 구성된다. 고기(돼지고기는 절대 아니다)는 이슬람교 계율에 따라 도축된 것만 먹는다. 델리는 북인도이므로 차파티chapathi라고 하는 무발효 빵도 나온다. 차파티는 주방에서 바로 구워 한 번에 한두 장씩 제공되는 얇고 뜨거운 빵인데, 하인이 지켜보고 있다가 필요한 사람이 있을 때마다 가져다준다. 빵은 손으로 먹는다. 오른손으로 찢어 채소와 고기를 싸서 먹는 방식인데, 이렇게 하면 차파티가 식사 도구 역할을 해 깔끔하게 먹을 수 있다. 식사를 마치면 손을 닦을 수 있도록 하인이 따뜻한 물이 담긴 핑거볼을 가져온다.

• 힌두교 농부의 집

구자라트 농촌 지역의 가정에서 손님이 집에 들어서자마자 제일 먼저 내오는 것은 물 컵이다. 점토 냄비에 식힌 물이어서 약간 흙냄새가 난다. 가끔은 알싸한 풍미를 내기 위해 소두구 몇 알을 첨가하기도 한다. 물맛이 기가 막히다!

식사 시간이 되면 가족 중 한 명이 작은 주전자에서 손 씻을 물을 부어준다. 이때 깨끗한 손수건은 각자 챙겨가야 한다. 집에 별도의 식당은 없다. 그냥 부엌 흙바닥에 앉으면 바닥에 놋쇠 접시가 차려진다(이 접시는 스테인리스 또는 식물의 이파리가 될 수도 있다). 주식은 두툼한 통밀 차파티인데, 델리 가정에서 차려지는 차파티와는 사뭇 다르다. 어느 정도 여유가 있는 가정이라면 고기도 내올 것이다.

날이 선선한 저녁에는 야외에 음식을 차려 손님과 남자들이 평상 위에서 식사를 하기도 한다. 외국인 손님은 여성이라도 남자들과 함께 식사할 수 있다. 외국인에게는 공동체 규칙을 적용하지 않기 때문이다. 구자라트 농촌에서는 아락arrack 또는 토디toddy라고 부르는 집에서 만든 토속주를 제공할 수도 있다. 이런 술들은 무척 독해서 곯아떨어질 수 있으니 조심해야 한다.

손으로 먹기

우리 할머니는 포크와 나이프로 음식을 먹는 것은 마치 우비를 입고 샤워하는 것과 같다고 말씀하신다. 먹는 행위와 관련된 감각적 즐거움의 상당 부분이 촉각에서 오는데 식사 도구가 그런 즐거움을 방해한다는 것이다. 게다가 손으로 먹으면 혀를 데일 위험도 없고 세제 사용도 줄여든다. 어떤 음식을 어떤 포크로 먹어야 하는지 기억할 필요도 없다. 장점이 수없이 많은 데다 그것이 주는 즐거움은 훨씬 더 기본적이고 본능적인 것이며, 우리 내면에 존재하는 어린아이라면 그것을 느낄 수 있을 것이다.

도시건 시골이건 모든 사회 계급에서, 음식은 오른손만을

인도인은 식사 도구를 사용하지 않고 맨손으로 먹는다.

이용해서 먹는다. 이것이 인도 식사예절의 가장 중요한 부분이다. 먹다가 오른손에 소스가 잔뜩 묻으면 왼손으로 서빙스푼을 이용해 음식을 가져다 먹는 것은 괜찮다. 인도인들이 먹는 것을 지켜보면, 왼손을 무릎에 올려놓고 있는 모습을 보게 될 것이다. 남인도인들은 손가락을 음식에 풍덩풍덩 담그는 반면, 북인도인들은 좀 더 조심스럽게 손가락 두 번째 마디까지만 이용한다.

왼손에 대한 이러한 편견은, 인도인들이 화장실을 사용한 후 뒤처리하는 방식을 생각하면 이해하기 쉽다. 내 아들처럼 왼손잡이에게는 쉽지 않은 일이다.

언젠가 인도인 친구 부부가 영향력 있는 인도 외교관의 집에서 저녁식사를 했던 경험을 이야기한 적이 있다. 식탁에는 최고의 은제품 식사 도구와 차려져 있고 음식 또한 고급스러웠다. 처음에는 서로 격식을 차리며 식사를 시작했지만, 대화를 나누던 중에 두 부부가 공통점을 발견함에 따라 그 자리는 마치 오랜 친구들의 모임처럼 변했다. 외교관의 아내는 갑자기 번쩍이는 포크와 나이프를 가리키며 "두 분이 이렇게 좋은 분들인 줄 알았다면 이 무거운 무기들을 내오지 않았을 거예요"라고 말했다. 이 말에서 식사 도구에 대한 인도인들의 일반적인 태도를 엿볼 수 있다. 포크와 나이프는 적들에게는 인상적인 무기이지만 친구들 사이에서는 필요 없다는 것이다.

파티 에티켓

인도 생활의 대부분 측면에서 그렇듯이 어디서나 적용되는 단일한 행동 기준은 없다. 그렇다고 파티에 관한 규칙이 없다는 얘기는 아니다. 규칙이 분명히 있지만 그것이 장소에 따라, 종교와 나이에 따라 그리고 얼마나 보수적이고 전통적이냐에 따라 다르다는 얘기다. 당신은 인도에서 다양한 상황을 만나게 될 것이며, 아래 설명은 대강의 길잡이에 불과하다.

도시별 특성
• 뭄바이에서

뭄바이에서의 파티는 대체로 편안하고 허물없는 스타일이다. 고된 하루 일과를 마치고 즐거운 시간을 갖기 위해 찾아온 신예 여배우와 광고주, 사업가들을 만날 가능성도 있다. 복장은 멋스러운 캐주얼이 일반적이며, 서양 기준으로 수수한 정도면 충분하다. 한 친구가 해준 이야기에 따르면, 업무 후 친구들끼리의 모임은 각자 음식을 챙겨 오는 방식으로 이루어지기도 한다. 예전의 인도에서는 들어본 적이 없는 얘기다. 클럽은 여흥을 즐기기 위해 인기 있는 장소다.

• 델리에서

델리에서는 공식적인 파티에 참가할 가능성이 많다. 따라서 엄격한 의전을 따라야 한다. 정부 관료와 외교관들은 업무 시간 후에도 옷차림에 신경을 쓴다. 공식적인 파티는 정시에서 약 30분 늦게 시작한다. 비공식적인 파티는 공식 파티보다 훨씬 늦게 시작된다. 그러니 하루에 몇 건의 파티에 참석하는 것도 가능하다.

델리의 파티에는 과음과 정치 토론이 따른다. 요즘 한창 유행하는 아름다운 전원주택 정원에서 열리는 파티에는 최신 패션뿐 아니라 최신 합성 마약도 등장한다. 음식이 차려지면 파티가 끝났다는 신호다. 이제 먹고 갈 시간이다. 델리에서 파티에 참석할 때 최선의 생존 전략은 미리 요기를 하고 가서 음식이 나올 때까지 음주량을 조정하는 것이다.

• 첸나이에서

첸나이의 파티는 비교적 조용한 편이다. 남인도에서는 영화배우들도 뭄바이에 비해 보수적인 편이다. 그러나 최근 10년 사이에 첸나이의 파티 문화가 많이 변해 요즘은 음주와 흡연이 인도의 다른 도시 못지않게 일반화되었다. 그럼에도 내가 관찰한 바에 따르면 첸나이 파티만의 특징이 있는데, 큰 파티도 여러 세대가 함께 한다는 것이다. 아이와 20대 젊은이, 그 부모와 조부모까지 같은 파티에 참석하곤 한다.

복장

• 여성

다른 여느 나라와 마찬가지로 인도에도 아무 옷이나 입어도 무방한 파티가 있다. 속이 비치는 블라우스나 가죽 핫팬츠, 허벅지까지 올라오는 부츠, 그 외 최신 유행하는 어떤 옷이든 가능하다. 도시 지역의 특정 부류 사람들은 노출이 있는 옷과 유명 디자이너의 옷을 예사로 입지만 다른 부류 사람들은 아르마니나 디오르 같은 브랜드를 아예 알지도 못할 것이다. 인도에서는 다리를 노출하면 원치 않는 이목을 끌 수 있다. 멋진 정장 바지도 파티용 복장으로 괜찮다.

어떤 외국인들은 사리를 입고 파티에 가기도 한다. 그런데 안타깝게도, 간혹 예외가 있긴 하지만, 외국 여성이 사리를 입으면 우스꽝스러워 보인다는 것이 인도인의 일반적인 의견이다. 사리는 많은 신체적 단점을 가려주지만 서양인 체형의 가장 큰 단점을 오히려 강조하는 것 같다. 또한 사리를 입고 우아하고 자신 있게 걸으려면 연습이 필요한 데다 옷자락을 어깨로 넘길 때도 정숙해 보이기 위한 미묘한 규칙이 있다.

사리를 입으려면 그것이 상황에 적합한지를 먼저 확인해야 한다. 그리고 무엇보다, 사리를 재래시장에서 얼마나 싸게 구입했는지 자랑하는 것은 금물이다. 인도 여성들은 사리에 대단한 자부심을 갖고 있으며 계절별로 다른 종류를 입는다. 여름에는 빳빳하고 시원한 면제품을, 겨울에는 묵직한 비단을, 저녁 파티에는 현대적인 시폰을, 결혼식에는 전통적인 베틀로 짠 제품을 애용한다.

그들은 보기만 해도 사리의 가격을 알 수 있다. 중요한 것은 가격이 아니다. 인도 여성들도 때로는 멋진 파티에 저렴한 사리를 입고 가기도 한다. 그러나 그녀의 사리는 독특하고 아름다울 것이며, 아마도 유행하기 전에 원산지에서 운 좋게 싼 가격에 구입했을 것이다. 또한 그에 어울리는 장신구를 하고 있을 것이다.

외국인이 입기에 한결 수월한 인도식 복장도 있다. 헐렁한 바지에 원피스처럼 긴 블라우스를 입는 '펀자브'식 차림이다. 헐렁하게 흐르는 바지는 살와르salwar라고 부르는데, 발목에서 말려 올라갈 만큼 길이가 길다. 긴 블라우스는 카미즈kameez 또는 쿠르타kurta라고 부른다. 주로 상의와 하의를 세트로 판매하며 서양 옷들과 마찬가지로 유행에 따라 스타일이 변한다. 자신만의 디자인으로 맞춰 입기도 한다.

• 남성

한때는 반팔 셔츠재킷에 같은 색 바지를 입는 일명 '사파리 정장'을 어디서나 볼 수 있었지만 요즘은 관공서를 제외하면 거의 사라졌다. 인도의 패션 회사들은 몸에 잘 맞고 우아하면서도 편안한 남성복을 만들고 있다. 파티에서 남성들은 인도식 쿠르타나 셔츠와 넥타이, 몸에 꼭 맞는 재킷과 팬츠, 또는 그냥 정장을 입는다. 요즘은 남성들도 여성 못지않게 패션에 신경을 쓰는 추세다. 쌀쌀한 델리의 겨울이나 에어컨을 켜는 장소라면 정장에 넥타이를 매는 것이 적절하다. 장마철 뭄바이에서는 그냥 셔츠에 넥타이만 하는 것이 훨씬 편안할 것이다. 클럽에서의 파티라면 센스 있는 남자들은 깨끗한 셔츠를 가져와 샤워를 한 뒤 갈아입고 말끔한 모습으로 나타난다.

파티 열기

파티로 유명한 한 외교관의 아내를 지켜보고 내가 느낀 것은 성공적인 파티는 노력과 상상력을 요한다는 것이다. 예를 들어 정전 때문에 다른 안주인이라면 쩔쩔 맸을 상황에서도 그녀는 촛불과 휘발유 램프만으로 정전 파티를 열었다. 물론 그런 성공에는 그녀의 따뜻하고 화통한 성품이 큰 몫을 했겠지만 아래의 기본적인 규칙을 따른 것도 중요했다.

- 단지 파티의 구색을 맞추기 위해 표본 추출하듯 다양한 인도인들과 관계를 구축하려는 실수를 범하지 않는다. 만나는 인도인들이 모두 친구가 될 수 있는 것은 아니다. 아는 사람에서 친구로의 이행은 즉각적으로 이루어질 수도 있지만 결코 이루어지지 않을 수도 있다. 우정의 개념을 신중하게 받아들이되, 일단 친밀함의 선을 넘으면 그때부터는 인도 친구들에게 무엇이건 요청해도 좋다. 그러한 과정의 시작은 모든 손님이 자신의 직업이나 지위 때문이 아니라 사람 자체 때문에 초대되었다고 느끼게 하는 것이다.

- 초대장을 보냈더라도 정말로 참석해 주기를 원하는 손님들에게는 전화로 직접 연락한다. 초대장은 최대한 빨리 보내고 전화는 파티에 가까워졌을 때 걸도록 한다. 모든 손님이 참석 여부를 통지해 주는 것은 아니며, 꼭 참석하겠다고 말한 사람이 전부 참석하는 것도 아니다. 또한 파티에 자기 손님을 데려오는 손님도 있다.

- 파티를 주최하는 인도인은 생면부지 남이 파티에 오더라도 환영하는 것을 당연하게 여긴다. 내가 전혀 모르는 사람이 주최하는 파티에 갔을 때, 친절한 인도 안주인은 이렇게 말했다. "남이라는 건 지금까지 만나지 못한 친구가 아니겠어요?" 마찬가지로 인도인들은 자신이 파티에 다른 손님을 데려가도 상대가 이처럼 침착과 평정심을 보일 거라고 기대한다. 손

님이 늦게 오거나 다른 사람을 데려오거나 아예 오지 않아도 따뜻하고 친절한 태도를 잃지 않아야 한다.

- 손님이 다른 사람을 데려가기 전에 당신에게 꼭 물어봐야 한다고 느꼈다면, 그것은 둘의 관계에 어느 정도 거리가 있음을 의미한다. 또한 손님이 늦게 나타났거나 예상치 못한 친지를 동반한 것 때문에 당신이 당황한 것처럼 보였다면 그 손님은 또다시 당신을 당황시키지 않기 위해 다음부터는 당신 파티에 오지 않을 것이다(물론 당신에게 그렇게 말하지는 않겠지만). 인도인들이 당신이 있는 자리에서 허물없는 태도를 보이는 것은 예의가 부족해서가 아니며 당신을 좋아한다는 표현이다.

- 손님들은 늘 늦는다. 가끔은 다른 파티에 갔다가 오기 때문인 경우도 있다. 델리에서 파티 시즌에는 저녁에 세 건의 파티에 들르는 사람도 있다. 그중에 마지막으로 들르는 파티가 당신의 파티라면 그것은 경의의 표시이며, 그러니 늦게 온 것을 기뻐해야 한다. 손님들이 언제 도착할지, 몇 명이나 올지를 예측하기 어렵기 때문에 테이블로 음식을 차려내는 방식은 적절하지 않다. 그런 파티는 외국인 친구들 사이에서나 가능하다. 뷔페식 파티라면 완벽한 절충안이 될 것이다. 그러면 손님마다의 메뉴 제약 문제도 해결할 수 있다.

상차림
- 음식

인도에 관한 최근의 인류학 연구에 따르면 총 4636개의 종교적·인종적 공동체 중에 20퍼센트만이 스스로 엄격한 채식주의자라고 생각하는 것으로 나타났다. 이는 여전히 많은 숫자이지만 인도라는 특수성을 고려할 때 의미심장한 수치다. 여하튼 그 20퍼센트를 위해 항상 별도의 채식주의 요리를 준비해야 한다. 엄격한 이슬람교도는 돼지고기를 먹지 않으며 다른 고기도 이슬람 계율에 따라 단칼에 도축된 것만 먹는다. 많은 인도인들이 고기를 먹지만 쇠고기는 먹지 않는다. 양고기, 닭고기, 생선은 채식주의자가 아닌 모든 인도인이 먹는 육류다. 뷔페 테이블의 음식들에는 손님이 먹을 수 있는 음식인지 아닌지를 판단하기 쉽도록 재료를 분명하게 표시해 두는 것이 좋다. 채식주의 요리에 돈을 너무 아끼지 말아야 한다. 채식주의 요리도 그저 구색 맞추기가 아닌, 다른 메뉴와 견주어 손색없는 특별한 것으로 준비한다.

좋은 음식은 좋은 파티에 절대적인 필수 요소다. 인도 손님들은 다른 나라의 특별한 음식을 맛보는 것을 좋아하며 그 편이 준비하기도 용이할 것이다. 당신의 요리사가 만드는 인도 요리가 훌륭한 가정식에 익숙한 인도인들의 기준에 부합하는지 판단할 수 없으므로, 당신이 잘 아는 음식을 고수하는 편이 좋다. 손님들이 좋아하는 음식을 발견하면 앞으로 초대를 할 때마다 항상 그 음식을 대접한다.

• 음주

앞서 언급한 인류학 연구는 또한 4636개 공동체의 절반 이상에서 음주를 하며 흡연은 훨씬 널리 퍼져있다는 것을 발견했다. 이를 역으로 생각하면, 인도에 존재하는 공동체의 거의 절반이 음주를 하지 않고 많은 사람이 흡연을 하지 않는다는 얘기가 된다. 이슬람교는 음주를 금하고 시크교는 음주와 흡연을 금하지만, 모든 교도가 이런 금기를 엄격하게 지키는 것은 아니다. 전통적인 인도 여성들은 종교에 상관없이 흡연과 음주를 하지 않지만 특정 계층에서는 남성 못지않게 음주와 흡연을 한다.

인도에서는 독주, 특히 수입 위스키(자기과시 욕구를 채우기 위해서는 가능하면 블랙라벨)가 인기다. 인도 위스키에는 IMFL(인도산 양주) 라벨이 붙어있으며 수입 양주와 지위가 동일하지 않다. 몇몇 인도 맥주 브랜드는 맛이 상당히 좋다. 맥주를 잘 아는 독일인인 우리 남편은 킹피셔와 블랙라벨을 추천한다. 인도산 와인은 품질이 개선되고 있으며 와인을 마시는 인도인도 늘어나고 있다.

대화

대화의 첫 수를 놓아야 하는 상황에서는 가족에 대한 이야기부터 시작하는 것이 좋다. 서로의 가족은 끝없는 이야깃거리를 제공한다. 그 다음에는 크리켓 얘기를 시작한다. 그러나 일단 상대를 어느 정도 알게 되면 어떤 화제건 상관없다.

인도인들은 정치와 종교에 관해 얘기하는 것을 좋아한다. 자신의 입장을 확실하게 표현하는 대화를 좋아하며, 외국인 손님에게서 언제나 예의바르고 진부한 의견만 듣고 싶어 하는 것은 아니다. 그러니 당신이 아는 분야에 관해서는 급진적인 의견을 기탄없이 표현해도 무방하다. 그렇지 않은 경우, 특히 인도에 관한 얘기를 할 때는 침묵을 지키는 편이 좋다. 인도인들은 인도와 인도의 문제점에 대해 어설픈 이론을 듣는 것을 좋아하지 않는다.

인도의 지역적 차이는 음식을 통해 뚜렷하게 나타난다. 어떤 음식을 먹는지 보면 그 사람에 대해 어느 정도 파악할 수 있다. 종교나 카스트의 제약은 사람들의 식단을 파고든다. 또한 날씨와 지리가 요리 재료에 영향을 미친다. 여러 요리법이 섞여 있는 음식들에서는 외세 침략의 역사를 엿볼 수 있다.

힌두교도들은 존재에 따라 먹는 것이 결정될 뿐 아니라 먹는 것이 존재를 결정한다고 믿는다. 카스트의 위계가 음식에도 3등급 시스템으로 나타난다. 가장 질 낮은 음식인 타마스 Tamas는 최하층 계급과 연관되어 있다. 타마스란 관성, 무거움, 어둠을 뜻한다. 타마스 음식에는 술과 부패한 고기(또한 훈제하거나 저장한 고기), 버섯과 곰팡이가 포함된다. 열정, 에너지, 원초적인 힘을 특징으로 하는 라자스 Rajas는 전사와 상인 계급과 관련이 있다. 붉은색 고기와 자극적인 향신료, 마늘과 양파 같은 강한 맛을 내는 것들이 여기 속한다. 사트빅 Sattvic은 순수함, 영혼, 가벼움을 뜻하며 브라만 카스트와 관련되어 있다. 우유와 요구르트, 견과류와 씨앗, 과일과 채소, 곡물이 사트빅 음식에 해당한다.

또한 음식은 체온을 올리거나 내리는 역할을 한다고 여겨진다. 망고는 체온을 올리는 음식이므로 망고를 많이 먹을 때는 체온을 내려주는 요구르트를 함께 먹도록 권장한다. 그렇지 않으면 땀띠가 날 수 있다. 감기에 걸렸을 때는 찬 성질의 쌀과 오이, 무를 피해야 한다. 인도인들은 더운 계절에 일사병을 방지하기 위해 맛있는 음료를 만들어 마신다. 망고를 통째로 굽거나 끓인 다음 그 과육을 으깬 박하 잎, 쿠민 씨앗, 암염, 고추, 설탕과 섞는다. 이것을 물로 희석해 햇볕이 뜨거운 날, 밖에 나갈 때 마신다. 인도에는 이런 식의 민간요법 음식이 많으며 인도인들은 이런 것을 진지하게 받아들인다.

향신료

카레는 인도가 아닌 영국의 개념이다. 상점에서도 카레 분말을 팔지 않을 뿐더러 그것이 무엇인지 아무도 모른다. 외국인들을 상대하는 음식점을 제외하면 카레를 판매하는 곳도 찾을 수 없다. 카레curry라는 말은 아마도 여러 향신료 가루를 혼합해 만든 남인도의 카리 포디kari podi나 요구르트에 병아리콩 가루를 넣어 걸쭉하게 만든 소스인 카리karhi에서 나온 것으로 보인다. 그런데 어찌된 일인지 이 카레라는 말이 인도에서 유래된 매콤한 소스로 요리한 거의 모든 육류 및 채소 요리를 일컫는 포괄적인 용어가 되었다.

사실 외국인들이 카레라고 통칭하는 요리는 조리 방식과 유

동네 시장에서 다양한 향신료와 허브를 판매하는 여인

래된 지역에 따라 저마다 구체적인 이름을 가지고 있다. 바르타bhartha는 일종의 채소 퓌레이고 쿠투kuttu는 타밀나두 지역의 채소를 혼합한 음식이다. 슈크타shukta는 벵골 지역의 쌉쌀한 야채 스튜이고 코르마korma는 육류나 채소를 이용해 되직하게 끓인 북부 지역 요리다. 빈달루vindaloo는 보통 돼지고기나 새우를 으깬 고추와 마늘, 쿠민으로 만든 양념에 넣어 요리한 것으로 고아 지역에서 유래했다.

'카레 분말'에 해당하는 것은 마살라masala라고 하는 혼합 향신료이다. 대부분의 인도 요리사는 준비한 육류나 채소에 어울리는 조합으로 향신료를 즉석에서 혼합해 사용할 줄 알지만, 몇몇 인기 있는 조합은 기성품으로 판매되기도 한다. 차트 마살라chaat masala, 삼바 마살라sambhar masala, 가람 마살라garam masala 등이 있으며 이런 제품에는 보통 5~12종의 향신료 가루가 들어있다.

유능한 요리사는 22종 가량의 향신료와 허브를 항상 준비해 둔다. 가장 인기 있는 향신료는 지라jeera(쿠민 씨앗), 할디haldi(강황), 다니아dhania(고수 잎과 씨앗), 라웅laung(정향), 카다몬cardamom(소두구), 라이rai(흑겨자 씨앗), 힝hing(아위 가루), 붉은 건고추 등이다.

음식의 종류

인도 요리의 진수는 근사한 레스토랑이 아닌 평범한 인도 가정에서 즐길 수 있다. 레스토랑에서만 인도 요리를 맛본 사람들은 음식이 너무 맵거나 자극적이거나 진하거나 '모두 똑같은 맛'이라는 인상을 갖기 쉽다.

인도 가정에서 조리되는 섬세하고 소박한 지역 요리는 레스토랑의 어떤 메뉴에서도 찾을 수 없다. 내가 태어난 케랄라의 음식을 전문으로 취급하는 레스토랑은 극소수에 불과하다. 어린 시절 할머니가 만들어주시던 코코넛과 향신료를 으깬 양념에 민물고기를 통째로 넣어 조리한 요리나 그린파파야 요리, 또는 잭푸르트 씨앗을 이용해 만든 요리를 레스토랑 메뉴판에서는 한 번도 본 적이 없다.

구자라트와 라자스탄 농부들의 주식인 두툼하고 푸르스름한 잡곡 빵은 그 지역 음식점에 등장하는 음식이 아니다. 내가 그 빵을 맛본 것은 자이살메르의 한 작은 음식점 주방에서 주방장 아이들이 메뉴판에 없는 이 빵에 집에서 만든 달콤한 버터를 발라 먹는 것을 발견했을 때였다.

인도 요리의 진수를 알기 위한 열쇠는 인도인을 아는 것이다. 음식점은 가장 기본적인 음식만을 제공한다. 음식점 요리를 어느 정도 맛보고 나면 이제 다른 음식을 시도할 준비가 된 것이다. 모험적인 미각과 약간의 진취성이 있다면, 인도 요리가 인도라는 나라만큼이나 풍부하고 다양하다는 것을 발견할 수 있을 것이다.

북부 지역 특산물

• 빵

빵과 밥의 구분은 인도 북부와 남부 음식을 가르는 기준이 된다. 북부에서도 밥이 중요한 주식이긴 하지만 가장 기본적인 주식은 로티roti라고 하는 무발효 빵이다. 인도 북부에서는 밀이나 옥수수, 귀리 또는 이 재료들을 섞어서 만든 반죽을 팬에서 굽거나 튀겨서 빵을 만든다.

차파티^{chapathi}의 경우 가장 단순한 재료인 밀가루와 물만을 이용해 만든다. 숙련된 요리사가 밀대로 밀어 동글납작하게 만든 차파티 반죽을 뜨겁게 달군 번철 위에 올리면 금세 부풀어 오르며 구워진다. 갓 빻은 밀가루로 만들어 약간의 버터와 함께 뜨끈뜨끈할 때 차려낸 차파티는 들어간 재료의 총합을 훨씬 능가하는 훌륭한 음식이다.

기본 재료는 동일하지만 만드는 방식이 다른 빵들도 있다. 루말리 로티^{roomali roti}는 흰 밀가루를 손수건처럼 얇게 밀어서 만들고, 파라타^{paratha}는 기^{ghee}라고 하는 버터로 요리하고, 푸리^{puri}는 기름에 튀기고, 풀카^{phulka}는 풍선처럼 부풀린다. 아니면 재료는 다른데 형태가 동일한 빵들도 있다. 마키 키 로티^{makki ki roti}는 옥수수로 만들고, 바즈레 키 로티^{bajre ki roti}는 귀리로 만들고, 물리 케 파라타^{mooli ke paratha}는 무를 채워 넣는다.

• 몸을 따뜻하게 하는 음식

겨울 추위는 몸을 따뜻하게 하는 음식으로 이긴다. 메티^{methi}(호로파)라고 하는 녹색 채소를 감자와 함께 요리하거나 파라타의 속 재료로 쓴다. 호로파는 강력한 최음제이기도 하므로 조심해야 한다. 기 버터와 통밀, 우라드 달^{urad dhal}이라고 하는 검은 콩 역시 체온을 올려 준다고 한다. 겨울철 특선 요리로는 밥과 콩을 섞어 죽처럼 조리한 키츠리^{khichri}가 있다. 가자르 키 할와^{gajjar ki halwa}는 북부에서 나는 붉은 당근에 기 버터와 진한 우유, 설탕, 건포도, 견과류를 듬뿍 넣어 요리한 겨울 디저트다.

• 육류 요리

히마찰프라데시나 카슈미르 같은 추운 북부 지역에서는 브라만 카스트를 포함한 힌두교도들도 소고기를 제외한 모든 육류를 먹는다. 카슈미르의 마하라자 왕은 힌두교도였으나 왕국의 두 주요 종교인 이슬람교와 힌두교를 모두 존중해 돼지고기와 소고기를 모두 금했다. 그래서 이곳에서는 이슬람교도들도 소고기를 먹지 않는다. 양고기는 아주 인기가 좋아 조리법도 다양하다. 로잔 도 피아자rojan do piaza는 양파와 함께 요리한 양고기 요리이고, 샤히 코르마shahi korma는 아몬드와 요구르트가 들어가 영양이 풍부한 요리다.

• 무굴 요리

무굴 제국의 영향을 받은 북인도 요리는 황실에서 개발되고 발전된 요리인 만큼 전통적으로 진하고 영양이 풍부하다. 크림과 요구르트, 견과류, 건포도, 사프란 등을 이용해 '아홉 개의 보석'을 뜻하는 나브라탄 코르마navaratan korma와 황금색 비리야니biryani 같은, 추운 날씨에 적합한 영양식을 만든다.

• 탄두르 요리

서쪽에서 침략자들이 산을 넘어 현재의 파키스탄에 해당하는 지역에 들어왔을 때 그들은 '탄두르tandoor'라고 하는 전통적인 화덕에서 구워낸 감칠맛이 돌고 풍미 있는 요리도 함께 가져왔다. 탄두르 식단에는 밥 대신 화덕에서 구운 빵과 많은 육류가 포함된다. 육류는 요구르트와 향신료에 재워두었다가 장작불을 땐 탄두르에서 굽는다. 탄두리 치킨과 양다리, 다양한 케밥과 티카tikka(고기 꼬치)가 인기다.

난naan과 로티는 다른 종류의 빵이다. 난은 흰 밀가루로 만들어 이스트로 부풀리는 반면, 로티는 통밀가루로 만들고 발효시키지 않는다. 두 종류의 빵 모두 오른손으로 찢어서 육류 요리의 풍미를 한결 돋우는 맛있는 소스에 적셔 먹는다.

대부분의 탄두리 주방은 개방되어 있어 식사 준비 과정을 볼 수 있다. 육류의 경우, 재운 고기를 그냥 꼬치에 끼워 화덕에 넣으면 그만이기 때문에 볼 것이 별로 없지만 다양한 빵을 만드는 과정을 지켜보는 것은 무척 흥미롭다. 조리사가 반죽을 동그랗게 빚어 젖은 행주를 이용해 흙으로 만든 화덕 안 측벽에 던지면 반죽이 익을 때까지 착 달라붙어 있다. 빵이 다

북인도 대표 음식

- 차파티(chapathi): 번철에 구운 무발효 통밀 빵
- 파라타(paratha): 기 버터를 넣어 번철에 구운 무발효 통밀 빵
- 로티(roti): 화덕에 구운 무발효 통밀 빵
- 난(naan): 화덕에 구운 발효 밀가루 빵
- 비리아니(biryani): 양념, 육류와 함께 조리한 쌀 요리
- 달(dhal): 다양한 콩 스튜 요리를 통칭하는 용어
- 티카(tikka): 양념에 재워 꼬치를 끼운 육류를 탄두르에서 구운 요리
- 라이타(raita): 채소, 향신료를 배합한 요구르트
- 차트(chaat): 과일, 채소, 감자를 향신료와 매운 소스와 섞어 따뜻하게 또는 차게 먹는 음식
- 사모사(samosa): 육류나 채소를 얇은 밀가루 피에 싸서 튀긴 만두와 비슷한 요리
- 쿨피(kulfi): 인도 아이스크림
- 할바(halva): 밀과 과일, 당근을 기 버터로 조리해서 만든 과자
- 버르피(burfi): 유고형분으로 만든 과자
- 차이(chai): 우유와 설탕, 때로는 향신료와 함께 끓인 차

인도 극동부 잠무카슈미르 주의 아름다운 산악 지역 라다크는 답답한 도시 생활을 잠시 벗어나려는 방문객들에게 트레킹 기회를 제공한다. 모험관광은 이 주의 경제에서 중요한 역할을 하고 있다.

바라나시에서 매일 해질녘에
펼쳐지는 불의 제식 장면.

크리켓은 이론의 여지없이 인도에서 가장 인기 있는 스포츠다. 뭄바이 거리에서 젊은이들이 모여 크리켓을 즐기고 있다.

인도에서 인기 있는 길거리 음식, 벨푸리.

대중적인 음료, 라씨. 1회용 테라코타 컵에 담아서 판다.

델리의 야채 골목에서 만난 상인. 인도에는 골목마다 품목을 특화한 전문 시장들이 많다.

© paul prescott

도사이에 다양한 속을 채운 간식을 만들어 파는 길거리 음식점.

© reddees

햇빛에 사리를 널어 말리고 있는 여성들. 인도에서는 여성들이 사리를 입은 채 목욕을 하고 젖은 사리를 널어 말리는 모습을 종종 볼 수 있다.

© Harjeet Singh Narang

익어 오븐에서 떨어지기 직전에 조리사가 빵을 떼어낸다.

•음료

북부에서는 차가 가장 인기 있는 음료다. 차이^{chai}는 우유와 설탕을 넣어 찻잎을 끓인 것인데 영국식 차와는 사뭇 다르다. 가끔은 인도의 독특한 풍미를 더하기 위해 정향과 소두구 같은 향신료를 넣기도 한다. 이 음료는 하루 중 어느 때건 기회가 될 때마다 마시고, 식사를 마무리하는 음료로도 적절하다.

남부 지역 특산물

•쌀

남부 지역에서는 밥이 빠진 식사를 상상할 수 없다. 예전에 남인도 음악가들과 이탈리아 여행을 했을 때, 나는 식사 때마다 밥이 없다고 투덜대는 소리를 들어야 했다. 파스타, 감자, 피자, 그 어떤 것도 그들을 만족시키지 못했다. 리조토는 씹는 맛이 있도록 설익히는 음식이어서 다소 찰기가 있고 부드러운 밥을 좋아하는 그들 입맛에 맞지 않았다. 집으로 돌아가는 날, 그들은 이제는 아침도 밥, 점심도 밥, 저녁도 밥으로 먹을 수 있게 된 것에 안도했다.

인도에는 다양한 품종의 쌀이 있으며 지역마다 좋아하는 품종이 다르다. 어떤 품종은 어떤 조리법에는 맞지만 다른 조리법에는 맞지 않는다. 케랄라에는 보라색 품종의 쌀이 있는데, 주로 가루로 빻아 원통형으로 쪄서 푸투^{puttu}라고 하는 아침식사용 떡을 만든다. 쌀가루에 우유와 설탕, 작은 바나나를 섞어 치댄 뒤 갓 빻은 흰색 코코넛과 교대로 켜켜이 쌓아 만든 보라색 떡이 어린 시절 내 아침식사였다.

훌륭한 조리사는 모양과 느낌, 냄새에 따라 쌀을 선택한다. 쌀가게에서 많게는 30종까지 취급한다. 넬로르 같은 남동부 지역에서는 길이가 짧고 찰기가 많은 쌀이 인기 있다. 북쪽 사람들은 밥을 했을 때 고슬고슬하게 밥알이 따로 노는 길쭉한 품종을 좋아한다. 살짝 데친 상태의 쌀을 힌디어로 셀라 차왈 sela chawal 이라고 부른다. 이때 도정된 쌀이 아닌 탈곡하지 않은 벼 상태 그대로 데쳐 겉껍질의 영양분이 곡물에 배어들게 한다. 그러나 인도인들은 카차 차왈 kacha chawal 이라고 부르는 생쌀을 더 선호하며, 이것이 가격이 더 비싸고 조리했을 때 풍미가 더 좋다.

파트나 지역에서 난 것이든 데라둔 지역의 것이든, 바스마티 basmati 쌀은 특히 매력적이다. 바스마티는 조리 과정에서 특유의 맛있고 고소한 향이 나는 품종으로 값도 가장 비싸다. 다른 길쭉한 쌀 품종들은 일상적으로 먹기에 적합하다. 물에 불린 뒤 갈아서 전통적인 남인도식 전병인 도사이 dosai 를 만들기에 적당한 품종들도 있다.

남인도에서는 여러 형태의 쌀을 생산한다. 쌀과 렌틸콩을 함께 불린 뒤 갈아서 두꺼운 반죽으로 만든 다음 살짝 발효시키면 많은 요리의 기본 재료가 된다. 이 반죽을 번철에서 지져내면 도사이가 된다('도사 dosa'라고도 부른다). 도사이로 감자와 양파를 섞어 만든 매콤한 소를 감싸면 마살라 도사이가 된다. 도사이를 아주 얇게 펴서 바삭하게 구운 것은 페이퍼 도사이라고 부른다.

똑같은 반죽을 찜통에서 둥그렇게 찌면 이들리 idli 가 된다. 반죽을 도넛 모양으로 빚어서 튀기면 바다이 vadai 가 된다. 바다이를 요구르트와 향신료 혼합물에 적신 것은 타이르 바다이

^{tayir vadai}다. 북부에 다양한 로티가 있는 것처럼 남부에는 다양한 도사이와 바다이, 이들리가 있다. 예를 들어 라바 도사이와 라바 이들리는 밀로 만든다. 최근에는 남인도 음식점에서 이국적인 속 재료를 채운 다양한 조합의 도사이를 제공하는 것이 유행이다. 이것을 속칭 '디자이너 도사이'라고 부른다.

• 탈리

탈리는 테두리를 두른 금속 원형 쟁반이다. 주로 스테인리스로 만들지만 때로는 놋쇠나 은, 금으로 만든 것까지 있다. 쟁반 위에는 카토리^{katori}라고 하는 일정한 크기의 종지를 배치

남인도 대표 음식

- 도사이(dosai): 쌀과 우라드 달을 물에 불렸다가 갈아서 살짝 발효시킨 반죽으로 만든 얇은 팬케이크
- 마살라 도사이(masala dosai): 아주 얇게 튀겨 감자와 양파 혼합물을 감싼 도사이
- 우타팜(oothapam): 같은 반죽으로 두껍게 구워낸 팬케이크
- 이들리(idli): 같은 반죽을 작고 둥글게 쪄낸 떡
- 삼바르(sambhar): 상기한 모든 빵과 함께 제공되는 달과 채소 스튜
- 처트니(chutney): 으깬 코코넛과 칠리, 허브, 향신료로 만든 강한 맛이 많은 나는 곁들임 음식을 총칭
- 퐁갈(pongal): 쌀과 달을 함께 조리한 음식. 달콤한 맛일 수도, 짭짤한 맛일 수도 있다.
- 우푸마(uppuma): 영어로 '크림 오브 휘트'라고 하는 밀을 갈아서 만든 시리얼에 깍둑썰기 한 채소와 향신료를 넣어 만든 짭짤한 음식
- 파야삼(payasam): 얇은 쌀국수와 건포도, 캐슈, 향신료로 만든 크림처럼 부드러운 디저트
- 커피: 남인도에서는 '카피'라고 발음하며, 우유와 설탕을 넣어서 제공한다.

탈리(스테인리스 쟁반)가 아닌 바나나 잎에 음식을 담아내기도 한다.

한다. 탈리 정식은 모든 음식이 한 그릇 위에 한꺼번에 차려지
는데, 가운데에는 밥이나 빵을 놓고 카토리에 갖가지 형형색
색 반찬들을 채운다. 모든 정식에는 샤트 라사스shat rasa라고 하
는 6가지 필수 요소(단맛, 신맛, 짠맛, 매운맛, 떫은맛, 쓴맛)가 들어
간다.

　음식점에서 파는 탈리 정식에는 인도인들이 가끔 전채로 먹
는 달콤한 음식이 한 종류 포함된다. 다른 카토리에는 요구르
트, 국물 없이 조리한 채소, 국물이 있는 채소, 파차디pachadi라
고 하는 생야채 샐러드, 그리고 삼바르라고 하는 걸쭉한 렌틸
콩 스튜나 라삼이라고 하는 묽은 렌틸콩 수프 같은 달 요리가
담겨져 나온다.

　남인도에서는 간혹 모든 음식을 향긋한 바나나 잎에 담아내
기도 한다. 가운데에 밥을 담고 주변에 반찬들을 빙 둘러 담는
형식이다. 손으로 먹기 때문에 식사 후에 설거지도 필요 없고,
소들이 자연의 접시를 재활용하기 때문에 쓰레기도 없다. 음

식점에서 탈리 또는 바나나 잎에 담겨 나오는 식사는 대체로 무제한 제공된다. 인도에서는 식사를 끝마치면 트림을 하는 것이 예의인데, 이런 음식점에서는 국자를 든 종업원들이 대기하고 있다가 손님이 미처 트림할 겨를도 없이 신속하게 빈 카토리를 채우고 밥을 다시 산더미처럼 담아준다.

매운맛 극복하기

인도에서 누군가 음식이 '핫 hot'하냐고 묻는다면, 그것은 온도를 말하는 것이 아니다. 인도 음식은 각종 향신료로 조리하지만 가끔은 빨갛고 매운 고추가 압도적인 것처럼 느껴진다. 인도에 처음 온 사람들은 특히 그럴 것이다. 혀가 타들어가는 것 같고 눈에 눈물이 고이고 땀이 뻘뻘 나기 일쑤다. 그러니 'hot'하다고 할밖에!

굳이 센 척할 필요는 없다. 매운 것을 맵다고 인정하는 것은 부끄러운 일이 아니다. 고추만 피하면 그렇게 땀이 나지 않을 것이다. 나머지 음식은 얼마든지 맛볼 수 있지 않은가!

물이나 맥주, 와인 또는 탄산음료로 불을 꺼보려 해도 소용 없다. 오히려 타는 듯한 느낌만 더할 것이다. 이럴 때는 요구르트를 먹으면 혀가 진정되고 열기가 가라앉는다. 바나나 맨 밥, 강판에 간 코코넛도 효과가 있다. 인도 체류 기간이 끝날 때쯤이면, 이런 조언이 더 이상 필요 없다는 것에 스스로 놀라게 될 것이다.

인도 식사의 구성

인도 친구의 집에 초대를 받아 가면 많게는 20여 가지 요리가 특별히 준비되어 있을 것이다. 마지막에 따로 내오는 달콤한 디저트와 '판'을 제외하면 모든 음식이 한꺼번에 차려진다. 물론 이처럼 화려한 만찬은 특별한 경우를 위한 것이지만 훨씬 소박한 식사도 기본 구성은 비슷하다.

식사의 핵심은 주식인 밥이나 빵이며, 둘 다 차리는 것을 선호한다. 잔치 집에서는 차파티와 푸리, 그냥 밥과 코코넛 밥, 비리야니를 모두 차리기도 한다. 간단한 식사에는 밥이나 빵 한 종류, 또는 밥과 빵 한 종류씩을 차릴 것이다. 이를 기본으로 식사가 구성된다.

달dhal은 그 다음으로 중요한 요소다. 달은 건조한 콩이나 완두콩, 렌틸콩으로 만든 걸쭉한 스튜를 말한다. 달의 종류는 한없이 다양하고, 달을 만드는 방식도 인도의 가구 수만큼이나 많다고 한다. 달은 영양이 풍부하고, 통곡물이나 다른 단백질과 함께 섭취하면 고기 못지않은 양질의 완전 단백질 식품이라 채식주의자들에게 무척 중요하다. 달과 밥, 또는 달과 무발효 밀 빵은 가난한 인도인들의 아침이요 점심이요 저녁이다.

그 다음으로 중요한 것은 다양한 채소 요리다. 청과물 시장은 수북이 쌓인 각종 채소들로 넘쳐난다. 인도에서만 볼 수 있는 것도 많다. 파충류처럼 울퉁불퉁한 여주, '북채drumstick'라고도 불리는 모링가나무, 호로파 잎, 뱀오이 같은 특이한 채소도 찾을 수 있다. 제대로 된 식사에는 적어도 두 종류 이상의 채소 요리가 준비되는데 한 가지는 국물이 있게, 한 가지는 국물이 없게 조리한다. 채소는 계절에 따라 선택하며, 예를 들어 겨울에는 사르손(겨자채)과 무가 좋다.

고기를 먹는 사람에게는 육류도 똑같이 중요하다. 종교, 카스트, 사회적 지위에 따라 고기의 비중이 결정된다. 종교적인 이유에서든 금전적인 이유에서든, 인도에서는 고기를 매일 먹지는 않는다. 요구르트 역시 제대로 된 인도 식사에서 필수 요소다. 식사 마지막에 입안을 시원하고 상쾌하게 헹구도록 플레인 요구르트를 내오거나, 아예 식사와 함께 플레인 요구르트나 가향 요구르트, 또는 생야채와 혼합한 요구르트를 차리기도 한다. 야채 요구르트 샐러드는 라리타rarita라고 한다.

마지막으로 처트니나 피클이 있어야 비로소 식사가 완성된다. 처트니와 피클은 매운 맛도 있고 살짝 달착지근한 맛도 있는데, 식욕을 돋우고 미각을 간질이는 역할을 한다. 어떤 요리에는 피클과 처트니가 필수다. 쌀과 요구르트, 향신료로 만든 남인도 음식 타이르 사담tayir sadam을 먹을 때는 레몬 피클이 꼭 있어야 하고, 속을 채워 튀긴 삼각형 패스트리 사모사samosa는 꼭 신선한 민트 처트니를 찍어 먹어야 한다.

판

인도인들은 달콤한 사탕과자류를 좋아하고 자주 먹지만 전통적인 식사의 마무리는 사탕과자류가 아닌 판pann으로 한다. 빈랑나무 잎으로 소스와 향신료를 감싼 이 작은 초록색 꾸러미를 천천히 씹으면 입 안 가득 향취가 퍼지고 소화를 돕는다.

많은 종류의 판이 있는데, 어떤 것은 중독성이 있고 제법 독하지만 가끔씩 먹는 판은 전혀 해롭지 않다. 판을 씹으면 입술이 붉게 물든다. 미타이mithai라고 하는 맛있고 삼켜도 안전한 달콤한 판을 제외하면, 다 씹은 판은 삼키지 않고 뱉는다.

식사 마지막에 판 대신 쟁반에 담긴 향신료와 얼음사탕이

나오기도 하는데, 입안을 상쾌하게 하고 달콤한 맛을 남긴다. 또한 손프^{saunf}라고 하는 감초 향이 나는 회향 씨앗을 볶아 때로는 설탕을 입히거나 멜론 씨앗과 함께 제공하는데, 이것은 거의 흡연자들의 식후 담배 같은 역할을 한다.

사탕과자류

인도의 사탕과자류는 가히 예술의 경지이다. 요리를 잘하는 사람들도 유명한 과자점에서 푸딩이나 퍼지, 사탕을 구입한다. 많은 사탕이 우유를 걸쭉하게 끓여 거르는 방식으로 만들어지고, 견과류와 과일을 넣어 두툼하게 만드는 퍼지도 있다. 고급 제품은 은박지나 금박지로 감싼다.

많은 사탕과자류가 외국인의 입에는 너무 달고 부담스러울 수 있지만 산데시^{sandesh}라고 하는 벵골 지역 사탕과 라스말라이^{ras malai} 같은 것은 아마 입에 맞을 것이다. 주로 가정식으로 만들어 먹는, 쌀과 버미첼리 국수로 만든 파야삼^{payasam}과 키르^{kheer}라는 푸딩은 중독성이 있어 단맛을 좋아하는 사람이라면 시험 삼아 먹어봐도 좋을 것이다. 또한 쿨피^{kulfi}라고 하는 북인도에서 먹는 인도식 아이스크림과 마이소르팍^{mysore pak}이라는 남인도에서 먹는 퍼지도 맛볼 것을 권한다. 이 병아리콩으로 만든 퍼지는 자꾸만 손이 가는 맛이다. 콜카타 지역에서는 라스골라^{rasgolla}와 산데시 같은 우유로 만든 사탕과자가 유명한데, 고향을 떠난 콜카타 사람들이 공수해서 먹을 정도다.

레스토랑 음식

남인도 음식점 메뉴에 있는 도사이와 이들리를 비롯한 간식과 요깃거리는 전통적으로 코코넛 처트니와 삼바르라는 렌틸 콩 수프를 곁들여 제공한다. 이런 음식은 아침이나 간단한 점심 또는 티타임 간식으로 여겨지며 대체로 온종일 판매된다.

주요 메뉴는 든든한 식사에 달콤한 디저트와 가끔은 판까지 포함된 탈리 정식이다. 탈리 정식은 점심과 저녁에만 판매한다. 탄두리 음식은 저녁에 먹기에 적합하다. 탄두리 레스토랑에서 맛있는 식사를 하는 가장 좋은 방법은 여럿이 함께 가서 몇 종류의 빵과 고기, 전통적인 검정녹두 수프, 채소 요리 한두 가지와 라리타를 주문해 함께 나눠 먹는 것이다. 빵은 필요할 때마다 그때그때 주문하면 오븐에서 갓 구운 빵을 따끈하게 즐길 수 있다.

길거리 음식

인도에서는 노점 음식이 불티나게 팔린다. 나는 항상 그러지 않겠다고 다짐하면서도 매번 노점 음식의 유혹에 넘어가고 만다. 나로서는 갓 짜낸 사탕수수 주스의 유혹에 도저히 저항할 수 없다. 주스 기계는 대부분 수동식이다. 주문을 하면 한 사람이 자주색과 초록색이 섞인 사탕수수 줄기를 기계에 밀어 넣고, 다른 사람이 손잡이를 돌려 압착기를 작동시킨다. 원하는 경우 중간 중간 레몬과 생강을 함께 압착하기도 한다. 주스가 뿜어져 나오면 걸러서 얼음 위에 붓는다(사실 이 얼음은 비위생적이어서 피해야 마땅하지만 나는 눈을 질끈 감고 못 본 척한다). 이렇게 해서 나오는 음료가 넥타nectar다. 유리잔을 뿌연 물이 담긴 양동이에서 헹구는 것도 나는 못 본 척한다. 다행히도 지금까지 내가 이런 유혹에 넘어가서 탈이 난 적은 한 번도 없지만,

사실 건강에 대한 이런 안이한 태도는 권장할 만하지 않다.

벨푸리

뭄바이 사람들은 벨푸리bhelpuri 없이는 못 살 만큼 그 맛에 중독되어 있다. 벨푸리는 렌틸콩 가루로 만든 가늘고 바삭바삭한 국수, 쌀 튀밥, 밀 크래커에 깍둑썰기 한 감자와 다진 양파, 고수를 취향대로 섞어 매콤하고 새콤달콤한 처트니로 매력적인 맛을 내는 음식이다.

다양한 조합의 벨푸리를 만들고 먹는 데는 기술과 섬세함, 용기가 필요하다. 벨푸리 상인들은 마치 마법사처럼 각종 재료들 사이에 앉아 푸리puri라고 하는 달걀 크기로 부푼 황금색 빵과 쌀 튀밥, 세브sev라고 하는 가느다란 황금색 국수, 매운 소스로 조리한 완두콩, 삶은 감자, 요구르트에 적신 부드럽고 촉촉한 만두 다히바다스dahi vadas와 붉은색, 초록색, 갈색 처트니로 마법을 부릴 준비를 한다. 그는 맨 손으로 이 재료들을 섞어 특유의 화끈한 즐거움을 만들어낸다. 어느 안전한 가정식 조리법도 따라잡지 못하는 묘한 맛의 비법은 어쩌면 그가 흘린 땀인지도 모른다.

파니푸리

파니푸리pani puri는 전문가의 도움을 받아서 먹는 것이 상책이다. 파니푸리 상인이 바삭하게 부풀어 오른 푸리에 구멍을 뚫어 녹두로 만든 뭉달moong dhal을 채운 뒤 재빠르게 향신료 소스를 넣어 손님에게 건네면, 손님은 지체 없이 그것을 한입에 쏙 넣어야 한다. 그렇지 않으면 푸리에서 맛있는 소스가 튀거나 흘러서 셔츠나 사리를 버리기 십상이다.

푸리에 맛있는 속을 채운 간식, 파니푸리

일단 푸리가 입에 들어가면 이제 사레들리지 않게 씹어 삼키는 것이 문제다. 모든 체면을 버리고 얼굴 근육을 잔뜩 일그러뜨려야 가능한 일이다. 파니푸리 애호가에게는 그런 굴욕쯤은 얼마든지 감수할 가치가 있을 것이다.

차트

뉴델리에서는 부자와 가난한 사람이 나란히 서서 차트 장수(chaat wallah)가 매콤하고 달콤한 재료들을 조합해 바나나 잎에 담아준 차트를 먹는다. 찬 차트는 향신료를 넣어 혼합한 과일과 채소 샐러드인데, 노점마다 저마다의 비법으로 조합해 손님들을 중독시킨다. 더운 차트는 번철에서 지진 감자에 향신료를 섞고 신선한 녹색 박하나 고수를 듬뿍 얹은 음식이다.

7

인도의 문화예술

인도는 "난 내가 뭘 하고 싶은지 정확히 알아"라고 말할 만한 장소가 아니다. 항상 무언가가 그런 결의를 방해하고 조롱한다. 나는 가벼운 몸으로 여행했지만 영국에서 가져간 가장 큰 짐인 나의 정신을 여전히 짊어지고 다닐수밖에 없었다. 그리고 때로는 경외심으로, 때로는 경악으로, 그것이 산산조각나는 것을 보았다.

– 브라이언 톰슨, 《멋진 세계 기차 여행》

축제

바로 마세 테로 파르반Baro mase tero parban은 '열두 달에 열세 번의 축제'를 뜻한다. 그런데 인도에서 이 정도면 약과다. 인도의 지역적 · 종교적 다양성을 감안하면 축제를 벌일 온갖 종류의 구실이 있다는 것은 어쩌면 당연하다.

축제 때문에 유명한 곳들도 있다. 라자스탄의 푸쉬카르라는 조용한 마을은 사막 부족과 낙타를 탄 대상들이 교역을 하러 오는 11월과 12월 사이 보름달이 뜰 무렵이면 그야말로 순례자와 소떼에 파묻힌다. 카르나타카 지방의 티루바이야루는 위대한 작곡가 티야가라자Thyagaraja의 마지막 안식처로 기억되는 지도 위의 한 점에 불과하지만 그의 생일을 기리는 축제가 가까워지면 여기에 참가하려는 음악가와 음악 애호가들이 넘쳐난다. 인도의 여러 지역에서 기념하지만 특정 지역에서 유독 열정적으로 펼쳐지는 축제도 있다. 예를 들어 공화국 기념일은 델리에서 봐야 제대로다. '비팅 더 리트리트Beating the Retreat' 기념식 중에 석양이 질 때 붉은 사암 앞에 낙타를 탄 군인들의 모습은 그야말로 영혼을 뒤흔드는 장관이다.

인도 어디에서나 중요성이 똑같다고 말할 수 있는 축제는 없다. 힌두교의 빛의 축제인 디왈리Diwali(등명제)는 북부 지역에서 인기가 대단하지만 남부에서는 별다른 동요 없이 치러진다. 힌두교도가 기념하는 축제를 이슬람교도는 기념하지 않을 수 있으며 그 반대의 경우도 있다. 같은 날 기념하는 축제도 지역마다 그 의미가 다를 수 있다. 북인도의 람릴라^{Ram Lila}는 라마가 라바나에게 승리한 것을 기념하는 반면, 남부에서 그날은 두셰라^{Dusshera}라고 불리며 차문데쉬와리 여신이 악마 마히샤수라에게 승리한 것을 기념한다.

힌두력은 양력과는 다르며 인도인들은 두 달력 사이를 오간다. 일상적인 직장, 학교와 관련해서는 양력을 이용하지만 축제, 행사와 관련해서는 힌두력으로 넘어간다. 예를 들어 힌두력에 따라 계산한 생일은 양력을 기준으로 하면 매년 날짜가 바

뀐다. 힌두력의 경우, 1년은 지구가 태양의 궤도를 한 바퀴 도는 데 걸리는 시간이고 1개월은 달이 지구 궤도를 한 바퀴 도는 데 걸리는 시간으로 여겨 해의 주기와 달의 주기의 조화를 시도한다. 이때 다소 복잡한 계산이 필요하다. 대부분의 종교 축일은 이 달력에 따라 정해지고 이전 해가 끝날 때까지 정해지지 않으므로 여행 또는 은행 업무를 보기 위해 날짜를 확인할 필요가 있다.

1월

인도는 한 해의 시작으로 여기는 날이 다양하기 때문에 신년 전야가 특별히 주목받지 못한다. 힌두교의 신년은 사실상 4월에 기념하고, 파르시교도의 신년은 3월이며, 디왈리의 첫

날은 10월이다. 그러나 타밀나두 지역에서는 1월 14일과 15일에 추수가 끝났음을 알리는 퐁갈Pongal 신년 축제가 열린다.

새해 첫날에는 집에서 악령을 몰아내 장작불에 태우고, 대청소를 하고, 집에 회반죽을 바르고 페인트칠을 하고 초가지붕을 고친다. 다음날 가족들은 새 옷을 입고 새로 추수한 쌀과 원당, 녹두, 캐슈너트, 건포도를 새 그릇에 담아 특별한 요리를 만들어 먹는다. 모두들 자주색 사탕수수 대를 집에 가져와서 껍질을 벗겨 씹다가 단맛이 빠지면 뱉는다. 셋째 날은 소를 위한 날이다. 암소와 수소를 깨끗이 씻겨 쿰쿰과 강황을 바르고 예쁘게 단장한 뒤 배불리 먹이고 심지어 사원에도 데려간다.

1월 26일은 공화국 기념일이다. 이 날을 모든 주도에서 기념하지만 가장 화려한 볼거리는 역시 뉴델리에서 열리는 행사다. 이른 아침에 퍼레이드를 관람할 수 있도록 라즈파트Raj path('왕의 길'이라는 뜻으로 대통령궁 앞에 있는 대로를 말한다.=역주)에 특별히 설치한 벤치의 좌석표도 판매한다. 1월의 델리는 춥고 숄과 스웨터에서 좀약 냄새가 폴폴 풍기지만, 눈을 돌릴 수 없을 만큼 화려한 행사가 펼쳐진다. 행사 마지막에는 헬리콥터에서 뿌리는 꽃잎 세례를 맞으며 공중분열식까지 구경할 수 있다. 퍼레이드 중에 음식물 반입은 철저히 금지되는데, 음식물 때문에 새들이 모여들어 정확한 대열을 이루며 저공비행하는 비행기들에게 위험이 되지 않도록 하는 것이다.

2~3월

힌두력에 따르면 이때가 봄(바산트, vasant)이 도래하는 시기이며, 특히 라자스탄과 구자라트 같은 북인도 지역 사람들은 홀리 축제로 겨울의 끝을 기념한다. 이때는 일반적인 행동규범이 잠시 보류되어 여성과 남성이 어울려 물감 싸움을 하고, 우유와 음료에 대마를 넣어 마시고, 누구에게나 색깔 있는 가루와 물을 뿌린다.

홀리는 통제가 어려워질 수 있는 축제이므로, 특히 대도시에서는 길거리 행사에 참여하기보다 홀리 파티에 가는 것이 상책이다. 남성들은 술에 취해 소란스러워질 수 있다. 거리에 나갈 때는 온몸이 흠뻑 젖고 형형색색으로 물들 것을 각오하고 낡은 옷을 입어야 한다. 홀리 파티에 초대 받는다면 새하얀 옷을 입는 것이 좋다. 선명한 빨강과 노랑, 분홍색 가루를 위한 완벽한 캔버스가 될 것이다.

3~4월

자이나교 성자 마하비라의 탄신일, 힌두교 라마신의 탄신일, 기독교의 성 금요일이 모두 국경일이며, 해당되는 공동체에서 기념행사를 한다.

4~5월

힌두교의 신년은 바이사크 Baisakh 의 달에 시작되며 북인도와 타밀나두 전역에서 기념한다. 케랄라 지방의 트리추르에서는 푸어람 Pooram 이라는 성대한 사원 축제가 열린다. 화려하게 치장한 케랄라에서 가장 큰 코끼리들이 최면을 거는 듯한 북소리와 음악 반주에 맞춰 온종일 이어지는 행렬에 참여한다. 축제는 새벽을 알리는 불꽃축제와 함께 끝난다.

5~6월

힌두력으로 3월 보름에는 불교의 푸르니마 Purnima 행사가 열

케랄라 지방의 유명한 푸어람 축제. 코끼리들의 행진이 온종일 이어진다.

려 부처의 탄생과 깨달음, 죽음을 기념한다.

6~7월

라트 야트라Rath Yatra는 크리슈나가 고콜라에서 목동들과 어
린 시절을 보낸 집을 떠나 마투라로 가서 사악한 삼촌을 죽인
것을 기념하는 축제다. 크리슈나와 그의 남동생과 여동생의
신상을 4000명이 끌어야 하는 초대형 마차에 싣고 오디샤 푸
리의 거리를 누비고 다닌다. 이 특별한 형태의 신상을 자간나
트Jagannath라고 부른다. 절대적인 힘, 초대형 트럭 등을 뜻하는
영어 단어 'juggernaut'가 여기에서 유래했다.

7~8월

장마철이 오는 것은 그 자체만으로 하나의 행사이며, 고아
에서는 특별히 '몬순 파티'라고 해 이 시기를 기념한다. 마디
아프라데시에 있는 외딴 도시 만두와 라자스탄의 사막 도시들
은 장마철에 특히 아름다워 나무에 그네를 달아놓고 춤추고
노래하며 티즈Teej라는 축제를 벌인다.

북인도 전역에서는 락샤 반단Raksha Bandhan이라는 축제를 벌
이는데, 여동생이 강황으로 염색한 면이나 예쁜 비단과 장신
구로 라키rakhi라는 끈을 만들어 남자 형제들의 손목에 감아주
고, 남자 형제들은 그 답례로 선물을 한다. 이들이 반드시 혈
연관계일 필요는 없다. 그것은 특별한 애정의 표시이며, 소녀
가 가까운 이성 친구에게 라키를 묶어줌으로써 의남매 같은
관계를 맺을 수 있다.

8월 15일은 영국의 마지막 총독 마운트바튼 경이 인도의 초
대 수상 자와할랄 네루에게 실질적인 권력을 이양한 것을 기

념하는 인도의 독립기념일이다. 전통적으로 인도의 총리는 올드 델리의 붉은 요새 Red Fort 에서 연설을 한다.

8~9월

파란 피부의 인기 있는 신 크리슈나는 부분적으로는 신화 속에, 부분적으로는 역사 속에 존재한다. 인도 전역에서 그의 탄신일인 크리슈나 잔마슈타미 Krishna Janmashtami 를 공휴일로 기념하지만, 특히 크리슈나가 태어난 마투라와 그가 유년 시절을 보낸 브린다반, 그가 우유 짜는 여자들과 연애를 하던 고쿨라, 그가 마침내 정착한 도시 드바라카 같은 관련 지역에서는 더욱 큰 축제가 벌어진다. 크리슈나가 자신에게 반한 우유 짜는 여자들과 추었다는 춤과 노래 그리고 그의 가장 유명한 위업을 재연하는 연극 등은 기념행사의 특징이다.

9월 보름에는 모든 장애를 제거한다는 코끼리 머리의 배불뚝이 신 가네샤의 탄생을 경축하는 가네샤 차투르티 Ganesh Chaturthi 축제가 열린다. 이때는 단것을 즐기던 가네샤가 특별히 좋아했다는 모다크 modak 를 준비한다. 모다크는 속에 달콤한 코코넛을 채운 쌀 경단이다.

특히 뭄바이에서는 열흘 전부터 기도와 의식을 올리고 가네샤 상을 준비한다. 도시 전체에 세운 거리의 사당 만달 mandal 에 화려한 분홍색 칠을 한 배불뚝이 신이 놓인다. 만달은 지역에 따라 수수한 곳도, 디스코 불빛으로 야단스럽게 꾸민 곳도 있다. 이 기간에는 밤마다 가족끼리 다양한 만달 구경을 나온다. 격렬하게 울리는 북소리에 열광한 무용수들이 흥분된 분위기를 고조시키는 가운데, 250개 이상의 가네샤 신상을 들고 반나절 동안 아라비아 해까지 행진한 후 신상을 물에 담그는 것으로 축제는 마무리된다. 이때 사방에 분홍색 가루가 뿌려진다.

9~10월

이 기간에 열흘 동안 인도 전역에서는 신화에 등장하는 다양한 사건을 다양한 방식으로 기념하는 행사가 열린다.

북인도에서는 라마신이 마왕 라바나에게 승리한 것을 기리기 위해 람릴라 축제를 벌인다. 《라마야나》의 장면들이 거리 공연과 콘서트홀에서 재연된다. 마지막 날에는 안에 폭죽을 채운 악마 라바나와 그 신하들의 대형 인형에 불을 붙이는데, 가장 볼 만한 곳은 델리와 바라나시이다.

남인도에서는 차문데쉬와리 여신이 소머리를 한 마왕 마히샤수라(노와디)에게 승리한 것을 기념해 두세라 축제를 벌인다. 매일 다른 신을 기리지만 마지막 3일은 특별히 학문의 여신 사라스와티에게 바쳐진다. 음악가들은 자신들의 악기를, 기능인과 장인들은 자신들의 연장을 숭배한다. 콜카타에서는 이 축제를 두르가 푸자 Durga Puja 라고 부르는데, 두르가가 차문데쉬와리 여신의 다른 이름이기 때문이다.

10~11월

디왈리, 또는 디파발리 Deepavali 는 람릴라에 이은 빛과 꽃의 향연으로, 라마신이 오랜 망명 끝에 왕권을 되찾은 것을 기념하는 축제다. 축제 기간에는 라마 신을 집으로 인도하고 부의 여신 락슈미를 환영하기 위해 집집마다 찰흙으로 만든 작은 등잔을 밝힌다. 디왈리는 서양의 크리스마스처럼 원래 사건보다 장식적인 요소들이 더 부각되었다.

여행

 멋진 사원이나 해변, 경치의 유혹을 받아서건, 또는 잔인한 무더위와 장마, 도시의 소음과 먼지를 피해서건, 인도에서는 여행할 이유를 끝도 없이 찾을 수 있다. 다른 나라에서라면 이동을 위해 기차를 타지만 인도에서는 기차를 타기 위해 이동한다. 진정한 여행자는 미지의 세계를 향한 탐험 여정에 오르는 것처럼 출발한다. 아주 긴긴 여행이 될 수도 있을 테니 예상 밖의 상황을 예상하고 여행을 즐길 준비를 하시라.

기차

 '진짜' 인도를 경험하고 싶다면 필요한 비용은 여객열차의 2등칸 비예약석 승차권 한 장 값이면 충분하다. 어디를 가느냐는 중요하지 않다. 당신은 세계에서 두 번째로 큰 철도 시스템의 6만 5673킬로미터에 이르는 궤도 위에서 어딘가로 이동하는 하루 900만 명의 승객 중 한 명이 될 것이고, 어쩌면 다른 어딘가로 탈출하고 싶은 기분을 느낄 것이다. '진짜' 인도인들은 날마다 아주 협소한 공간에서 짓눌려 이동한다. 그곳의 냄새와 먼지, 소음과 진기한 장면들은 당신에게 비록 유쾌하지는 않더라도 결코 잊지 못할 경험을 안길 것이다.

 물론 진짜 인도를 그 정도까지 실감하고 싶지 않다면 2등칸 예약석과 3단 침대칸, 2단 침대칸, 2등 에어컨 침대칸, 에어컨 좌석, 1등 침대칸 또는 1등 에어컨 침대칸도 이용할 수 있다. 이런 좌석들은 피라미드처럼 올라갈수록 그 수가 작아진다.

 목적지에 이르는 과정보다 목적지에 빨리 가는 것 자체가 관건이라면 여행의 속도를 결정하는 광궤와 협궤, 1미터 협궤, 우편, 급행, 초고속 급행 같은 범주를 따져봐야 한다. 그러나

매일 900만 명의 승객을 실어 나르는 철도역들은 언제나 사람들로 그득하다.

날마다 899만 9999명의 다른 승객들도 기차를 이용할 것이기 때문에 당신의 선택은 주머니 사정이나 불편을 감수할 의사뿐 아니라 남아있는 좌석에 의해 결정될 것이다.

• 2등칸

'2등칸 비예약석(second class unreserved)'은 좌석이 할당되어 있지 않기 때문에 승차권을 가진 사람은 누구나 해당 칸 내에서 공간을 찾아 서거나 앉거나 눕거나 웅크리고 앉을 수 있다. 대부분의 인도인이 이런 식으로 여행한다.

간수해야 할 아이나 짐이 없고 낮 동안 몇 시간만 이용하려는 경우, 가까이에서 인도 마을들을 구경하는 즐거움이 불편함을 상쇄할 것이다. 한번은 첸나이에서 마두라이까지 2등칸을 타고 간 적이 있는데, 꼬박 8시간을 서서 가야 한 데다 화장실을 한 번도 이용할 수 없었다. 그러나 세월이 흘러 돌이켜보니 그 여행은 내게 그저 그렇고 그런 이동의 경험이 아닌 특별한 이야기와 추억거리가 되었다.

몇몇 예외를 제외하면 좌석 예약은 침대칸만 가능하다. 예약을 하면 낮에는 좌석이, 밤에는 침상이 확보된다. 전에는 3등칸이라고 불렸던 3단 침대칸(3-tier sleeper)은 이름 변경에 걸맞게 나무 좌석에 쿠션이 추가되었다. 가장 좋은 침상은 제일 위에 있는 것이고, 두 사람이 함께 여행할 경우 좌석을 옆으로 나란히 선택하는 것이 좋다. 그러면 다른 사람들의 영향을 받지 않고 원할 때 잠자리에 들 수 있다.

일부 노선에는 에어컨이 있는 2등칸이 있는데 장거리 이동 시 매우 편리하고 쾌적하다. 엉뚱한 사람들이 타지 않도록 세심한 감시가 이루어지는 데다 먼지와 더위, 걸인들을 피해 안전하게 여행할 수 있다. 유일한 단점은 눈앞에 펼쳐지는 인도의 멋진 풍경이 뿌연 이중 유리창에 가려진다는 것이다. 논에서 새로 솟아난 벼들이 뿜어내는, 세상에서 가장 아름다운 연둣빛도 놓치게 될 것이다.

에어컨이 없는 2등칸 기차에는 여성전용 칸이 있다. 본인이 다른 좌석을 지정하지 않는 한, 혼자 여행하는 여성에게는 이 좌석을 자동 배정하는 경우가 많다. 예약 없이 여행할 때는 여유 공간이 있는지 확인하는 것이 좋다. 가끔은 남성들을 먼저 몰아내야 할 수도 있다. 당신은 그럴 권리가 있으며 누구도 당신 주장에 크게 이의를 제기하지 않을 것이다. 단, 여성전용 칸은 열차의 다른 부분들로부터 차단되어 있기 때문에, 좌석이 꽉 차고 모든 여성이 트렁크와 가방과 침구를 가지고 있는 경우 밀실공포증까지 일으

에어컨이 있는 2등칸이 일반 2등칸보다 더 청결하다는 보장은 없다. 두 등급의 승객들 모두 객실 내에 쓰레기를 버리고 침을 뱉는 경향이 있어 출발할 때는 더 깨끗했더라도 곧 똑같이 지저분해질 것이다.

킬 수 있다.

　에어컨이 있는 2등석과 1등석의 경우, 쪼그리고 앉는 인도식 변기가 양변기보다 깨끗하다. 인도식 변기는 반짝이는 스테인리스로 되어있는 반면, 양변기는 여기저기 금이 가고 얼룩이 진 플라스틱으로 되어있다. 화장지는 제공되지 않고 수도꼭지만 있다. 그러니 화장지와 플라스틱 컵은 직접 챙겨가야 한다.

• 1등칸

　1등칸은 네 명 또는 두 명의 승객에게 좌석 겸 침상이 제공된다. 어느 정도의 안락함과 개인적 자유가 보장되면서도 창문을 열 수 있어 바깥세상을 좀 더 가까이 접할 수 있다는 것이 장점이다. 장거리 여행에 안성맞춤이다. 동일한 거리인 경우, 1등석과 에어컨 있는 2등석의 가격이 거의 비슷하다.

　침구가 필요하면 출발 전 역에서 주문해야 한다. 그러면 잠잘 시간에 승무원이 얇은 매트리스와 시트, 담요와 베개를 가져다준다. 또한 적절한 때에 사람이 와서 아침 차와 식사, 점심, 간식, 저녁 주문을 받아간다. 주문 내역이 다음 역으로 전송되어 스테인리스 쟁반에 담긴 김이 모락모락 나는 먹음직스러운 음식이 나온다. 다양한 서양 음식도 제공되지만 인도식 식사의 품질이 더 좋다. 일부 노선에서는 1등 에어컨 칸도 이용할 수 있지만 요금이 비행기 버금가게 비싸다. 1등칸이 2등 에어컨 칸보다 승차권을

1등칸으로 여행하는 연인이나 부부의 경우, 2개의 침상만 있는 '쿠페'를 예약하는 것도 낭만적인 방법이다. 예약시 요청하면 비어있는 좌석을 얻을 수 있다. 쿠페 칸이 많지 않아서 신혼여행 부부들이 몇 개월 전부터 예약하기는 하지만, 인도에는 신혼여행을 가는 부부가 많지 않기 때문에 언제나 가능성이 있다.

구하기가 쉽다.

• 예매

대도시에서는 철도 예매가 전산화되어 있다. 그래서 전기가 들어오고 시스템이 작동하는 한 예매 과정이 몇 년 전에 비해 훨씬 빨라졌다. 사전에 여행을 계획할 경우, 여행사에서 예매를 대신해 줄 수 있다. 예매는 빠를수록 좋다. 특히 인기 여행지로 가는 기차는 매진되기 십상이어서 여행 날짜에 가까워질수록 선택 폭이 줄어든다.

대도시에는 관광객 전용 특별 예매처가 있다. 모든 기차마다 특정 수량의 좌석을 외국인 전용으로 지정해 출발 직전까지 표가 남아있는 경우가 많다. 외국인 여권을 지닌 모든 관광객은 대부분 역에서 이런 티켓을 구할 수 있다.

가장 빠른 열차는 많은 역에 정차하지 않는 초고속 급행이다. 다음으로 빠른 열차는 급행열차와 우편열차이고, 작은 역까지 모두 정차하는 여객열차가 가장 더디다.

증기기관차가 다니는 노선도 여전히 존재한다. 기차 애호가들에게 인도는 천국이다. 가장 볼거리가 많은 증기기관차 여행은 실리구리에서 다르질링까지 이어지는 다르질링 히말라야 철도에서 즐길 수 있다.

• 좌석이 없을 때

열차 출발 직전에 지정된 좌석을 얻기 위해 상당한 웃돈을 주고 타트칼tatkal이라는 표를 사는 방법이 있다. 관광객 할당 좌석이 없는 소도시의 경우, 매표소에서 남은 침대 좌석이 없다고 한다면 곧장 역장에게 가보시라. 처음에는 역장이 부정적인 대답을 하겠지만 가끔은 은근과 끈기로 대답을 바꿀 수도 있다.

우격다짐이 아니라 설득으로 역장의 동정심에 호소해 상황을 설명해야 한다. 혼자 또는 아이와 함께 여행하는 여성이라면 보호본능을 자극할 수 있을 것이다. 남성이라면 비행기를 놓치지 않아야 한다거나 꼭 참석해야 할 회의가 있다는 식의 구실이 통할 수 있다. 역장의 마음을 움직인다면 VIP나 응급 상황 등을 위해 할당된 좌석을 배정해 줄 것이다.

비행기

예전에는 인도항공을 이용하는 것이 항공편으로 국내를 여행하는 유일한 방법이었다. 그러나 항공 정책의 변화와 자유화로 인해 지금은 킹피셔, 사하라, 데칸, 스파이스제트, 인디고 등의 여러 국내 항공사가 존재한다. 채식주의자 전용 항공사를 만든다는 얘기까지 나오고 있다.

매일 약 10만 명에 달하는(거의 만석에 가까운) 탑승객이 항공편을 이용하고 있다. 그러나 기반시설이 수요를 따라잡지 못하고 있으며 공항은 늘 혼잡하다. 서비스 품질도 인상적이지 않고 운항 지연과 취소가 여전히 다반사로 일어난다.

또한 장마, 태풍, 안개와 같은 기상 악화로 특정 공항들은 주기적으로 폐쇄된다. 펀자브와 타밀나두, 카슈미르의 테러리스트 같은 정치적 상황으로 폭발 및 공중 납치, 기물 파손의 모든 위협을 실제처럼 취급해야 하는 상황이다. 폭탄테러 대비 훈련이 4시간 동안 이어지고, 일상적인 탑승 수속 및 수하물 수속의 일환으로 승객과 직원 모두 꼼꼼한 심사를 거쳐야 한다.

항공사들은 모두 웹사이트를 운영해 승객들이 직접 일정을 보고 항공권을 예매할 수 있도록 하고 있다. 다른 나라에서와 마찬가지로 일찍 예매할수록 항공료가 싸다. 그러나 저렴한 항공권에는 제약이 많을 수 있으니 취소 및 환불 정책을 주의 깊게 읽어야 한다. 밀도가 높은 항공로나 '간선' 항공로의 경우 지정석을 얻으려면 1주일 전 예약이 필수다. 이용이 많지 않은 항공로는 이틀 전에 예약하면 탑승이 가능하다.

버스

인도에서 버스는 항상 정기적으로 왕복한다. 인도 버스는 기차와 똑같은 노선을 때로는 더 빠르게, 때로는 더 느리게 정기적으로 왕복한다. 또한 기차가 다니지 않는 노선도 왕복한다. 그래서 어떤 지역에 가려 할 때 버스가 유일한 교통수단인 경우도 있다. 사람들이 많이 다니는 노선에는 에어컨이 나오고 힌디어 영화를 틀어주는 비디오까지 갖춘 버스도 있다. 그러나 대개 주에서 운영하는 지역 버스는 혼잡하고 괴로울 정도로 느리다.

현지 언어를 몇 마디라도 말할 수 있다면 버스 여행이 훨씬 쉬울 것이다. 그리고 더듬더듬이라도 문자를 읽을 줄 안다면 혼돈이 훨씬 적을 것이다. 대부분의 버스에는 영어 안내판이 없고 소도시와 마을에서는 길을 물을 만한 사람을 찾기 어려울 수 있다. 적어도 목적지를 제대로 발음하는 법이라도 배워야 한다. 델리는 사실 '딜리'에 가깝게 발음되고, 콜카타는 첫음절을 강하게 읽는다.

버스를 이용할 때는 화장실이 따로 없어 남자들은 길 한쪽으로 나가고, 여자들은 그 반대쪽으로 나가서 볼일을 본다. 대

시내에서는 항상 정기적으로 다니는 버스를 이용하면 편리하다.

부분의 인도 시골 여성들이 입는 긴 치마와 사리를 입으면 품위를 잃지 않고 쪼그려 앉는 것이 가능하다.

인도의 시골

인도의 시골은 그저 전기와 수돗물이 나오지 않는 도시가 아니다. 이는 전혀 다른 경험이다. 아마 외국인을 한 번도 접해 보지 않은 시골 마을도 있을 것이다.

인도의 외딴 마을은 다른 시간, 다른 세상이다. 이론적으로는 시골 마을의 70퍼센트에 TV가 있다고 하지만, 그것은 마을에 TV가 한 대 있고 모두가 모여서 본다는 뜻이다. 인도의 시골은 시대를 착각할 정도로 여기저기에서 20세기 흔적들이 두드러진다. 충격적인 분홍색 터번에 자수가 들어간 주름 셔츠, 통 좁은 바지와 양단으로 장식한 가죽 슬리퍼 차림의 라자스탄 목동이 오토바이로 우유를 배달하고, 사람들이 같은 카스트와 같은 성별끼리 TV 수상기 앞에 모여 철 지난 미국 외화를 본다.

인도 시골 사람들은 특별한 목적 없이 여행을 한다는 개념을 이해하지 못한다. 그들에게는 친척 집을 방문한다거나 중요한 의식에 참가한다거나, 시장에 간다거나 종교적인 순례를 떠나는 것이 여행에 합당한 이유다. 단순히 세상 구경을 하는 것은 여행의 이유가 되지 못한다. 그런 곳에서 외국인은 호기심의 대상이 된다. 혼자 여행하는 여성의 경우는 문화적으로 그들이 생각하는 올바른 행동규범의 맥락을 벗어나기 때문에 더욱 그럴 것이다. 때로는 그런 호기심이 불편하게 느껴지겠지만 이들에게 열린 마음과 미소로 반응하는 것이 좋다. 그리고 아이에게 돈을 주는 것은 금물이다.

숙박

주요 도로 주변의 작은 도시에는 닥dak이라고 불리는 방갈로 형태의 숙박업소가 있다. 이런 시설은 예를 들어 삼림청 직원 같은 공무원들이 쓰도록 지어진 건물인데, 그들이 이용하지 않을 때는 책임자가 합법적으로 대여할 수 있다. 그러나 불행히도 보통은 책임자가 근교에 있는 큰 도시의 사무실에 상주하기 때문에 시설을 이용하려면 조금 미리 계획을 세워야 한다.

흔히 잠자는 곳은 '롯지'라고 부르며 인도의 일부 지역에서 '호텔'은 레스토랑을 가리킨다. 어쨌거나 기차역에서 버스로 갈아타고 마지막 정거장에 내려, 또 달구지를 타고 한참을 들어가야 도착하는 외딴 마을에서는 호텔이나 레스토랑 같은 것이 있을 리 없다. 그런 경우 동성인 주민에게 다가가 마을 이

장의 집을 묻는 것이 상책이다. 이장에게 잘 설명하면 아마 민박할 곳을 구하고 식사도 할 수 있을 것이다.

다른 대안이 없는 경우, 마을 이장이나 영어를 할 줄 아는 지역 교사의 집에서 숙박을 하게 될지 모른다. 이 경우, 그 집 식구들과 함께 바닥에 자리를 펴고 자거나 마당에서 그물 침대에 누워 하늘의 별을 보며 자게 될 것이다. 식사도 그 집 식구들과 함께 하게 된다. 음식이 아주 매울 수 있다.

화장실과 욕실, 그 밖의 세부사항에 대해서는 동성인 사람에게 묻도록 하자. 시설이 아주 원시적인 것을 각오해야 한다. 욕실은 그냥 동네 개천이나 짚으로 대충 막아놓은 공간에 양동이가 있는 정도다. 화장실은 그냥 들판이기 쉽다. 여성과 남성이 볼일을 보는 장소가 다르므로 동성인 사람에게 방향을 물어보자. 볼일을 본 후 씻을 물을 미리 플라스틱 컵에 챙겨가야 한다. 인도 사람들이 보통 화장실에 가는 시간은 이른 아침 해가 뜨기 전이나 저녁에 해가 진 이후다. 따라서 모든 사람의

인도의 시골 가정에서 식사를 준비하는 모습. 부엌과 방이 따로 분리되지 않은 집도 많다.

체면을 지킬 수 있다.

시골 마을에서 무엇이 올바른 행동인지 일반화하기는 어려우며, 상황마다 요구되는 행동이 다르다. 따라서 비언어적 신호에 민감할 필요가 있다. 마을 사람들은 그들을 복되게 하는 손님에게 면전에서 이래라저래라 하지 않는다. 자신의 행동과 주변 사람들의 감정을 의식하는 것은 전적으로 방문객의 몫이다. 혼자 여행하는 외국인 여성의 경우, 복장규범에 있어 비교적 자유롭고 마을 여성에게는 금지된 흡연이나 음주 같은 행동도 가능하지만 이는 또한 마을 여성들이 누리는 보호와 배려를 받지 못한다는 얘기도 된다. 마을 여성은 절대 추행하지 않는 남성이 외국인 여성을 추행할 수도 있으니, 각별히 조심할 필요가 있다.

지불

집주인의 관대함에 어떻게 보답할 것이냐는 어려운 문제 중 하나다. 그들이 돈을 거절하는 것은 예의상 사양한 것일 수도, 진심일 수도 있다. 그러니 다른 보답의 수단을 준비하는 게 좋다. 펜, 라이터, 일회용 면도기 같은 물건은 시골 사람들에게 좋은 선물이 될 것이다. 또한 인도인 대부분은 사진 찍는 것을 좋아하니, 폴라로이드 카메라로 사진을 찍어주면 완벽한 선물이 될 수 있다. 일반 사진기로 찍은 경우, 우편으로 보내주면 무척 좋아할 것이다.

길을 잃었을 때

시골 지역을 널리 여행할 때는 괜찮은 지역 지도를 가지고 다니는 것이 필수적이다. 만약 길을 잃으면 주변에서 영어를 할 줄 아는 누군가를 찾아야 한다. 아무리 외딴 마을에도 교사나 의사, 은행 직원처럼 영어를 하는 사람은 있기 마련이다.

시골에서 의료

최근 통계 수치에 따르면, 인도의 의사 수는 2000명당 한 명에 불과하다. 도시에 있는 의사 수를 감안하면 시골 지역의 의사 한 명당 인구수는 그보다 훨씬 많을 것이다. 외딴 곳을 여행할 때는 이 점을 고려해 스스로 자기 몸을 챙겨야 한다. 사소한 의료 문제에 대비해 소독약과 반창고, 해열진통제 등의 비상상비약은 꼭 챙겨서 다니자. 심각한 의료 문제가 발생한 경우에는 가까운 시내로 나가야 한다.

문화

인도에서는 이국적인 방식으로도, 익숙한 방식으로도 여가를 보낼 수 있다. 우선 페르시아에서 인도로 건너온 폴로를 할 수 있다. 자이푸르에는 코끼리 폴로와 낙타 폴로, 자전거 폴로가 있고, 델리와 콜카타에서는 일반적인 폴로를, 레Leh에서는 고도 3505미터에서 폴로를 한다. 폴로가 너무 부담스럽다면 이국적인 악기를 배울 수도 있다. 귀뚜라미 울음과 비슷한 소리를 내는 쉐나이shehnai에서부터 주둥이가 배를 향하도록 끌어안고 드럼처럼 두들기는 항아리 모양의 가탐ghatam, 19개의 현을 가진 사로드sarod에 이르기까지 다양한 악기가 있다. 서양 악기를 다룰 줄 안다면 교향악단에 지원할 수도 있을 것이다.

다양한 인도 음식을 즐기고, 사리를 두르는 법도 배우고, 오일과 허브로 마사지도 해보고, 아유르베다 요법에 대한 강의

도 들어보자. 당신이 뭔가를 배우거나 어떤 활동에 참여하기를 원한다면 인도 친구들이 적절한 사람을 소개해 줄 것이다. 다음은 인도에서 시간을 보내는 좀 더 대중적인 방법들이다.

영화관

일명 '발리우드'라고 불리며 연간 800여 편의 영화를 찍어내는 인도의 대중 영화는 지식인과 페미니스트들로부터 곱지 않은 시선을 받고 있지만, 그럼에도 매주 약 1억 장의 영화표가 팔려 나간다.

이런 영화들은 마라톤을 방불케 하는 긴 시간 동안 오락과 교육, 현실도피를 넘나들며 관객이 암담한 현실로부터 도피해 완전한 해방을 누릴 수 있는 만족스러운 세 시간을 선사한다. 논리적 개연성이나 앞뒤 연결 같은 사소한 문제들은 그런 즐거움을 망치지 못한다. "어떻게 몸이 젖지 않고 강을 건널 수가 있지?"라든가 "마지막에 여주인공이 입은 사리가 바뀌었잖아?"라고 묻는다면, 인도 영화를 즐길 준비가 되어있지 않은 것이다.

인도 영화에서는 모든 것이 암시적이다. 노골적인 노출이나 야한 장면도 없고(1980년도 말부터 키스 장면이 허용되었다) 폭력 장면은 딱 봐도 가짜 티가 난다. 물론 춤추는 장면이 다소 선정적이고 노랫말에 성적인 중의를 담은 표현들이 가득하지만 기본적으로 인도 영화는 온 가족이 함께 즐기도록 만들어진 오락이며 아이들이 보기에도 적합하다.

내가 본 영화에는 보통 흔해빠진 주인공들이 출연했고 상투적인 장면들이 나왔다. 사악한 매부와 오해 때문에 적이 되는 제일 친한 친구들, 젖은 사리를 입은 장면이나 환상적인 춤 장면이 나온다. 물론 남녀 주인공은 끝까지 죽지 않는다.

그러나 다소 비현실적이면 어떠랴? 어차피 보통의 영화관 관객은 극장 밖에서 현실이라면 충분히 경험하고 있으니, 필요한 것은 현실로부터의 도피가 아니겠는가?

그러니 비판적인 시각일랑 잠시 접어두고 인도적 정서를 이해하기 위해 영화를 보러 가면 어떨까? 인도 영화에는 자막이 없지만 현지 언어에 익숙해질 수 있는 좋은 방법이며, 꼭 대화를 알아듣지 못해도 돌아가는 상황을 대강 이해할 수 있다. 주인공이 적에게 "우리 사이에는 한 가지 거래밖에 있을 수 없어. 그 거래는 바로 죽음이야!"라고 말할 때 그의 자세와 얼굴 표정, 목소리만으로 그의 영웅적 저항심이 온전히 표현된다.

배우의 양식화된 감정 표현이 다소 과장되게 느껴질 수 있지만 그것은 인도의 모든 극 형식의 전통에 충실한 것이다. 악당의 악행과 배신당한 아내의 아픔, 주인공의 영웅적 행동은 카타칼리Kathakali와 바라타나티얌Bharata Natyam처럼 찬사 받는 전통 무용극에서도 똑같이 정형화된 방식으로 과장되게 표현된다. 나는 인도 대중 영화에 등장하는 배우들의 연기 방식을 매도하는 사람들이 전통극 형식에서는 그것이 양식화된 '전형'의 표현이라며 감탄하는 것을 보고 아이러니를 느낀다.

영화는 풍부한 인류학적 자료다. 현실 세계에는 부패가 만연해 있는데, 영화에서는 청렴한 영웅이 승리한다. 그러나 박봉으로 살아가는 청렴한 경찰관의 대궐처럼 으리으리한 집에 대해서는 아무런 설명도 제시되지 않는다. 중매결혼이 대세인 나라의 대형 스크린 속에서 낭만적인 사랑이 꽃핀다. 그런데도 결혼에 성공한 연인들은 마치 중매쟁이가 골라준 것처럼

인도 전통 무용극 카타칼리를 무대에 올린 모습

딱 맞는다. 만약 서로 카스트나 종교가 다르면 결국 맺어지지 못한다. 그런 경우 여자가 비극적 죽음을 맞음으로써 남자가 적절한 상대와 결혼할 여지를 남긴다.

영화 속 주인공은 항상 인도에서 흔히 보는 가난하고 근면한 사회적 약자다. 그는 모든 역경과 싸우고 부자와 부패한 자들의 횡포에 맞서고 결국 여주인공을 차지함으로써, 영화를 보기 위해 돈을 쓰는 가난한 사람들의 가망 없는 판타지를 스크린 속에서 실현한다.

예술영화

소위 인도의 '예술' 영화는 서구화된 취향에 잘 맞는다. 인도의 가장 유명한 감독인 사티야지트 레이 Satyajit Ray 의 작품을 비롯한 몇몇 영화들은 세계적인 기준으로 봐도 아주 훌륭하다. 아파르나 센 Aparna Sen 감독은 강인하고 흥미로운 여성이 등장하는 영화를 만드는 것으로 유명하다. 그 밖에 유명한 영화

감독으로는 시암 베네갈Shyam Benegal과 아두르 고팔라크리쉬난
Adoor Gopalakrishnan, 므리날 센Mrinal Sen 등이 있다.

불행히도 이런 영화들은 다수의 국제영화제 수상 기록에도
불구하고 인도 내에서는 많이 상영되지 않는다. 예술영화를
보려면 문화원과 영화 동호회를 찾아야 한다. 춤과 노래가 아
닌 지적 논쟁이 가득한 이런 영화들은 교육 수준이 높고 고상
하며 다소 까다롭고 서구화된 관점을 가진 도시 엘리트를 대
상으로 만든 것이다. 택시 기사와 생선 파는 아낙들은 이런 영
화를 보기 위해 힘들게 번 돈을 쓰지 않는다.

영어로 된 영화

몇몇 영화관은 영어로 된 영화를 상영하지만 주로 미국 박
스오피스 히트작들이다. 영화광이라면 조조영화를 찾아볼 것
을 권한다. 인도에 있는 몇몇 국가의 문화원에서는 본국의 영
화를 상영하고 영화제나 회고전을 개최하기도 한다. 또한 인
도에서는 매년 영화제가 열리는데 한 해는 델리에서, 그 다음
해는 인도의 주도 중 한 곳에서 번갈아가며 열린다.

텔레비전

두르다르샨Doordarshan은 인디라 간디가 정보부 장관으로 있
을 때 가장 외딴 마을에까지 뉴스와 적절한 정보를 전달한다
는 취지로 세운 인도 국영 TV 방송국이다. 처음에는 하루에
몇 시간 동안만 간추린 뉴스와 영화 한 편, 농민을 위한 정보
를 흑백으로 방송하기 시작했다. 당시 정부 정책은 전국에서
힌디어를 사용하도록 유도하는 것이었고, 따라서 모든 방송이

힌디어로 진행되었다. 그러나 결국 인도를 힌디어 국가로 만드는 것이 불가능함을 인식하고 지역 언어로 방송하는 스튜디오를 세웠다.

모두들 두르다르샨을 비판했지만 다른 대안이 없었다. 두르다르샨은 광고 수익으로 모든 시설을 개선해 적어도 기술적으로는 경쟁력을 갖추었다. 그러나 두르다르샨과 국영 라디오 방송국인 '올 인디아 라디오 All India Radio' 모두 여전히 국가에 의해 통제되고 있으며 은근히 또는 공공연히 정부의 선전선동 기관의 역할을 한다.

VCR이 보급되자 두르다르샨은 치열한 경쟁에 직면했다. 시사 주간지 〈인디아투데이〉는 주간 영상 뉴스 매거진으로 인기를 끌고 있다. 때로는 이 주간 영상이 두드다르샨의 일간 뉴스보다 발 빠르게 시사 문제를 다룬다. 지금은 접시형 위성 안테나와 케이블을 이용해 BBC 방송을 내보내는 스타TV, 지Zee TV, MTV, 스포츠 채널, CNN 등을 모두 24시간 내내 시청할 수 있다.

불안정한 정치 상황에서는 정부가 뉴스를 통제한다는 것이 다행일 수 있다. 인디라 간디의 암살 이후 두르다르샨과 올 인디아 라디오는 신임 총리가 확정되고 국가 안팎에 병력이 배치될 때까지 암살 사실을 숨겼고, 그래서 폭동을 통제할 수 있었다. 그러나 지금은 그런 식의 사전검열이 더 이상 가능하지 않다. 이슬람 사원이 있던 현장에 힌두교 사원을 건설하는 문제를 둘러싼 힌두교도와 이슬람교도의 충돌로 아요디야에서 폭동이 발생했을 때, BBC는 인도 전체에서 끌어 모은 온갖 선정적인 장면들을 방송했다.

연극

몸바이는 영어로 하는 연극 공연으로 유명하다. 말하자면 인도 배우들이 닐 사이먼과 버나드 쇼의 작품을 연기하는 것이다. 힌디어와 마라티어로 공연하는 생동감 넘치는 극장도 있다. 가장 유명한 극장은 몸바이 주후Juhu에 있는 프리티비Prithivi 극장과 국립공연예술센터다.

델리는 현대 힌디어 극장을 대표하는 곳이다. 국립연극학교가 이곳에 있으며 베르톨트 브레히트의 작품을 다양한 지역 연극 형태로 각색해 문화를 넘나드는 흥미로운 경험을 선사한다. 또한 델리에서는 전국 각지의 전통극과 현대극 공연과 축제도 벌어지는데, 개중에는 아삼이나 케랄라의 외딴 마을에나 찾아가야 볼 수 있는 것도 있다. 델리의 극장가는 두르다르샨이 있는 만디 하우스Mandi House 주변에 위치해 있다. 같은 구역인 탄센 마르그Tan sen Marg(마르그는 '거리'라는 뜻)에 있는 트리베니 칼라 상감Triveni Kala Sangam에서는 흥미로운 강연과 예술 강좌 및 공연이 열리며, 미술관과 서점 그리고 커피와 차, 간단한 음식을 판매하는 작은 카페도 있다.

첸나이에서 전문 타밀어 레퍼토리 극단은 쿠투파타라이Koothupattarai 딱 한 곳뿐이다. 여기서는 사회의식이 담긴 현대물을 공연하며, 종종 가두로 나와 메시지를 전달하기도 한다. 영어 연극과 타밀어 연극을 모두 공연하는 아마추어 극단도 있지만, 제대로 시설을 갖춘 극장 하나 없는 도시에서 연극 현장에 대해 얘기하기는 어렵다. 예전에는 박물관 극장이 가장 괜찮았지만 지금은 정부 후원 행사를 제외하면 쉽게 이용할 수 없는 실정이다. 현재는 뮤직 아카데미가 그나마 첸나이에서 가장 나은 편이다.

콜카타는 18세기 후반에 인도의 근대극이 시작된 곳이다. 막간에 마임과 춤과 노래를 곁들인 소설을 각색한 연극, 강력한 공산주의 메시지를 담은 혁명적 민속극, 거리 연극이 관객들을 끌어들인다. 콜카타에서 가장 오래된 극장 중 하나는 회전식 무대가 있는 스타 극장이다. 거의 매일 저녁에 공연하는 라빈드라 사단Rabindra Sadan 극장과 벌라 아카데미 Birla Academy 등도 있다. 아차리야 JC 보세 Acharya JC Bose 로드의 캘커타 클럽 맞은편에 있는 안내센터에서 공연 일정을 알아볼 수 있다.

예술

인도 전통 예술의 형태는 종교와 밀접하게 관련되어 있다. 건축과 조각은 사원 건축과 신상 조각을 통해 발전했고, 음악과 춤은 신에 대한 숭배 의식의 일부였다. 연극 예술은 그 자체로 신성시되었고, 연극을 관람하는 행위는 배우와 관객 모두를 미학적 경험에 동참시키는 것이었다.

고전 무용과 음악

민속 무용극은 단순한 오락을 넘어 인도인들의 삶의 일부다. 전통적으로 연예인 카스트에 속했던 사람들이 여전히 전통 의식이 있을 때마다 종교적 · 사회적 맥락에 빠져있는 관객들 앞에서 전통적인 공연을 펼친다.

반면 고전 무용과 음악은 고래古來의 맥락에서 벗어나 현대적이고 비종교적인 콘서트 무대 위로 올라갔다. 이 예술 형식은 때로 공연자와 관객 사이에 존재하는 높은 장벽을 초월한다. 예를 들어 라비 샹카르 Ravi Shankar는 인도 음악에 무지한 서양 관객들마저 감동시켰다. 그러나 때로는 현대식 무대에 올랐을 때 이 예술 형식의 효과가 반감되기도 한다. 예를 들어 케랄라의 전통 연극 형식인 차키아르 쿠투Chakkiar Kootu의 경우, 현대 관객들은 배우의 미묘한 얼굴 근육의 움직임을 제대로 감지하지 못한다. 그렇게 되면 결국 해당 예술 형식은 사라지게 된다. 반면 비르주 마하라지Birju Maharaj의 안무처럼, 현대 관객에게 다가가는 방식으로 진화하는 경우도 있다. 그는 주로 궁중에서 즐겼던 서정적인 독무獨舞 형식인 북인도 전통 춤 카탁Kathak을 현란한 회전과 복잡한 발동작이 가득한 단체무용 형태로 변모시켜 머나먼 현대식 무대까지 들썩이게 만들었다.

무용의 형식

인도의 민속무용 및 고전무용 공연은 다른 시공간을 엿보게 한다. 인도 고전무용 형식에는 여러 가지가 있지만 여기서는 바라타나티암, 카탁, 오디시, 카타칼리, 이렇게 네 가지만 소개하겠다. 모두 대도시의 훌륭한 무용가들이 많이 추는 춤이다. 이 춤들은 인도의 다양한 지역에서 유래했지만 모두 리듬과 얼굴 표정, 손동작, 이야기 전달에 의존한다. 의상과 음악, 무용 기법에는 큰 차이가 있다.

- **바라타나티암**Bharata Natyam: 남인도의 사원 의식에서 발전한 춤으로, 원래는 어려서부터 사원에 무희로 바쳐졌거나 그 공동체에서 태어난 데바다시devadasi(신을 위해 춤추는 무용수들) 카스트의 소녀들만 추었다. 정확하고 반듯한 동작은 마치 인체 구조 자체가 자연스럽게 놀고 있는 느낌을 준다. 활기찬 발동작과 우아한 팔의 움직임으로 리듬을 분명하게 보여 주

고 풍부한 얼굴 표정과 눈빛, 손가락의 움직임이 이야기를 실감나게 만든다.

- **카탁** Kathak: 이야기꾼들의 카스트에서 유래해 무굴 제국의 궁정에서 발전했다. 이 춤은 현란한 회전과 발동작이 구현하는 복잡한 리듬, 발목에 매단 100개의 종을 특징으로 한다. 화려한 의상을 입은 무용수들은 마치 무굴 제국 시대의 세밀화에서 걸어 나온 것처럼 보인다.

데바나시 카스트의 소녀들만 출 수 있는 바라타나티암 전통 춤.

카탁은 발목에 100개의 종을 매달고 춘다.

- **카타칼리** Kathakali: 무용보다 연극에 가깝다. 남자 무용수는 그들의 속성을 상징하기 위해 얼굴에 색칠을 하고(선한 사람은 초록색 얼굴), 《라마야나》와 《마하바라타》 또는 《맥베스》와 《파우스트》 같은 서양 희곡의 이야기를 극화한다. 카타칼리는 여전히 케랄라의 마을에서 종교 의식의 일환으로 이어지며 애초의 관중을 유지하는 동시에 도시 지식인 관객의 마음도 움직이는 예술 형식 중 하나다.

- **오디시** Odissi: 곡선미가 돋보이는 우아한 춤으로, 무용수가 몸을 세 번 틀어 S자로 휘게 하는 트리방가 tribhanga 자세로 춤을 춘다. 원래는 오디샤 주 사원들에서 종교 의식의 일환으로 소년들이 추던 춤이었으나 요즘은 여자들이 더 많이 춘다. 이 춤은 마치 고대 석상들의 움직임을 보는 듯한 느낌을 준다. 레퍼토리 중 한 부분은 크리슈나와 그의 연인 라다의 사랑 이야기를 다룬 중세 산스크리트어 서사시 《기타 고빈다 Gita Govinda》를 이용한다.

인도 무용 감상하기

장식적인 측면이 강하고 복잡한 리듬, 우아한 자세와 섬세한 손동작이 가득한 순수무용이건, 아니면 이야기를 전달하거나 분위기를 조성하기 위한 목적의 표현무용이건, 모두 처음부터 끝까지 직선이 아니라 원형이나 나선형을 그리며 움직인다. 순수무용에서는 무용수들이 박자 주기의 8박을 서로 다른 리듬 패턴으로 쪼개는데, 각각의 시퀀스를 항상 다음 주기의 첫 박인 삼 sam에서 끝낸다.

많은 무용과 연극 형식이 《라마야나》와 《마하바라타》에 나오는 이야기와 목동이었던 크리슈나와 아름다운 고피 gopi(소몰

이꾼) 라다의 사랑에 관한 수많은 노래와 시를 주제로 삼는다. 인도 관객들 대부분은 이런 이야기를 잘 알고 있으며 거기에 감정을 이입한 채 공연을 관람한다.

무용 공연은 극적 긴장감을 조성하기보다 관객에게 심미적 감성을 불러일으키는데 이를 '라사rasa'라고 말한다. 라사를 불러일으키는 기술들은 연극에 관한 고대 산스크리트어 문헌인 《나티아 샤스트라Natya Shastra》에 상세하게 기술되어 있다.

나는 30년 이상 인도 무용을 연구해오면서, 인도 무용을 관람하는 외국인들이 단순하게 공연을 보고 즐기는 것을 주저한다는 인상을 받았다. 무용이 너무 지루하고 길고 반복적이라고 느끼면서도 그것을 그대로 인정하기보다 자신들이 놓친 무언가가 있을 것이라고 생각하는 듯했다. 사실을 말하자면 그들이 보는 무용은 실제로 지루하다. 그 이유 중 하나는 그들이 주로 저녁을 먹으면서 '인도의 춤'이라는 쇼를 보거나 '전설적인' 무용수가 등장한다는 명망 있는 행사에 가기 때문이다.

처음 인도 무용을 관람할 때 호텔 디너쇼 패키지를 선택하지 않는 것이 좋다. 좋은 인도 무용수와 음악가는 관객이 음식을 먹는 동안 공연을 하지 않는다. 그러니 디너쇼 패키지는 2류나 3류 또는 4류 공연일 가능성이 크다. 물론 어쩌다 한 번은 훌륭한 예술가를 초청해 예술성을 놓치지 않고 준비하는 쇼도 있지만, 1류와 2류 공연의 차이를 인지하는 법을 배울 때까지는 그것을 구분하기 어렵다.

4대 주요 도시에서는 다양한 무용 공연이 자주 열린다. 마디야프라데시 주의 카주라호 축제처럼 정기적으로 무용 축제를 여는 곳도 있다. 사원이 있는 순례지로 유명한 카주라호 축제에서는 최고의 예술가들이 공연을 펼친다. 그러나 춤이 유래한 지역에 가야 가장 정통성 있는 형태의 춤을 만나볼 수 있다.

케랄라의 사원에서는 아직도 기름이나 등유 램프만을 밝힌 채 밤새도록 카타칼리 공연을 한다. 바라타나티암은 타밀나두에서도 사원이 아닌 콘서트 무대에서 공연된다. 첸나이의 관객들은 미묘한 차이를 감식할 수 있으며 무용수에게서 최선을 이끌어낸다. 오디샤의 오디시는 대도시 공연의 화려함은 없지만 원래의 형태에 가까우며, 우타르프라데시의 마을들에서는 카탁 공연이 여전히 전통적인 이야기를 표현하고 있다.

음악

E.M. 포스터는 인도 음악을 흔들리는 물속에서 반사되는 서양 음악에 비유했다. 그러나 그 차이점은 훨씬 더 크다. 인도 음악에 가장 가까운 서양 음악은 재즈다. 마치 화음이라는 것이 아예 존재하지 않는 것처럼, 북부의 힌두스탄 음악과 남부의 카르나틱 음악 모두 탈라tala(박자 주기)와 라가raga(선율), 이렇게 두 가지 기본 요소에만 집중해 발전했다. 또한 두 지역의 음악 모두 누군가 '선율이 걸치고 있는 보석'이라고 표현한 비브라토와 4분음을 이용한 장식을 상당히 중시한다.

북인도 음악

북인도 음악을 대표하는 힌두스탄 음악은 시타르나 사로드 같은 현악기나 오보에처럼 생긴 쉐나이, 대나무 피리 같은 관악기를 연주하거나 단순하게 사람이 목소리를 낸다. 북인도 음악은 타블라tabla라는 한 쌍의 북으로 박자를 맞춘다.

연주는 리듬 없이 선율만 천천히, 자세하게 묘사하는 알라

한 쌍의 드럼 악기인 타블라

프^{alaap}로 시작한다. 다음 단계는 연주자가 선율에 리듬을 싣는 것이다. 그 후에는 타블라를 더하고 속도가 빨라지며 작곡이 시작된다. 미리 작곡된 것은 5퍼센트에 불과하고 나머지 95퍼센트는 즉흥적으로 이어진다.

북인도의 음악 체계에서 라가를 분류하는 방법은 매우 흥미롭다. 어떤 라가는 하루 중 일정한 시간과 일정한 계절, 일정한 분위기에 적합한 것으로 정해져 있기도 하다. 위대한 음악가 탄센^{Tansen}은 적절한 라가를 불러 분위기를 돋우는 능력이 탁월했다고 한다.

음악가가 창조한 아름다운 악구樂句나 미묘한 분위기에 압도될 때 적절한 반응은 "와, 와" 하며 탄성을 지르는 것이다. 하지만 음악가가 악기를 조율하는 동안 탄성을 지르는 것은 금물이다. 처음 악기를 조율할 때는 시간이 오래 걸리며 곡 중간에 다시 조율할 수도 있다. 머리를 독특하게 흔드는 동작 역시 깊은 감동의 표현이며, 이런 동작이 동반되어야 비로소

"와, 와" 하는 탄성이 완전해진다. 공연장에 처음 가면 이런 동작을 많이 볼 수 있을 것이다.

남인도 음악

카르나틱 음악은 비나veena와 바이올린, 대나무 피리 같은 악기로 연주하고 므리당감mridangam이라는 북으로 박자를 맞추며 때로는 항아리 모양의 가탐도 동원된다. 연주회는 항상 인도인들이 중요한 일을 시작할 때 숭배하는 코끼리 머리를 가진 가네샤 신을 찬양하는 노래로 시작한다. 곡의 뼈대만 정해진 상태에서 나머지는 매우 엄격한 규칙에 따라 즉석에서 연주한다.

본격적으로 연주에 들어가기 전에 음악가는 시간을 갖고 라가의 세부 사항을 만들고 규정하는 시간을 갖는다. 그러나 카르나틱 음악에서 가장 중요한 것은 역시 라가와 탈라이며, 오래지 않아 복잡하고 반복적인 북소리에 가속이 붙어 음악을 신나게 만든다.

남부 인도인의 연주회장에 가면 관중 대다수가 특정한 손동작을 하거나 손가락을 꼽아서 박자를 맞추는 것을 볼 수 있다. 이렇게 박자를 맞추면서 현악기 연주자나 가수, 북치는 사람이 어떻게 이 모든 복잡한 수학적 패턴들을 다음 주기의 첫 박에서 정확히 끝내는지 확인하는 것은 카르나틱 음악만의 독특한 즐거움이다.

박물관과 유적지

모든 대도시에는 박물관과 미술관이 있다. 그리고 거의 모든 길모퉁이마다 역사 유적지와 사원, 궁전, 아름다운 기념물을 찾을 수 있다. 관광 안내 책자에는 그런 관광지의 목록이 나와 있다. 그러나 관광 안내 책자에 언급되지 않아서 약간의 조사를 하거나 자전거 여행자를 비롯한 노련한 인도인들에게 물어야만 알 수 있는 곳도 있다.

나도 그런 숨은 명소를 몇 군데 알고 있다. 산중에 있는 시바 사원과 해변에 있는 식민지 시대 호텔, 정부에서 주는 상을 받은 조각가가 조각한 가네샤 상 등이다. 나는 이런 진귀한 장소를 소수의 지인에게만 알려줬다. 너무 많은 사람이 알게 되면, 그런 곳들 역시 또 하나의 유명 관광지가 될 것이기 때문이다. 흥미를 갖고 찾아보면 당신도 혼자만의 비밀 장소를 발견하게 될 것이다. 노련한 여행자들에게 여행에 대한 관심과 호기심을 보이며 정보를 얻는 것도 좋은 방법이다.

인도고고학연구소는 잘 알려지지 않은 역사 유적지에 관한 자료를 출판하고 있다. 출판물 중에 아주 훌륭한 것들도 있으므로 델리에 있는 본부를 방문해 볼 가치가 있을 것이다. 국립 및 주립 박물관 서점에서도 관련 소책자를 구할 수 있다.

클럽

클럽은 영국령 인도 제국의 유산이다. 대도시마다 클럽이 있으며 하나같이 영국풍이다. 인도의 클럽에 들어서면 문화 충격을 받게 된다. 브리지 게임을 하는 여자들과 위스키를 마시는 남자들, 웨이터가 영양가 없는 음식을 내오는 동안 영국 표준 영어로 이야기하는 사람들. 얼굴이 하나같이 갈색이라는 것만 제외하면 마치 타임머신을 타고 다른 세계로 날아온 것만 같다.

마술 클럽과 크리켓 클럽, 폴로 클럽, 골프 클럽은 외국인에게 임시 회원권을 발급하기도 한다. 어떤 클럽은 회원의 추천을 받아야 하는 경우도 있다. 클럽은 훌륭한 스포츠 시설을 제공할 뿐 아니라 인맥을 형성하거나 정재계의 상황을 파악하거나 단순히 친구를 사귀기에도 괜찮은 곳이다.

당신의 회사나 조직이 클럽 회원권을 제공하지 않으면 회원 담당 총무에게 회원권을 요청하는 편지를 써보라. 업무상 인도인들과 정기적으로 술과 식사를 해야 하는 사람이라면 클럽 회원권은 끝없는 골칫거리를 해결해 줄 것이다. 그러나 일부 클럽은 엄격한 복장 규정이 있으며, 특히 쿠르타나 도티 같은 남성용 인도 전통 의상은 거부될 수 있다는 것을 유념해야 한다. 여성의 경우 전통 의상은 허용되지만 서양식 캐주얼은 거부될 수 있다. 신기하고 흥미로운 사실은 모두들 자신이 소속된 클럽이 다른 어느 곳보다 가장 배타적이라고 굳게 믿는다는 것이다.

헬스클럽

많은 5성급 호텔들이 인도에 사는 외국인에게 연회비나 6개월치 회비를 받고 호텔 수영장과 테니스 코트, 사우나, 헬스클럽을 이용하도록 허용한다. 이 방법을 이용하면 서양식 헬스클럽 시설에 쉽고 편리하게 접근할 수 있다. 시설 수준은 천차만별이므로 가입 전에 철저히 점검해 볼 것을 권한다.

어떤 호텔 헬스클럽은 에어로빅 강좌도 운영하며, 땀 흘린 후에 호텔 미용실에서 마사지를 받을 수 있는 추가 혜택을 주는 곳도 있다.

크리켓

크리켓 테스트매치가 치러지는 5일간 인도를 엄습하는 생산성 저하는 크리켓 경기에 대한 인도인의 집착에 가까운 관심을 증명한다. 크리켓은 인도가 여전히 세계적인 명성을 누리고 있는 스포츠 종목 중 하나다. 인도가 숙적 파키스탄과 경기를 할 때면 근로자들은 모든 일을 중단하고 라디오 주변으로 모여든다. 관리자들은 직원들을 원위치로 돌려보내고는 곧바로 집에 전화를 걸어 아내에게 점수를 묻는다. 상점 점원들은 손님은 안중에도 없는 듯 경기를 한 순간도 놓치지 않으려고 라디오에 귀를 바짝 대고 있다. 입장권을 구한 사람들이 모두 경기장으로 몰려가는 통에 도로가 자동차로 꽉 막히고, 병가를 낸 수많은 사람들이 도로 어딘가에 발목이 잡혀 있다.

뭄바이는 특히 더 심각하다. 거리의 부랑아들마저 길모퉁이 칠판에 점수를 기록하는 터여서 라디오가 없는 운전자들도 자세한 경기 결과를 알 수 있다. 그런 만큼 선수들은 영화배우 못지않은 인기를 누린다.

한 스포츠 기자가 표현한 것처럼, 크리켓은 '예의 바른 야구' '기분 좋게 산만하고 매력 있게 나태한 스포츠'다. 인도에서 웬만큼 교육받은 사람들은 대부분 크리켓에 보통 이상의 관심을 갖고 있으니, 경기가 진행되는 동안 크리켓 이야기를 하는 것을 피하기 힘들다. 크리켓은 인도 전역에서 인기가 극도로 많지만 특히 뭄바이에서 가장 열정적이고, 최고의 선수들은 뭄바이 출신이거나 적어도 마하라슈트라 주 출신이다.

인도에는 세계에서 가장 아름다운 사냥 금지 구역이 있다. 이런 보호구역에서는 호랑이뿐 아니라 코끼리, 코뿔소, 사자, 다양한 종의 사슴과 원숭이를 볼 수 있다. 인도는 기후와 지역에 따라 다양한 야생의 경험을 제공한다.

인도에는 55곳의 국립공원과 247곳의 보호구역이 있다. 이런 곳들은 각 주에서 관광지로 홍보하고 있어 대체로 대도시에서 연계 버스와 기차를 이용해 오갈 수 있고, 몇 시간 정도면 도착하는 거리에 있다. 예를 들어 델리에서 바랏푸르까지 기차로 3시간이 걸리며, 베단탄갈은 첸나이에서 80킬로미터 떨어져 있다. 이런 곳들은 친구 몇 명과 소풍 가방을 챙겨 지프를 타고 나갈 즐거운 구실을 제공한다.

각 주의 사냥 금지 구역들은 한때 그 지역 전체가 어떤 모습이었을지 짐작하게 한다. 열대우림 보호구역은 많은 동식물 종들에게 안전한 피난처이며, 희귀 동물이나 조류를 직접 보려는 외국인에게도 유혹적인 장소다. 자바코뿔소와 인도느시, 인도악어 같은 몇몇 멸종위기종들은 인도에서 생존의 희망을 걸고 있다. 이런 곳에는 어떤 대가를 치르더라도 꼭 호랑이를 봐야겠다는 사람을 제외한, 다른 무언가에 흥미를 느끼는 사람들을 위한 풍부한 야생도 기다리고 있다.

그러나 역시 가장 신비로운 동물은 호랑이다. 호랑이를 보는 것은 인도악어를 보는 것과는 비교가 안 될 만큼 매혹적인 경험이다. 1960년대와 70년대에 사람들은 다행히 너무 늦기 전에 인도호랑이가 멸종 위기에 처했음을 깨달았다. 19세기 초에는 약 4만 마리의 호랑이가 인도에서 어슬렁거렸는데 1972년에 그 수가 2000마리 미만으로 줄었다. 이런 급격한 감소를 막기 위해 호랑이 프로젝트가 시작되었다. 이 프로젝트는 인도 전역에서 호랑이 보호 노력에 박차를 가해 전체 숲 지대의 12퍼센트를 포괄하게 되었고 1986년까지 전국의 인도호랑이는 4000마리 이상으로 증가했다.

호랑이 프로젝트에 참여한 공원은 인도 전 지역에 퍼져있지만 그중 가장 유명하고 오래된 곳(1946년 설립)은 코르벳 국립공원이다. 공원 이름은 1957년에 호랑이를 추적한 경험담을 책으로 출판했던 사냥꾼 겸 동식물 연구가 고故 짐 코르벳의 이름을 땄다.

코르벳 국립공원에서는 코끼리를 타고 호랑이를 보러 나갈 수 있다. 그것은 그 자체로 굉장한 모험이다. 코끼리처럼 거대한 동물이 어떻게 한발 한발 내딛어 좁고 위태로운 길을 헤쳐나가는지를 보면 그저 신기할 따름이다. 물론 사자와 달리 호랑이는 사냥감에 다가가기 위해 숲에 몸을 숨기고 있기 때문에 직접 보는 것이 쉽지는 않다. 호랑이는 단독생활 동물이어

희귀한 인도호랑이를 만날 수 있는 코르벳 국립공원

서 짧은 짝짓기 기간을 제외하면 어미와 자식 외에는 함께 다니지 않는다.

먹이사슬의 정점에 있는 호랑이는 먹이동물의 개체 수가 충분하지 않으면 생존할 수 없다. 불행히도 호랑이가 먹이로 삼는 인도영양과 수록水鹿을 비롯한 야생 유제류 동물들은 목초지를 두고 소와 경쟁을 벌여야 하는 상황이다. 호랑이의 사냥터인 숲 전체를 보호하지 않으면 호랑이를 보호할 수 없다.

인도 정부의 보존 정책에도 불구하고 숲이 고갈되는 속도는 무서울 정도다. 불과 100년 전에 국토의 40퍼센트였던 숲이 1987년에는 7~8퍼센트 정도로 줄었다. 그 이유 중 하나는 인도 같은 나라에서는 인간의 필요가 동물의 필요보다 늘 우선하기 때문이다. 예를 들어 코끼리는 하루에 200킬로그램의 청예사료를 먹어야 하는데 그런 먹이를 제공하는 광활한 초지가 플랜테이션과 수력발전소로 변하고 있다.

여기에는 잘못된 정책도 한몫하고 있다. 숲의 심각한 고갈로 시골 아낙들이 땔감을 구하기 위해 하루에 몇 킬로미터씩 걸어야 하는 상황인데도 국가적 차원의 연료 정책이 아직 없다. 도시에서도 가정용 조리를 위해 필요한 연료의 절반을 아직도 나무로 이용하고 있다. 가격이 저렴하면서 연료 소비를 30퍼센트까지 줄일 수 있는 무연 출라chulha (조리용 아궁이)가 개발되었지만, 인도에서 나무를 때는 많은 가정이 이 무연 출라를 쓰고 있지 않다.

외국인들도 환경을 악화시키는 데 어느 정도 일조하고 있다. 히말라야의 밸리 오브 플라워 같은 인기 있는 트레킹 코스는 다른 어떤 원인보다 관광으로 인해 몸살을 앓고 있다.

정부와 비정부기구, 개인들이 인도의 야생동물 서식지와 환경 보존을 위해 소중한 노력을 쏟고 있으며, 야생 보호주의자들은 이런 보호구역의 성공이 바로 인간의 의지에 달려 있다는 것을 인식하고 있다. 인간의 요구와 호랑이의 요구, 관광객의 요구. 이런 상충적인 요구들을 어느 하나 무시하지 않고 모두 고려해야 한다. 이것이 오늘날 인도의 야생을 사랑하는 이들이 직면한 슬픈 역설이다.

8

인도어
이해하기

'인도식 사고방식이 **있는가?**
인도식 사고방식이 있는가?
인도식 **사고방식이** 있는가?
— A.K. 라마누잔, 〈인도식 사고방식이 있는가?〉

인도는 역사의 대부분 기간 동안 시각 문화보다 구술 문화가 중심을 이루었다. 지어진 지 약 1000년이 된 네 권의 베다는 암기를 통해 스승으로부터 제자에게 전달되다가 몇 세기가 지나서야 비로소 글로 기록되었다. 더욱이 인도인들은 단어의 소리 자체가 마법같은 힘을 가졌다고 생각한다. 어쩌면 인도인들이 의미 못지않게 음조가 중시되는 대화와 토론, 연설을 좋아하는 것도 이런 이유에서일 것이다.

인도에서의 영어

200년 이상에 걸친 영국 통치 기간 동안 영어는 강력하고 영향력 있는 언어였다. 이는 요즘도 덜하지 않다. 영어는 영어를 말하는 사람뿐 아니라 영어를 말하지 않는 사람에게도 마찬가지 영향력을 행사한다. 영어는 신분 상승과 직업과 명성의 언어다. 인도에서 다른 어떤 언어도 영어와 똑같은 기회의 문을 열어주지 않는다. 약 2800만 명의 사람들이 영어를 말할 줄 알거나 스스로 그렇다고 생각한다. 정부 정책은 헌법에서 영어를 공식 언어 중 하나로 명시함으로써 영어의 역할과 기능을 인정하고 있다.

인도에서 사용되는 언어가 몇 가지 있지만 그중에서도 영어는 외국인이 (다양한 형태로) 가장 자주 접하게 될 언어다. 인도의 다른 어떤 언어도 문화적 장벽과 지리적 거리를 넘어 그토록 다양한 사회적 상황에서 사용될 수 없다. 다음은 인도에서 만날 수 있는 영어의 몇 가지 형태다.

흠잡을 데 없는 영어

'Regularly at five in the morning Jagan got up from bed, broke a twig from a margosa tree in the backyard, chewed its tip, and brushed his teeth. He was opposed to the use of a toothbrush. "The bristles are made of the hair from the pig's tail," he declared. "It's unthinkable that anyone should bite a pig's tail first thing in the morning."'

⇨ 매일 아침 다섯 시에 제이건은 규칙적으로 침대에서 일어나 뒤뜰로 나가서 인도먹구슬나무의 잔가지를 꺾어 끄트머리를 씹어 이를 닦았다. 그는 칫솔을 사용하는 것에 반대했다. "칫솔모를 돼지 꼬리로 만드는데, 아침에 일어나서 맨 처음 하는 일이 돼지 꼬리를 깨무는 것이라니, 도무지 상상할 수도 없는 일이야."

– R.K. 나라얀, 《과자장수》

많은 인도인들이 원어민 못지않게 유창하게 영어를 말하고 쓴다. 100년 이상 인도에 존재해 온 전문 직종에서 일하는 도시 엘리트는 인도나 해외의 일류 학교에서 교육받았으며 영어를 말하는 곳이라면 어디에서나 통용되는 영어를 구사한다. 언론인과 시인, 소설가는 제2언어로 인상적인 다수의 작품을 써왔다. R.K. 나라얀R.K. Narayan처럼 남인도의 소도시에 대해 쓰건, 아니타 데사이Anita Desai처럼 서해안 어촌에 대해 쓰건, 또는 살만 루시디Salman Rushdie처럼 독립기념일 자정에 태어난 인도의 아이들에 대해 쓰건, 인도 작가들은 전 세계 독자에게 인도 특유의 시각을 제공함으로써 널리 인정받았다.

영어인 듯 영어 아닌 영어

'First people die. White colour the man, red colour the woman. People bring the body in burning place near the river. He wash the body in the Ganges. After body will keep and people go in government office. He write the name which person to death. Then government know how many persons to death... After come there make five rounds and then start fire. After three hours body will finish and less piece of body throw in Ganges water.'

⇨ 먼저 사람들이 죽는다. 하얀색은 남자, 빨간색은 여자다. 사람들은 시신을 강가 화장터로 가져온다. 그는 갠지스 강에서 시신을 씻는다. 시신이 준비되면 사람들은 정부 사무실로 간다. 누가 죽었는지 이름을 쓴다. 그러면 정부가 얼마나 많은 사람이 죽었는지 안다…. 거기 와서 다섯 바퀴를 돈 다음 화장을 시작한다. 세 시간 후에는 화장이 끝나고, 부피가 훨씬 줄어든 육신의 일부가 갠지스에 던져진다.

– 메흐로트라 박사. 갠지스 강의 뱃사공 안내자가 해준 말을 인용

택시 기사와 관광 가이드, 하인과 점원들, 관광 중심지 거리의 상인들 같은 외국인 관광객과의 접촉을 통해 생계를 꾸리는 문맹이거나 반문맹인 사람들은 생존을 위해 영어를 말해야 한다. 말을 하는 사람과 듣는 사람 모두 의사소통에 몰두한다면, 제한된 어휘와 특이한 문법과 부정확한 발음으로도 얼마든지 뜻이 통한다.

인도식 영어

'While the parents get ready to receive the costly gifts,

both in cash and kind, and the relatives, friends and all near
and dear ones, get renovated for participating in the marriage
party (a festive reception coupled with dainty dishes, both hot and
cold), the boy and the girl are left to tend for themselves.'

⇨ 부모는 선물이나 그밖에 값나가는 선물을 받을 준비를 하고 친척과 친구들,
가까운 사람들은 결혼 파티(맛깔스러운 찬요리와 더운 요리가 짝을 이룬 잔치)에
참석하기 위해 변신을 하는 동안, 신랑과 신부는 스스로를 돌보도록 남겨진다.

― S.K. 비나야카, 《아내를 고르는 방법》

앞서 살펴본 두 가지 극단 사이에 대중적인 패러디의 영어
가 있다. 모국어의 영향을 받은 억양, 상투적 표현과 잘못된
숙어, 낡은 문어체가 가득하다. 호주식 영어 같은 다른 많은
비표준 영어와 마찬가지로, 인도식 영어는 표준 영어 사용자
의 귀에는 거의 외국어로 들릴 만한 발음과 문법, 용법을 발전
시켜 왔다.

인도의 영어 사용자 대부분은 외국인들에게 말하려고 영어
를 쓰는 것이 아니라 서로에게 말하려고 쓴다. 대학생과 교수,
의사를 비롯한 다양한 전문직 종사자들, 철도와 항공사 간부
및 직원, 은행과 우체국, 호텔과 레스토랑 직원들 사이에서 영
어는 범인도 차원의 연결 언어다. 영어는 비즈니스, 과학, 대중
매체의 언어다.

신문과 저널은 인도적 특징이 듬뿍 밴 다양한 영어를 시용
한다. 국영 TV와 라디오 방송국도 마찬가지다. 사업상의 서신
도 인도식 영어로 쓴다. 대부분 사람에게 영어는 고대 산스크
리트어와 페르시아어가 그랬던 것처럼, 친밀하고 정서적인 모
국어와는 다른 목적으로 쓰는 제2언어다.

영어 구어

영어 구어는 지역 언어가 가미되어 다채로운 결과물을 낳았다. 예를 들어 펀자브에서는 "룸서비스를 원하십니까?"라는 말을 "Ju bant room saarbees?"라고 발음하고, 타밀나두에서는 "계란을 충분히 드셨나요?"라는 말을 "You yate yenup yeggs?"라고 발음한다. 또, 같은 단어들을 어떤 지역에서는 'estrait(straight)' 'espin(spin)' 'eskool(school)'이라고 발음하는 반면, 다른 지역에서는 'satarait' 'sapin' 'sakool'이라고 말한다. 모국어가 가진 억양과 리듬의 영향으로 영어 역시 독특하게 억양 없이 말한다.

영어는 종종 삶의 과정을 통해서가 아니라 학교에서 영어를 배운 교사에게 배우게 되는 경우가 많다. 따라서 단순한 표현보다 낡은 문어체가 선호된다. 여성을 가리키는 말로 'woman'보다는 'fair sex'가, 축하한다는 말로 'congratulate'보다는 'felicitate'가 선호된다. 인도 토착어는 존칭과 경칭이 발달해 구어나 문어에서 쓰이는 영어 역시 미사여구가 많고 격식을 많이 차리며 극도로 예의 바르다.

문법적 변칙은 이해와 소통을 하는 데는 별로 문제가 되지 않는다. 가령 "나는 여기서 4년 동안 일했어요"라는 취지로 표현할 때, 'for' 대신 'since'를 이용해 "I'm working here since four years"라고 말해도 이해하는 데는 지장이 없다. 오히려 더 헷갈리는 것은 영어 단어가 본래 의미가 아닌 다른 의미로 쓰이는 경우다. 예를 들어 남인도에서는 'military hotel'이 '비채식주의 레스토랑'을 가리킨다. 또한 신랑감과 신붓감은 나이에 상관없이 항상 'girl'과 'boy'로 표현된다.

영어에는 가족 관계를 표현하는 용어가 충분하지 않기 때문에 신조어가 만들어지기도 한다. cousin-brother(사촌형제)는 영어에는 없는 표현이며, 아내의 자매의 남편을 가리키는 co-brother-in-law(동서) 역시 영어에는 없는 표현으로 좀 더 가까운 관계인 처남이나 매부와 구분하기 위해 사용한다.

인도에서만 발생하는 상황에 대처하려면 그들만의 어휘가 필요하다. 정상적으로 소득신고를 하는 물건이나 서비스의 요금은 '흰색으로(in white)' 지불되는 것이며, 신고한 것보다 더 많이 부과한 신고하지 않은 액수는 '검은 돈(black money)'이라고 표현한다. 지불액을 흰색과 검은색으로 계산하는 관행은 사업에서 당연시될 만큼 일반화되어 있으며, 집세를 내는 것 같은 좀 더 일상적인 거래로까지 확대되었다.

인도 언어 배우기

시골 지역에서 살거나 일하거나 장기간 여행하는 경우, 현지어를 배울 필요가 있다. 물론 대도시에 살더라도 배워두면 유용하다. 해당 장소와 문화에 대한 깊은 애정이 있지 않는 한, 완벽하게 익힐 필요까지는 없다. 500단어 정도의 어휘와 간단한 문법 구조만 파악하면 가격을 묻고 상대의 대답을 이해하는 정도는 할 수 있다. 인도 지인들이 말하는 언어를 배운다면 다른 어떤 제스처보다 인도에 대한 관심과 애정을 전달할 수 있다. 언어를 배우려는 노력은 그 문화 전체에 대한 존중의 표시로 받아들여질 것이다.

산스크리트어

가장 널리 이용되는 인도 언어는 두 어족으로 나눌 수 있다.

북부의 인도-아리아어족과 남부의 드라비다어족이 그것이다. 가장 오래된 인도-아리아어의 고전적 형태인 산스크리트어는 라틴어와 자매어로 간주된다. 두 언어 모두 같은 조상 언어에서 유래했기 때문이다. 영어와 산스크리트어를 비교해 보면 이러한 관계를 짐작할 수 있다(mother-matar, night-nakt, nose-nas, three-thrini, bind-bandth, teeth-dent).

북인도 언어는 유럽의 로망스어가 라틴어와 연관되는 것과 같은 방식으로 산스크리트어와 연관되어 있다. 그러나 산스크리트어는 라틴어와 달리 사어死語가 아니다. 부분적으로 그 이유는 산스크리트어가 애초부터 일상생활 언어였던 적이 한 번도 없었기 때문이다. 산스크리트어는 예나 지금이나 인도 전역에서 종교적인 의식과 가르침의 언어다. 한때는 궁중의 언어, 희곡과 시의 언어이기도 했다.

간혹 산스크리트어로 시나 희곡을 쓰는 사람이 있지만 한때 인도의 지식 분야에서 이 언어가 담당했던 역할은 이제 영어에게 넘어갔다. 실제로 산스크리트어로 말하는 사람은 거의 없지만 그럼에도 산스크리트어를 공부하는 것은 그 자체로 나름의 보람이 있을 것이다. 산스크리트어는 우아하고 질서 있는 언어이며 방대한 문학 작품을 접할 기회를 제공한다.

힌디어

융합하고 동화하기보다 나누고 차별화하기를 좋아하는 인도인의 성향 때문에 하나여야 할 언어가 둘로 나뉘었다. 힌디어와 우르두어는 문자의 형태와 어휘가 부분적으로 다르지만 기본적으로는 하나의 언어. 특히 구어의 경우는 거의 똑같다. 그러나 우르두어는 이슬람교도와 연관된 언어이기 때문에 갈수록 차이가 강조되고 심화되는 경향이 있다.

힌디어는 배우기 힘든 언어가 아니다. 문장 구조는 라틴어에 기반한 언어와 비슷하다. 두 언어가 서로 연결되어 있으니 어찌 보면 당연한 일이다. 또한 중국어처럼 성조를 구분할 필요도, 타밀어나 말라얄람어처럼 외국인의 귀에는 다 똑같이 들리는 'r'과 'l'과 'n' 발음을 할 필요도 없다. 힌디어는 산스크리트어의 데바나가리 문자처럼 왼쪽에서 오른쪽으로 쓴다. 공식 언어와 과학적 용어는 산스크리트어에서 차용한 경우도 많다. 두르다르샨 TV 네트워크에서도 이런 식의 표현을 쓰기 때문에 인도인들은 무슨 말인지 알아듣지 못하겠다며 조롱 섞인 불만을 토로하기도 한다.

힌디어의 경우 어학원에서 단기 강좌를 듣거나 개인 교사를 이용할 수 있다. 입소문으로 좋은 사람을 찾는 것이 최선이다. 중요한 것은 힌디어를 최대한 많이 쓰는 것이다. 하인이나 택시 기사, 야채 장수는 당신에게 자신들의 언어로 말할 것이다. 권력의 언어인 영어를 쓰기보다 힌디어를 씀으로써 그들의 터전에서 동등하게 만날 수 있다. 영어를 써서 기선을 제압해야 하는 특수한 상황이 아니라면, 힌디어를 썼을 때 더 나은 서비스와 저렴한 가격, 더 정확한 정보를 얻을 수 있다.

타밀어

남인도에서 힌디어는 정치적인 문제다. 힌디어가 국어로 채택된다면 힌디어가 모국어가 아닌 사람들은 크게 불리해질 것이다. 적어도 영어가 국어라면 모두가 같은 핸디캡을 가지고 시작한다는 논리가 적용된다. 타밀나두에서는 힌디어를 국어로 채택하는 것에 반대하는 목소리가 워낙 높고 때로는 폭력적이기까지 해서 그 문제는 더 이상 심각하게 고려되고 있지 않다.

남인도에서는 영어가 더 널리 쓰인다. 그러나 남인도에서 생활하거나 여행하려는 사람들은 지역 주민에게 점수를 따기 위해 약간의 타밀어를 배워두면 충분한 값어치를 할 것이다. 내가 아는 한 젊은이는 "맛있어요! nalla ruchi"라는 말을 잘해서 항상 많은 산해진미로 보답을 받았다.

타밀어는 발음 때문에 배우기가 어렵다. 비음과 유음이 많은 데다 'l'은 두 가지, 'r'은 세 가지, 'n'은 다섯 가지의 다른 발음이 있다. 문자는 정교한 곡선과 꼬부랑글씨의 미로 같다. 타밀어는 산스크리트어 못지않게 길고 방대한 문학적 전통이 있음에도 외국 학자들에게 그만큼 많이 연구되지는 않는다.

타밀어를 배우려는 외국인은 선생님을 찾기가 쉽지 않을 것이다. 힌디어처럼 정규 과정이나 개인 교사가 많지 않기 때문이다. 가장 좋은 방법은 타밀어 원어민 중에 다른 언어를 가르치는 훈련을 받은 사람을 찾는 것이다. 그런 사람이라면 적어도 타밀어를 가르칠 때 어느 정도 구조화된 교습 원칙을 적용할 것이다.

숫자

영어를 말하는 인도인들도 큰 수를 셀 때는 라크lakh와 크로어crore라는 단위를 이용한다. '라크'는 십만, '크로어'는 천만을 나타내는 단위다. 신문과 TV, 라디오, 광고는 항상 루피를 언급할 때 이 단위를 이용한다.

백만은 10라크, 1억은 10크로어가 된다. 숫자를 쓸 때도 인

타밀어를 쓰는 첸나이에서는 타밀어, 영어, 힌두어 순서로 표기한다.
지역성 때문인지 힌두어를 아예 쓰지 않은 곳도 많다.

1	ek 에크		15	pandraa 판드라
2	do 도		16	solaa 솔라
3	teen 틴		17	satraa 사트라
4	char 차르		18	attharaa 아타라
5	paanch 판츠		19	unniiss 운니스
6	chhe 체		20	biis 비스
7	saath 사트		21	ikkis 이키스
8	aatt 아트		22	baaiis 바이스
9	nau 나우		23	taiis 타이스
10	das 다스		24	chaubiis 차우비스
11	gyaaraa 갸라		25	pachiis 파치스
12	baaraa 바라		50	pachaas 파차스
13	teraa 테라		100	sau 사우
14	chaudaa 차우다			

도식 시스템이 이용된다.

- 십만이 아닌 1라크임을 명확하게 하기 위해 100,000 대신 1,00,000라고 쓴다.
- 천만이 아닌 1크로어임을 명확히 하기 위해 10,000,000 대신 1,00,00,000라고 쓴다.

적절한 호칭

·인도에서 이름을 부르는 것은 일반적이지 않으며 진정한 우정의 표시이다. 전통적인 가정에서는 아내가 남편을 이름으로 부르지 않고 '누구누구 아버지'라고 부른다. 누군가 남편 이름을 물어도 대놓고 대답하지 않고, 가령 "빨간색lal하고 비슷해요"라는 식으로 암시만 준다.

모르는 사람은 형제를 뜻하는 바야bhayya 또는 자매를 뜻하는 바한지bahanji라고 부른다. 한참 손윗사람은 존경하는 아버지를 뜻하는 바파지bapaji나 엉클, 서sir, 여성의 경우 존경하는 어머니를 뜻하는 마타지mataji, 안티, 마담 등으로 부른다. 여기서 '지'는 존경과 애정을 표현하는 접미사다. 특히 남부에서는 남자들은 동료들에게 이니셜로 통한다. 우리 아버지는 대학 교수들 사이에서 항상 KJ였다.

이름을 부르는 방식은 지역에 따라 다르다. 북인도에서는 일반적인 경우처럼 이름과 성을 부르는데 이름이 먼저, 성이 나중에 온다. '수레시 샤마'라는 사람은 동료들에게 '샤마 씨'로, 친구들에게는 '수레시'라고 불릴 것이다. 반면 남인도에서는 우선 아버지의 이름과 때로는 고향 마을 이름을 이니셜로 붙이고, 본인 이름은 제일 끝에 온다. 우리 아버지 KJ 찰스를 예로 들면, KJ는 할아버지 이름이고 찰스는 아버지 이름이다.

인도에서는 남성과 여성을 부를 때 성 앞에 스리^{sri}와 스리마티 ^{srimati}를 붙인다. 외국 남성의 경우, 하인에게는 서^{sir}나 마스터 또는 사힙^{sahib}으로, 친구의 아이에게는 엉클로 불릴 것이다. 동료들은 이름이나 성을 부르고, 부하 직원은 미스터를 붙여서 부를 것이다.

외국 여성은 하인에게는 멤사힙^{memsahib}, 아이들에게는 안티라고 불릴 것이다. 동료들이나 하인은 이름이나 성에 마담이나 미시즈를 붙일 것이다. 물론 인도 친구들은 그냥 이름을 부른다.

공손한 표현

공손함을 표현할 때 영어식으로 'please'와 'thank you'를 써도 무방하다. 그러나 인도에서 공손함은 특정 단어가 아니라 말하는 방식으로 표현되는 경우가 많다. 예를 들어 뭔가를 부탁할 때 "바야^{bhayya}…"로 말을 시작하면 정중한 요청이 된다.

인도에도 thank you나 please에 해당하는 표현이 있지만 일상생활에서보다 주로 방송이나 공항 방송에서 들을 수 있다. 감사를 표현하는 힌디어와 우르두어는 "단야바드^{dhanyavaad}"와 "슈크리야^{shukriya}"다. 부탁을 할 때는 "크리파야^{kripaya}"나 "메하르바니 세^{meharbani se}"를 덧붙이고, 사과할 때는 "크샤마 키지예가^{kshama kijiyega}" 또는 "마프 키지예가^{maaf kijiyega}"라고 말한다.

인사말

북인도에서 합장한 자세로 "나마스테namaste" 또는 "나마스카namaskar"라고 말하는 것은 만날 때와 헤어질 때 모두 사용하는 표준적인 인사말이다. 타밀나두에서는 만날 때는 "바나캄vanakkam"이라고 말하고, 헤어질 때는 손님의 경우 "포이 바루키렌poi varukiren", 주인의 경우 "포이 바룬갈poi varungal"이라고 말한다.

다음은 일반적인 힌디어/우르두어 인사말들이다.

- 힌두교도의 인사말과 대답: 나마스테 또는 나마스카
- 이슬람교도의 인사말은 앗살람 알라이쿰assalam alaikum, 대답은 발라이쿰 살람vaalaikum salaam
- 시크교도의 인사말과 대답: 샷 스리 아칼sat sri akal
- 인사말과 이름, 친족 호칭에 '지'를 덧붙이기도 한다. 예를 들어 나마스테-지, 마타(어머니)-지, 앨리슨-지
- 아차achcha: 맞아요! 그렇죠! 좋아요. 좋습니다.
- 티그 헤thiig he: 좋아요. 좋습니다. 알겠습니다.

유용한 단어와 표현 모음

실례합니다.	Maaf kiijye 마프 키지예
안녕히 가세요/안녕히 계세요.	Namaskar 나마스카
어떻게 지내세요?	Aap kaise hain? 압 케세 행?
저는 ~를 원하지 않아요.	Mujhe nahin chahiye~ 무제 나인 차이예
저는 ~를 원해요.	Mujhe chahiye~ 무제 차이예
저는 ~에 가고 싶습니다.	Mujhe ~ jaana hai 무제 ~ 자나 헤
괜찮습니다.	Koi baat nahiin 코이 바트 나임

고맙습니다.	Dhanyavaad 단야바드
얼마입니까?	Iska kya daam hai? 이스카 캬 담 헤?
~가 어디에 있습니까?	~kahan hai 카항 헤?

자기소개

인도인들은 비즈니스 상황은 물론이고 사교적 만남에서도 상대의 직업과 직함, 배경을 궁금해한다. 그러므로 그런 것을 주저 없이 밝히고, 인도인에게 다른 사람을 소개할 때도 직함을 함께 말해 준다. 명함이 있으면 이 과정이 한결 쉽다. 인도에서는 명함을 교환하는 일이 잦으므로 항상 가지고 다닌다. 일을 하지 않는 사람의 경우도 이름, 주소, 전화번호가 인쇄된 명함을 휴대하고 다니면 편리하다.

몸으로 표현하는 언어

왼손과 부정不淨 피하기

많은 도시 지식인들이 카스트와 관련된 힌두교의 정淨과 부정不淨의 개념을 거부하지만 실제로는 무의식적으로 따르고 있다. 이런 개념은 워낙 강력해서 불가촉천민의 낙인이 세대에서 세대로 이어진다. 설령 아들이 아버지와 같은 일을 하지 않더라도 마찬가지다.

접촉을 통해 부정해질 수 있는 컵이나 접시 따위의 물건은 바나나 잎 접시나 점토 찻잔처럼 아예 1회용으로 만든다. 몸은 정과 부정 사이를 지속적으로 오간다. 몸의 분비물과 배설물은 부정한 것으로 여겨 그것과 접촉하면 부정해지는 것이

인도 사람들은 왼손을 부정하게 여긴다.
악수를 하거나 물건을 주고받을 때는 반드시 오른쪽을 써야 한다.

고, 성관계와 출산, 월경 그리고 가족이 죽었을 때도 부정한 상태로 여긴다.

인도인은 일반적으로 화장지를 이용하지 않으며 그것을 더러운 습관으로 여긴다. 그래서 화장실 이용 후 물과 왼손을 이용해 뒤처리를 한다. 물론 나중에 손을 깨끗이 씻지만, 그래도 불결한 성분이 남아있을 것이라고 믿기 때문에 왼손으로 먹지 않는다. 장사를 하는 사람들 중에는 첫 손님이 왼손으로 돈을 지불할 경우, 이를 거부하고 오른손으로 다시 달라고 청하기도 한다. 나이 든 사람은 선물을 줄 때도 오른손으로 줘야 한다고 주장한다.

발

인도에서는 실내로 들어갈 때 신을 벗는 관습을 따르는 것이 위생상 좋다. 그러나 왼손과 마찬가지로, 발은 아무리 깨끗이 해도 불결한 성분이 남아있다고 여겨진다.

리그베다는 태초의 인간이 자신의 머리로 높은 카스트를 만들었고, 발로 낮은 카스트를 만들었다고 말한다. 가장 경의를 표하는 인사법은 상대의 발 앞에 납작 엎드리는 것이다. 이것은 '나는 당신의 발에 묻은 먼지와도 같은 존재입니다'라는 뜻이다. 이 의식儀式적인 인사는 주로 성자나 사원의 신상에게 바친다. 일반적인 차원에서 자식이 부모에게, 아내가 남편에게, 젊은이가 노인에게, 학생이 스승에게 공손하게 인사할 때는 몸을 숙여 발등을 만진 후 손가락을 이마에 갖다 댄다.

남의 발은 존중할 가치가 있지만 자신의 발은 항상 일정한 위치에 둬야 한다. 의자나 소파에 앉아 책상 위에 발을 올리는 것은 결례다. 또 책처럼 존중할 가치가 있는 물건을 발로 미는 것도 무례한 행동이다. 바닥에 앉을 때는 발을 앞으로 뻗지 말아야 한다. 혹시 장시간 바닥에 앉아 불가피하게 발을 뻗어야 할 경우, 발바닥이 신이나 연장자를 향하지 않도록 한다.

사람들이 앉아있는 곳에서 걸을 때는 사람이나 책, 악기, 음식을 넘어 다니지 않도록 주의한다. 혼잡한 방에서는 가급적 사람들의 어깨를 살짝 건드리며 "실례합니다"라고 말한 뒤 공간을 만들며 지나가는 것이 정중한 방법이다. 혹시 실수로 누군가의 발을 건드렸다면 미소를 지으며 "미안합니다"라고 말하면 기분 나빠하지 않을 것이다.

키스

한때는 영화에서도 키스가 금지되었다. 지금도 인도 영화에는 실감 나는 키스신이 거의 없다. 심한 노출과 베드신은 용납되지 않는다. 그러나 암시적이고 외설적인 제스처와 복장으로 민망할 만큼 분명하게 메시지를 전달한다. 예를 들어 숲에서 남녀가 언덕을 함께 구르는, 성행위를 암시하는 춤을 추기도 한다.

대도시를 제외하면 젊은이들이 연애를 할 기회가 많지 않다. 인도에는 중매결혼이 여전히 일반화되어 있으며 미래의 신랑감이 문제 삼을지도 모르기 때문에 여자들은 소문에 각별히 신경을 쓴다. 젊은 남자들은 대체로 서툴고 불안정하고 이성과 상호작용을 할 수 있는 다른 마땅한 방법이 없기 때문에 외설스러운 말로 여자들을 괴롭히기도 한다.

악마의 눈길

모든 아름답고 매력적인 것들은 악마의 눈길을 끈다. 그래서 어린아이들은 악마의 눈길을 피하기 위해 다양한 부적과 함께 얼굴에 커다란 점을 찍어 일부러 추해 보이게 한다. 간혹 인도인들은 어린아이를 만나면 아이의 머리 위에서 원을 그린 뒤 손마디로 자신의 머리를 치는 행동을 하는데, 이는 '너의 아름다움에 이끌린 모든 사악한 기운을 내 머리로 가져가겠다'는 뜻이다.

프라이버시

인도에서는 여성이 실외에 있는 동네 공용 펌프에서 사리를 입은 채로 목욕을 한 뒤(이때 사리도 세탁한다) 말끔하게 다른 사리로 갈아입어도 허물이 되지 않는다. 대부분의 인도인에게 개인 방을 갖는 것은 불가능하며, 그것이 딱히 바람직하다고 여기지도 않는다. 인도인은 서양의 프라이버시라는 개념에서 오히려 외로움을 느낄 수도 있다.

인도인의 이런 특징은 여러 문화가 접촉하는 공공장소에서도 종종 드러난다. 인도 사람들은 다른 빈 자리가 많은데도 다른 사람이 앉아있는 옆자리를 선택하는 경우가 많다. 기차에서도 4인용 좌석에 다섯 명이 앉아있다가 그 좌석 주인이 차표를 보여주면 그냥 공간을 좁혀 자리를 내주기도 한다.

여기서 끝이 아니다. 우연히 외국인을 만나면 마치 동물원의 이국적인 동물을 보듯 빤히 쳐다볼지 모른다. 그런 시선도 불편한데 설상가상으로 이름부터 국적, 결혼 유무, 직업, 봉급, 가족, 종교까지 온갖 사적인 질문을 꼬치꼬치 묻는다. 어차피 편안한 거리를 유지할 수 없는 상황에서는 그냥 적응하고 유머 감각을 잃지 않는 편이 낫다.

인도인들은 천성적으로 붙임성이 좋고 호기심이 많다. 인도인들이 너무 가까이 앉거나 빤히 쳐다보거나 너무 많은 질문을 하는 것은, 그들 입장에서는 외로운 이방인에 대한 정중하고 친절한 행동이다. 이름과 국적, 인도에 온 목적을 얘기하고 나면 다시 책을 읽거나 창밖을 보거나 잠을 잘 수 있을 것이다. 대답하기가 지겨우면 역으로 질문하는 것도 괜찮은 방법이다.

성적인 접근

그러나 어떤 남자가 불편할 만큼 가까이 앉았을 때, 여자라면 그 남자가 단순히 문화적 규범을 따르는 차원이 아니라 다른 목적이 있다는 것을 본능적으로 직감한다. 일반적으로 인도 남자들은 어려서부터 여자와 거리를 유지하고 모든 여자를 어머니나 누이처럼 대하라고 배우며 자라지만 이런 규칙이 외국 여성에게는 적용되지 않는다.

남자가 여자에게 너무 가까이 다가앉거나 빤히 쳐다보거나 지나치게 친근하게 행동하면 똑같이 불쾌한 행동으로 응수해야 마땅하다. 예의바르게 거부하면 오히려 부추기는 것으로 오해받을 수 있으니 상대를 철저히 무시해야 한다.

혼잡한 상황에서 은근슬쩍 가슴이나 허벅지 등을 접촉하는 경우, 인도 여성들도 역시 불평을 한다. 최선의 대응은 상황에 따라 다르다. 가능하면 다른 곳으로 자리를 옮기고, 갈 곳이 없다면 발꿈치로 발등을 세게 찍는다. 자리에 앉아있는 상태라면 팔꿈치로 옆구리를 찌른다. 그곳에 다른 여성이 한 명도 없는 경우가 아니라면 굳이 숨길 필요가 없다. 소란을 피우면 그 남자는 슬그머니 달아날 것이다.

의사소통

인도인들은 상대가 듣고 싶어 할 것이라고 짐작되는 말을 해주는 경향이 있다. 재단사가 옷이 곧 완성될 것이라고 말하거나 행인이 당신이 가려는 장소가 바로 코앞이라고 말할 때, 그 말이 100퍼센트 진실이 아닐 수도 있음을 유의한다.

때로는 말로 표현되지 않는 것들이 말로 표현된 것보다 더 흥미롭다는 사실을 기억하라. 침묵과 목소리, 몸짓 같은 대화의 비언어적 부분에 주목해야 한다. 어떤 침묵은 부정을 뜻할 수도 있고, 어떤 긍정의 말은 사실 부정을 뜻할 수 있으며, 반대로 부정의 말이 긍정을 뜻할 수도 있다. 이럴 때 진짜 의미를 전달하는 것은 몸짓이다.

9

인도에서
사업하기

마침내 나는 가장 놀라운 측면은 인도 사람들이
서양의 관행에 적응하는 속도라고 말해야겠다.
그들은 빠르게, 정말로 빨리 배운다.

— 산자이 쿠마르

요즘 인도는 사업을 하기에 아주 흥미로운 곳이다. 경제 개혁 프로그램이 시작된 1991년 이래로, 인도는 세계 시장에서 경쟁력을 갖추기 위해 점점 개방 정책을 펼치고 있다. 전문가들은 2025년까지 인도가 세계에서 세 번째 규모의 경제로 성장할 것이라고 예상한다.

그러나 인도에서 사업을 할 때 유리한 점 못지않게 불리한 점도 많다. 인도에는 2억 5000만 명에 달하는 구매력 있는 중산층이 있지만 이런 엄청난 시장 규모는 빈곤선 이하의 생활을 하는 똑같은 숫자의 빈민층에 의해 상쇄된다. 또한 인건비가 낮은 반면에 전력 부족과 열악한 도로 시설, 항구에서의 지연 같은 열악한 기반 구조가 문제가 된다. 분명 열정적이고 교육 수준이 높은 관리자와 기술자들의 넓은 인력풀을 찾을 수 있겠지만, 그러려면 우선 미로처럼 복잡한 요식체계를 넘어야 한다.

비즈니스 에티켓

인도의 다른 모든 측면이 그러하듯, 비즈니스 에티켓에도 엄청난 다양성이 존재하며 일반화하기가 무척 어렵다. 우선 지역적 다양성이 있다. 북인도와 남인도는 기후와 언어, 음식과 복장, 사업 문화가 매우 다르다. 지역적 차이뿐 아니라 공공 부문과 민간 부문 기업의 업무 방식에도 차이가 있으며, 요즘은 기존의 제조 중심 회사와는 방식이 전혀 다른 IT와 통신 같은 새로운 산업들까지 가세해 그런 차이를 더하고 있다.

사소한 차이들도 있다. 북부에서는 차를 대접하는 반면 남부에서는 커피를 대접한다. 특정한 조건에 의한 차이들도 있다. 북부에서는 추운 겨울에는 정장에 넥타이가 비즈니스 복장이지만 더운 여름에는 남인도와 마찬가지로 셔츠와 넥타이로 바뀐다. 그러나 가장 중요한 차이는 사람들의 태도다.

인도의 한 젊은 사업가는 인도 경제를 세 가지로 구분해 표현했다. 첫 번째는 도시에서 접할 수 있는 '자동차 경제'로 IT, 텔레콤, 금융 부문이 속한다. '자동차 경제'에서 일하는 사람들은 대부분 서양의 사업 방식에 익숙하며 업무 여건도 선진국과 유사하다. 두 번째는 도시와 준도시 지역에 걸쳐있는 '오토바이 경제'로, 주로 제조 관련 업계가 속한다. 여건으로 말할 것 같으면, 국제적 기준과는 조금 차이가 있지만 업체들은 열정적으로 사업을 하고 종종 외국인들과의 사업을 갈망한다. 마지막은 '달구지 경제'다. 여전히 인도 인구의 70퍼센트가 살고 있는 농촌 지역이 여기에 해당한다. 달구지 경제의 사업 관행은 전혀 다른 관점과 기술을 요구한다.

이런 단순하고 기억해 둘 만한 모델을 이용해 상황에 맞게 사업적인 상호작용을 할 수 있을 것이다. 자동차 경제는 서양식 관행과 비슷하므로 여기서는 오토바이 경제와 달구지 경제에 관한 조언에 집중하겠다.

협상 성공

인도에서 비즈니스 상의 만남은 일반적으로 느리고 여유로운 편이다. 미리 약속이 정해진 중요한 만남도 10분이나 15분쯤 늦게 시작하는 것이 기본이다. 만난 후에도 이런저런 잡담이 오간다. 사환이 갑자기 다과상을 들고 나타나는데 때로는 손님에게만 다과를 대접하기도 한다.

만남이 진행되는 중에 상대방이 계속 전화를 받고, 서류에 서명을 하고, 부하 직원에게 명령을 내려도 놀라지 않기 바란다. 인도인들은 몇 가지 일을 한꺼번에 하는 것에 문제를 느끼지 않는 것처럼 보인다.

당신의 관심사와 직접적인 관련이 없는 여담이나 질문을 꺼내도 놀라지 마시라. 인도인들은 어떤 결정을 내리기 전에 사업을 넘어서는 관계를 구축해야 한다고 느낀다. 의사결정 과정은 실용적인 세부사항뿐 아니라 전반적인 상황, 다시 말해 맥락이 필요하기 때문에 그런 여담도 필요하다고 생각한다.

사장

인도 사회의 위계적인 특성상, 조직에는 반드시 사장이 있어야 하고 사장은 사장처럼 보여야 한다. 어떤 사무실에서는 사장이 방에 들어올 때마다 모두 자리에서 일어선다. 사장은 권력과 위신의 상징이다. 사장은 모든 결정을 내리고 모든 책임을 감수하는 사람이다.

다른 사람은 모두 명령에 따르고, 설령 사장이 100퍼센트 틀렸다는 것을 알아도 대놓고 따지지 않는다. 직원이 반대 의견을 직접 표시하는 것을 불손하게 여길 수 있으므로, 앞에서는 아무 말 하지 않고 그냥 사장의 명령과 다르더라도 자신이 옳다고 생각하는 일을 한다. 가끔은 인도 직원이 현장 사정을 더 잘 알고 있기 때문에 그렇게 해도 문제없이 일이 잘 될 수 있다. 당신이 외국인 사장이라면, 그러다가 일이 잘못되지 않는 한 직원이 명령을 따르지 않았다는 것조차 모르고 넘어갈 수 있다. 그러니 사실은 '아니요' 또는 '글쎄요'를 의미하는 '예'와 진짜 '예'를 구분하는 것이 중요하다. 직원들이 사장에 대한 절대적인 권위에 도전한다고 느끼지 않으면서도 반대 의견을 표현할 수 있는 방법을 찾아야 한다.

만약 당신의 방식이 옳다고 확신하는 경우, 반대하는 사람들이 당신의 지시를 따르지 않은 결과를 전적으로 책임지겠다는 각서를 쓰도록 요구할 필요가 있다. 나중에 그런 지시를 들은 적이 없다고 발뺌할 수 없도록, 직원들에게 지시사항을 받아 적게 하거나 서면 지침을 만들어 전달하는 것이 중요하다. 직원들이 "전 몰랐어요"라고 말할 수 없도록 직접 관련되지 않은 사람들에게도 보고서와 메모를 돌린다. 그리고 당신이 오해의 소지 없이 분명하게 의사를 전달했는지 확인한다.

인도에서 일하는 외국인 여성

도시의 신생 회사에서 일하는 여성들은 업무 환경이 좋은 편이며, 남자 동료의 성희롱이나 여자 직원과의 신경전도 없는 것으로 보고되었다. 권위를 세우려 굳이 애쓰지 않아도 저절로 권위를 받아들이는 분위기다. 정신분석학자 에릭 에릭슨은 인도인들은 '여성적 시간-공간'에서 산다고 썼다. 외국인 여성들이 인도에 쉽게 적응하는 것도 어쩌면 그 때문일 것이다. 결론은 남자건 여자건, 사장은 사장이라는 것이다.

제조업 부문과 시골 지역에는 간부급 외국인 여성이 많지 않고 그런 여성들은 편견에 직면할 가능성이 높다. 이런 문제가 해결되려면 점차적인 교육과 익숙해지는 과정이 필요할 것이다.

비즈니스 복장

무더위에도 불구하고 여전히 정장과 넥타이가 표준적인 복장이지만 차츰 변화하는 추세다. 남인도에서는 셔츠와 넥타이가 보통이며, 일부 종교 행사의 경우 전통 복장을 한 남성들도 심심찮게 볼 수 있다.

인도에서 사업을 하는 여성들에게는 가급적 보수적인 복장을 권한다. 드레스를 입을 때는 무릎과 위팔을 가리고 목 부분이 많이 파이지 않은 것을 선택하라. 맞춤식 바지와 재킷도 여성에게 괜찮은 복장이고, 살와르 카미즈 같은 실용적인 인도식 복장을 입는 것도 좋다. 그러나 다른 문화의 패션에 안목을 갖는 것은 매우 어려운 일이어서 상점에 들어가 너무 과하거나 구식이거나 싸구려 옷을 고르기 쉽다. 인도 패션에 대한 감각을 익히게 될 때까지는 익숙한 스타일을 고수하는 편이 더 낫다.

직장 환경

세 명의 중간관리자가 컴퓨터 설치 문제로 사무실에서 외국인 전문가를 만난다. 한참 논의한 끝에 컴퓨터를 설치하기 가장 좋은 곳은 스위치보드 옆이라는 결론이 났다. 컴퓨터를 연결할 수 있도록 책상만 옮기면 설치 준비가 된다. 그러나 관리

'인도의 실리콘밸리'로 불리는 벵갈루루에 있는 바그마네 테크파크의 전경.

자들이 떠나고 몇 시간 후에도 책상은 옮겨지지 않았다.

이유를 묻자 관리자 중 한 명이 외국인 전문가에게 설명한다. "사환이 아직 안 와서 그럽니다." 잠시 후 사환이 도착한다. 그는 맨발에 헐어빠진 유니폼을 입은 깡마르고 조그만 남자다. 세 관리자가 그에게 옮겨야 할 책상을 보여 준다. 사환혼자서 낑낑대며 책상을 옮기는 동안 그들은 서서 구경하며이런저런 참견을 한다. 어찌어찌해서 생각보다 무거운 책상을옮긴 뒤 관리자 중 한 명이 외국인 전문가에게 이제 컴퓨터를연결할 수 있다고 알린다.

높은 카스트는 머리로 일하고, 낮은 카스트는 몸으로 일한다. 어떤 직업은 존중받는 반면, 다른 일은 비천한 것으로 여겨진다. 인도에서 일하는 외국인은 한 집단이 다른 집단의 업무를 기피하는 것을 거듭 목격하게 될 것이다. 자칫 그런 기피가 멍청함이나 게으름으로 보일 수 있지만 사실은 그렇지 않다. 그것은 단지 출생과 동시에 운명 지어진 노동의 구분일 뿐이며, 간디의 말처럼 이것이 인도인들을 지구상에서 가장 수명이 짧고 가장 주변머리가 없고 가장 많이 이용당한 국민으로 만들었다.

육체노동에 대한 기피

리그베다는 가장 낮은 카스트를 '두 발 달린 소'라고 표현했으며, 오늘날도 빈민층은 다른 나라에서는 동물과 기계가 하는 일을 한다. 네루가 "우리 국민들에 대한 무한한 존경심에도 불구하고 우리가 근면한 나라는 아니라는 것은 인정하지 않을 수 없다"라고 말했을 때, 그것이 전국에서 주야로 땀 흘리며 고된 노동을 하는 사람들, 위험하고 건강을 해치고 빛도 안 나는 일을 하는 노동자들을 가리키는 말은 아니었을 것이다.

수레 끄는 사람, 삼륜차를 모는 사람, 공사장 인부, 돌 쪼개는 사람들은 간신히 생계를 이어가기도 빠듯한 적은 일당을 벌기 위해 장시간 동안 힘들게 일한다. 사환은 단지 차를 내오기 위해 있는 것이 아니며 그를 부리는 사람의 높은 지위를 상징하는 존재인 것이다. 힘 있는 사람일수록 부리는 사환이 많다. 사환과 달리, 영어를 할 줄 알고 서구적인 사고에 익숙하고 교육 수준이 높은 사무실 직원은 때로 서양 방식으로 일한다는 인상을 주지만, 사실 그것은 허식에 불과하며 그런 겉모습 뒤에는 아주 다른 가치 체계를 가진 사람이 숨어있다는 것을 머지않아 발견하게 될 것이다.

인도인들, 특히 특정한 종류의 사무직 남성이 보여 주는 육체노동에 대한 거의 병적인 기피는 카스트가 여전히 인도의 일상생활에 강력한 영향력을 행사하고 있다는 것을 보여 준다. 아침에 남자 비서가 엎지른 커피 한 잔이 저녁에 청소부가 올 때까지 그대로 있다. 책상 바로 뒤 선반에 꽂힌 서류철을 가져오기 위해 부저로 복도에 있는 사환을 호출한다. 부저를 누르고 기다리느니 차라리 뒤돌아서 직접 서류철을 빼는 편이 훨씬 빠를 텐데 말이다.

그러나 인도의 인구를 고려하면 이런 엄격한 노동의 구분이 이치에 닿는 면도 없지 않다. 효율성이 오히려 다른 많은 문제를 낳을 수 있기 때문이다. 사원이 직접 차를 준비해 마시고 책상을 옮기고 청소한다면 그 많은 사환이나 청소부는 무슨 일을 하겠는가? 물론 그렇다고 이것이 이상적인 해결책이라는 얘기는 아니다. 단지 인도에는 문제가 있고, 인도인들은 그 문제를 이런 식으로 다룬다는 얘기다.

여성 근로자

여성 근로자들은 비교적 위계가 엄격하지 않고 필요한 일이 있으면 직접 하는 편이다. 가정에서 하인이 나타나지 않으면 세탁과 요리 등을 직접 할 수밖에 없는데, 그런 유연성과 실용성을 사무실에서도 똑같이 발휘하는 것이다.

내가 인터뷰한 사람들은 여성들이 좀 더 충실한 직원이 될 수 있으며 좋은 업무 환경을 찾는 데 관심이 많다고 주장한다. 물론 이는 과도한 일반화일 수 있다. 그러나 확실한 것은 여성을 고용하는 편이 그 사회에 좀 더 폭넓은 영향을 미친다는 것이다. 어느 계층에서건 여성들의 삶에 긍정적인 변화가 생기면 그것이 가족 전체에 전달되는 것으로 나타났다. 남자들은 돈을 더 벌면 술을 마시거나 도박을 하거나 자기가 쓸 물건을 사지만, 여성들은 대체로 식품과 의류, 자녀들의 학자금으로 쓴다.

품질에 대한 개념 전달하기

다국적 회사들이 인도에 오는 중요한 이유 중 하나는 값싸고 풍부한 노동력 때문이다. 그러나 경제학자 케네스 갈브레이스가 '사적 풍요와 공적 누추함'이라고 표현한 사회에서 일하는 데는 그만한 대가가 따른다.

특히 '달구지 경제'에서는 품질 관리가 가장 심각한 문제 중 하나다. 추상적 개념으로서의 '품질 관리'를 말하는 것은 효과를 기대하기 어렵다. 짐꾼이나 직조공, 목수나 문맹의 공장 근로자가 이해할 수 있는 용어로 구체적으로 전달해야 한다. 많은 하급 근로자가 문맹이기 때문에 훈련 매뉴얼은 소용이 없다. 조수나 도공은 대체로 체계적인 훈련 없이 현장에서 배운다. 따라서 적절한 훈련 과정 없이는 전에 한 번도 사용해 본 적이 없는 도구와 자료가 있어봐야 무용지물이다. 게다가 인도에는 장비도 한참 부족해 크레인과 트랙터 대신 인력과 도르래, 밧줄로 일한다. 안전 기준도 한심할 만큼 낮다.

물론 '자동차 경제'에서는 안전 기준과 효율성, 품질 관리가 국제적인 기준에 부합한다. 인도 기업들은 품질과 디자인으로 국제적인 상을 수상하고 있다.

비즈니스 일정과 가족

인도에서 사업체는 주로 가족 중심으로 이루어진다. 부자에게도 가난의 위협은 항상 존재하기 때문에 자신의 일자리와 이익을 보호하려는 것이 자연스러운 본능이다. 외부인을 믿을 수 없으므로 가장이 출타 중일 때는 사람을 들이지 않는다. 또한 가장이 정보를 독식하다시피하며 모든 통제권을 장악하고 있기 때문에 가격과 원료를 정확히 아는 사람은 가장뿐이며, 따라서 그가 집안의 혼사 문제로 고향에 가버리면 완제품은 고사하고 관련 정보를 얻는 것조차 불가능해진다.

인도에서 남자는 자녀의 결혼과 출생, 사망 의식을 비롯한 온갖 의식을 수행하는 데다 노부모는 물론이고 가난한 친척까지 돌볼 책임이 있어 그야말로 공사가 다망하다. 그러니 8주 뒤에 납품한다는 약속은 '중간에 아무 일도 생기지 않으면 8주'라는 뜻이다.

관료주의

인도 관료주의의 풍경은 마치 카프카의 작품에서 막 튀어나온 듯한 모습이다. 먼지 낀 서류철이 쌓여 있는 낡고 퀴퀴한 사무실, 20년 묵은 서류를 흩트리며 느릿느릿 돌아가는 천장 선풍기, 어둡고 냄새나는 복도, 사파리 정장 차림의 두더지처럼 작은 관료들, 알랑알랑 비위를 맞추는 아첨꾼들과 끝없이 차를 나르는 맨발의 사환들.

예를 들어 언론 비자를 신청하려 할 때 이민국에서는 "취재 허가가 없으면 비자 발급이 안 됩니다"라고 말한다. 공보처에서는 "비자가 없으면 언론사 인증을 받을 수 없습니다"라고 말한다. 인도의 법과 규칙의 복잡한 미로에 갇혀 이러지도 저러지도 못하는, 그야말로 진퇴양난의 상황이다.

다양한 중앙정부와 주정부 부처들이 서로의 결정을 몰라 의도가 어긋난 채 일하고 있는 상황에서, 국제적인 기업들은 때로는 적대적이고 거추장스러운 인도 관료주의에 대처하는 방법에 익숙해져야 한다. 외국인은 인내심이 많지 않은 경향이 있으니 인도인 중재자를 이용해 다양한 도장과 인장, 허가서를 받는 것이 바람직하다. 단, 아랫사람은 아랫사람만 만날 수 있으므로 고위층과의 협상이 필요한 상황에서는 사장이 그 자리에 있는 것이 중요하다. 그러나 일단 고위층을 만나면 두 사람은 차를 마시며 담소를 교환하고, 세부적인 논의는 부하 직원들끼리 이야기하게 될 것이다. 그 상황에서는 고위급 인도인이 편하게 얘기할 수 있는 분위기만 조성하면 된다.

참고로, 인도에서는 뇌물 수수가 불법이며 뇌물을 주는 사람도 받은 사람 못지않게 엄격한 처벌을 받는다.

노동조합

인도 노동조합은 정치 집단 및 정치가와 연결된 매우 강력한 조직이다. 분쟁이 발생했을 때 노동조합은 노동자들에게 법적 지원을 제공한다. 그들의 목적은 민간 부문 노동자들의 처우를 적정 노동 시간과 의료보험 및 연금 제도 등의 다양한 혜택이 보장되는 공무원 수준으로 끌어올리는 것이다. 따라서 경영자는 생산성 향상을 위해 인력 감축과 다과 시간 단축 같은 변화를 시도하려 할 때 문제에 직면할 각오를 단단히 해야 한다.

10

인도 속성노트

인도는 아주 가난한 사람들이 사는 부유한 국가다.
– 만모한 싱, 전 인도 총리

공식 명칭 인도 공화국

수도 뉴델리

국기 주황색, 흰색, 초록색으로 이루어진 수평 삼색 띠에 가운데 불교의 상징인 바퀴살이 24개인 샤크라(바퀴)가 그려져 있다.

시간 그리니치 표준시 + 5.5시간. 한국보다 3시간 30분 늦다.

국제전화 국번 91

국토 총 면적: 328만 7590 km²
　　　국토: 297만 3190 km²
　　　내수면: 31만 4400 km²

최고점 칸첸중가 봉(해발 8598미터)

주요 강 갠지스 강, 야무나 강, 고다바리 강, 크리슈나 강, 마하나디 강, 나르마다 강, 탑티 강, 브라마푸트라 강, 코베리 강

기후 남인도는 주로 열대지만 북인도는 계절과 지역에 따라 최고기온이 섭씨 50도까지 오르는 반면 최저기온은 영하권까지 내려가기도 한다.

- 봄(3~4월)
- 여름(5~6월)
- 장마철(7~9월)
- 가을(10~11월)
- 겨울(12~2월)

천연자원 석탄(세계 4위 보유국), 철광석, 망간, 운모, 보크사이트, 티타늄 광석, 크롬철광, 천연가스, 다이아몬드, 석유, 석회석

인구 약 12억 6688만 명(2016년 기준)

인종 인도-아리아계 72%, 드라비다계 25%, 몽골계 및 기타 3%

종교 힌두교 80.5%, 이슬람교 13.4%, 기독교 2.3%, 시크교 1.9%, 기타 1.8%, 미지정 0.1%(2001년 인구조사)

언어 영어가 국가적 · 정치적 · 상업적 소통에서 가장 중요한 언어이다. 힌디어는 국가 공용어이고 국민 30퍼센트의 모국어이지만 어떤 지역에서는 전혀 사용하지 않는다. 벵골어, 텔루구어, 마라티어, 타밀어, 우르두어, 구자라트어, 말라얄람어, 칸나다어, 오리야어, 펀자브어, 아삼어, 카슈미르어, 신디어, 산스크리트어 등도 공식어다. 힌디어와 우르두어가 결합된 힌두스탄어가 인도 북부에서 널리 이용된다. 이밖에 각각 수백만 명 이상이 이용하는 언어만도 24가지가 있으며, 대부분 서로 알아듣지도 못하는 수많은 언어와 방언들도 존재한다.

정부 연방공화국

행정구역 29개 주와 7개 연방직할지가 있다.
인도의 주: 안드라프라데시 주, 아루나찰프라데시 주, 아삼 주, 비하르 주, 차티스가르 주, 고아 주, 구자라트 주, 하리아나 주, 히마찰프라데시 주, 잠무카슈미르 주, 자르칸드 주, 카르나타카 주, 케랄라 주, 마디아프라데시 주, 마하라슈트라 주, 마니푸르 주, 메갈라야 주, 미조람 주, 나갈랜드 주, 오디샤 주, 펀자브 주, 라자스탄 주, 시킴 주, 타밀나두 주, 텔랑가나 주, 트리푸라 주, 우타라칸드 주, 우타르프라데시 주, 서벵골 주
인도의 연방직할지: 안다만 니코바르 제도, 찬디가르, 다드라 나가르하벨리, 다만 디우, 델리, 락샤드위프 제도, 푸두체리

통화 단위는 인도 루피(INR). 100파이사는 1INR에 해당한다. 10파이사, 25파이사, 50파이사, 1루피, 2루피, 5루피 동전과 20루피, 50루피, 100루피, 500루피, 1000루피 지폐가 통용된다.

측정 단위 인도는 공식적으로 미터법을 채택했다. 길이는 미터와 킬러미터로, 무게는 그램과 킬로그램으로 측정한다.

GDP 미화로 2조 2510억 달러(2016년 기준)

산업 직물, 화학, 식품 가공, 철강, 운송, 장비, 시멘트, 광업, 석유, 기계, 소프트웨어

수출품 직물, 보석류 및 장신구, 화학제품, 산업용 부품, 가죽 제품

수입품 원유, 기계류, 보석류, 비료, 화학제품

철도 인도 철도는 단일 운영체계로 운행되는 철도 네트워크로는 아시아에서 첫 번째, 세계에서 두 번째로 큰 규모다. 1만 4000대 이상의 열차가 운행되고 있으며 그중 8000대는 매일 6만 5673킬로미터의 거리를 달리는 여객 기차다.

항만 인도는 7517킬로미터에 달하는 긴 해안선을 따라 11개의 주요 항구와 184개의 중소 항구가 있다. 주요 항구로는 칸들라, 뭄바이, 모르무가오, 뉴 망갈로레, 코치, 투티코린, 첸나이, 비샤카파트남, 파라딥, 콜카타, 할디아가 있다.

공항 총 352곳. 포장된 활주로를 갖춘 공항은 249곳이다.

자주 이용되는 약어
- AC: 에어컨 가동
- CM: 수석장관
- FIR: 최초정보보고
- IAS: 인도행정국
- ISD: 국제전화
- PP 번호: 전화가 없는 사람이 전화를 받을 수 있는 이웃 전화번호.

인도에서 다르게 사용되는 영어

- auto: 경삼륜차
- black: 영수증 없이 지불된 돈
- Don't mention: 천만에요.
- hotel: 레스토랑
- lodge: 여관
- military hotel: 비채식주의 레스토랑
- retiring room: 기차역 대기실
- white: 합법적으로 계산되는 돈
- wine shop: 술 가게. 와인은 팔지 않는다.

인도계 유명 인물

모한다스 카람찬드 간디 | Mohandas Karamchand Gandhi

1869년 10월 2일에 인도 포르반다르에서 태어난 간디는 인도를 영국의 통치로부터 해방시키는 데 크게 공헌해 '인도의 아버지'로 존경받고 있다. '사티아그라하'라고 불리는 비폭력 저항과 시민불복종 운동으로 유명하며 1948년 1월 25일 힌두교 광신도에 의해 암살되었다.

자와할랄 네루 Jawaharlal Nehru

1947년 인도가 독립을 쟁취했을 때 초대 총리로 취임했다. 현대 인도를 세속적 민주주의 국가로 설계한 인물로, 자유 언론과 독립적 사법권, 군대에 대한 시민의 감시, 전반적 평등주의로 국가를 건설했다. 또한 세계무대에서 카리스마 넘치는 지도자로서 사회주의적 경제 정책과 비동맹 외교 정책을 흔들림 없이 고수했다.

노벨상을 수상한 인도 작가, 타고르

라빈드라나트 타고르 Rabindranath Tagore

타고르는 학자이자 자유 투사이고 작가이자 화가였다. 1913년에 시집《기탄잘리》로 노벨상을 수상했다. 35편의 희곡과 12편의 소설 그리고 다수의 단편소설을 썼으며, 몇몇 작품은 시티야지트 레이를 비롯한 현대 영화 제작자들에게 영감을 주었다. 그의 시에 음악을 입혀 인도 애국가가 탄생했다.

M.S. 수발락슈미 Subbhalakshmi

수발락슈미는 인도 음악의 나이팅게일로 알려진 매력적이고 재능 있는 가수였다. 간디와 네루 모두 그녀의 순수한 음색을 좋아했다. 초기에 출연한 영화에 힘입어 인도에서 가장 인기 있고 사랑 받는 가수가 되었다.

인디라 간디 Indira Gandhi

제3대 총리이자 자와할랄 네루의 외동딸. 그녀는 겨우 열세 살의 나이에 정치 이력을 시작했다. 인디라는 인도의 독립을 위해 싸우는 청소년들로 구성된 '원숭이 부대 Vanar Sena'라는 저항단체의 지도자였다. 테러리스트 활동 때문에 황금 사원을 습격한 것에 대한 보복으로 10월 31일 시크교도 경호원에게 암살당했다.

아마르티아 쿠마르 센 Amartya Kumar Sen

어린 시절 벵골에서 경험한 기아에 영향을 받아 기아와 빈곤의 근본 원인에 관한 경제 연구에 투신한 경제학자. 아마르티아 센의 경제학 이론은 새로운 개발 철학을 제공한다. 1998년 노벨 경제학상을 수상했다.

수브라마니안 찬드라세카르 Subrahmanyan Chandrasekhar

노벨 물리학상을 수상한 천체 물리학자로 항성진화 분야에 대한 연구로 유명하다. 떨어지는 거대한 별이 빛조차 탈출할 수 없는, 지금은 '블랙홀'로 알려진 고밀도 물체가 된다는 것을 최초로 이론화했다. 또한 백색왜성의 최대 질량에 한계가 있다는 것('찬드라세카르 한계'로 알려진)을 입증했다.

아룬다티 로이 Arundhati Roy

《작은 것들의 신》으로 1997년 부커상을 수상한 최초의 인도 여성. 현재는 반핵운동과 환경운동 등의 사회운동가로 더 잘 알려져 있다.

사티야지트 레이 Satyajit Ray

서벵골 출신의 유명한 영화감독. 인도 농촌 지역의 일상을 사실적으로 묘사한 《아푸 Apu》 3부작으로 가장 잘 알려져 있다. 28편의 장편 영화와 몇 편의 다큐멘터리 영화를 만들었다. 사후에 오스카 평생 공로상을 수상했다.

잠셋지 타타 Jamshedji Tata

뛰어난 사업 감각과 선견지명으로 인도 산업의 할아버지로 알려진 그는 인도과학대학원과 수력발전 프로젝트, 타즈 호텔을 시작했

다. 현재 타타라는 이름은 인도 어디서나 볼 수 있으며 '잠셰드푸르
Jamshedpur'라는 도시명은 그의 이름에서 따온 것이다.

● 흥미로운 명소 ●

아그라와 파테푸르시크리

아그라에는 타지마할이 있고, 거기에서 37킬로미터 떨어진 곳에 아
름다운 유령 도시 파테푸르시크리가 있다. 무굴 제국 시대에 악바르
에 의해 건설되었다가 수원水原이 없어 버려진 곳이다.

아잔타 석굴과 엘로라 석굴

아잔타 석굴은 불교 수도원이었으며 그 내부가 부처의 일대기를 묘
사한 벽화로 장식되어 있다. 그와 가까운 엘로라에는 현무암 절벽을
깎아 만든 석굴들이 있는데 가장 정교하고 아름다운 석굴 사원 건축
의 예로 꼽힌다. 그중에 가장 주목할 만한 석굴 사원은 카일라사 사

현무암 절벽을 깎아 만든 엘로라 석굴

© saiko3p

성적인 묘사로 유명한 카주라호의 조각물

원으로 단일 암석으로 된 구조물 중 세계 최대 규모를 자랑한다. 아
잔타와 엘로라 모두 유네스코 세계문화유산으로 등재되어 있다.

카주라호
카주라호의 정교한 분홍빛 사암 사원들은 북인도식 또는 나가라식
사원 건축의 백미다. 남자와 여자, 심지어 동물들 간의 성적인 내용
을 묘사하는 조각으로 유명하다.

마두라이
인도에서 가장 오래된 도시 중 하나로, 기원전 6세기부터 무역 중심
지였다. 본당에 1000개의 기둥이 있는 미낙시 사원 단지는 드라비
다 건축의 인상적인 사례다.

자이살메르
자이살메르는 마치 사막의 아름다운 신기루 같다. 인도와 중앙아시
아 사이의 낙타 교역로에 오르면, 옛날에 부유한 상인들을 수용하기
위해 황금빛 사암으로 지은 저택들이 가득하다.

코르벳 국립공원

우타르프라데시 주 히말라야 산맥 자락에 위치한 이곳은 아시아에서 가장 오래된 국립공원이자 최초의 호랑이 보호구역이다. 521제곱킬로미터 안에 다양한 서식지가 있어 인도호랑이와 아시아코끼리, 600여 종의 조류를 볼 수 있다. 코끼리를 타고 숲으로 들어갈 수 있으며 그 자체가 짜릿한 경험이다.

포트 코치

후추가 '검은 금'이라 불릴 만큼 귀한 물건이던 시절, 코치는 후추 교역을 독점해 유대인과 아랍, 기독교도 교역자들이 모여들던 곳이었다. 북적이는 인도 본토의 도시 에르나쿨람에서 물만 건너면 평화롭고 매혹적이고 고풍스러운 휴양지가 있다. 16세기 유대교 회당과 인도 최고의 골동품 상점을 찾을 수 있다.

탄자부르

촐라 왕조 시대의 브리하디스와라 사원은 아마도 드라비다식 사원 건축 양식의 최고 걸작일 것이다. 산처럼 생긴 천궁과 신들의 동상은 촐라 조각가들의 걸출함과 정밀 주조 솜씨를 보여 주는 증거다.

다르질링 히말라야 철도

다르질링 히말라야 철도는 세계에서 가장 볼 만한 협궤 증기 철도 중 하나다. 1881년에 서벵골의 평원과 다르질링을 연결하기 위해 개통된 이 철도는 대담하고 독창적인 공법을 적용해 숨이 멎도록 아름다운 산악 지형을 가로질러 오른다. 인도에서 첫 번째, 세계에서 두 번째로 높이 올라가는 철도다(해발 2255.5미터).

◎ **CASE 1**

당신의 하녀가 세 살짜리 아이가 보채면 여전히 젖을 먹인다. 당신은 도움을 주기로 작정하고 당신 아이들이 우유를 마실 때마다 그 아이에게도 한 잔씩 나눠준다. 그런데 아이는 체중이 불기는커녕 계속 말라가고 설사를 한다. 이럴 때 어떻게 해야 할까?

A. 계속 우유를 준다. 당신의 아이들은 우유를 먹고 잘 살지 않는가?

B. 우유를 더 이상 주지 않는다.

C. 약간의 요구르트를 줘본다.

조언 가장 좋은 선택은 B다. 다양한 세균에 면역력을 키워온 인도 아이들은 포장된 우유를 소화하기 힘들 수 있다. 요구르트는 발효 과정에서 우유 단백질을 소화하기 쉬운 형태로 분해하기 때문에 괜찮은 경우가 많지만, 그래도 자식에게 무엇이 최선인지는 엄마가 제일 잘 안다.

◎ CASE 2

당신이 몇 사람을 저녁식사에 초대했다. 옷을 차려입고 테이블을 차리고 수플레를 오븐에 넣고 기다리는데 손님은 올 기미를 보이지 않는다. 수플레가 구제불능으로 꺼져 버린 뒤 희망을 버리고 실내복으로 갈아입었을 때 손님들이 도착했다. 그뿐 아니라 손님들 중 한 명은 영어를 한 마디도 할 줄 모르는 늙으신 어머니를, 다른 한 명은 인도 애국자인 집안 손님까지 모셔왔다. 어떻게 해야 할까?

> A. 불을 끄고 집에 없는 척한다.
>
> B. 계획이 망가졌음을 손님들이 깨닫도록 쌀쌀맞은 태도로 맞이하고, 수플레와 모든 것이 엉망이 된 것도 언급한다.
>
> C. 다시 실크 드레스로 갈아입고 반갑게 손님들을 맞이한다. 우선 모두에게 마실 것을 넉넉히 대접한 다음, 다시 새 수플레를 만들기 시작한다.

조언 정답은 C다. 인도에서 손님을 초대한 사람은 어떤 상황에 직면에서도 친절함을 잃지 않아야 한다. 인도에서 파티를 열 경우 온갖 예상치 못한 상황에 직면하게 될 것이므로 성공적인 파티를 위해서는 반드시 익혀야 할 덕목이다. 그러나 다음에 좀 더 수월하게 파티를 준비하기 위한 약간의 전략도 필요하다. 손님들이 적어도 한 시간은 늦게 올 것을 예상해 조리하자마자 바로 먹는 음식은 미리 준비하지 말고, 뷔페식으로 테이블을 준비한다.

◎ CASE 3

당신이 큰 시장 거리에 있는 상점에서 구경을 하다가 밖으로 나와 보니 생각보다 시간이 많이 늦었다. 큰길을 향해 걸어갈 생각이었는데, 어쩌다 보니 캄캄하고 좁은 골목의 미로 속에서 길을 잃는다. 택시도 경삼륜차도 보이지 않는다. 갑자기 모든 것이 낯설고 위협적으로 보인다. 어떻게 해야 할까?

A. 있는 힘껏 비명을 지른다.

B. 계속 걸어간다. 그러다 보면 결국 큰길에 도달할 것이다.

C. 주변에서 도움을 구한다. 나이가 좀 있고 정중해 보이는 동성의 사람을 찾아 영어로 문제를 설명한다.

조언 답은 C다. 종교적 폭동에 휩쓸린 경우만 아니라면 인도에서는 남자건 여자건 사람들 틈에 있는 편이 안전하다. 현지어를 말할 줄 알면 그 말을 사용하면 좋겠지만 이런 상황에서 단어 몇 마디로는 충분하지 않을 것이다. 그러나 영어로 설명하면 거의 확실하게 도움을 얻을 수 있다. 설령 상대가 영어를 못한다 해도 영어를 할 줄 아는 사람을 찾아줄 것이다. 다만, 여성인 경우 자동차에 혼자 타고 있는 남자의 태워 주겠다는 제안을 덥석 받아들이는 것은 곤란하다. 혹시 그래도 괜찮겠다는 확신이 서서 자동차에 타게 된다면 사생활 보호 차원에서 본인의 거처가 아닌 큰 호텔 앞에 내려달라고 부탁한다. 도움을 베푼 사람에게 돈을 주겠다고 제안하면 안 된다. 정말로 큰 도움을 받았을 경우 그의 주소를 받아 감사 카드를 보내고, 그렇지 않으면 고맙다는 인사로도 충분하다. 당신을 도와준 사람은 '그것이 자신의 의무'라고 말할 것이다.

◎ CASE 4

당신은 인기 있는 관광지로 가기 위해 차를 몰고 국도를 달리고 있다. 점심시간이 되었고 아이들은 배가 고프다. 어떻게 하면 이질을 피하면서 음식을 먹을 수 있을까?

A. 가능하면 에어컨이 가동되는 서양식 레스토랑을 찾는다.

B. 노점에서 쿠키와 음료수를 산다.

C. 대형 트럭들이 주차된 식당을 찾아 그 앞에 차를 세운다.

조언 정답은 C다. 대도시 밖의 서양식 레스토랑은 제대로 된 서양 음식을 제공하지 않는 경우가 많으며 위생 상태도 보장할 수 없다. 또한 쿠키와 음료수에 다량 함유된 설탕 섭취로 인한 아이들의 과잉행동장애를 피하고 싶다면 C를 선택해 인도인들이 즐겨 찾는 노변 식당으로 향할 것을 권한다.

대형 트럭 기사들은 어느 식당이 맛있는지를 항상 잘 알고 있다. 그런 곳은 조리 과정이 단순하고 모든 것이 바로 눈앞에서 이루어진다. 이른 아침부터 불 위에서 끓여 모든 세균이 없어진 한두 가지 야채와 렌틸콩 스튜가 있을 것이다. 여기에 화덕에서 방금 꺼내 따끈하고 건강에도 좋은 무발효 빵이 함께 제공될 것이다. 물은 마시지 말아야 하며, 이것은 서양식 레스토랑에서도 마찬가지다.

당신은 외출했다가 갑자기 생각이 나서 전화로 하녀에게 말한다. "운전사에게 세차 좀 해놓으라고 해." 그런데 돌아와 보니 하녀가 울고 있고 운전사는 사표를 건넨다. 물론 세차는 되어있지 않다. 뭐가 잘못된 것일까?

A. 노동조합 규칙에 따라 운전사가 세차를 하는 것은 금지되어 있다.

B. 하녀가 잘못 이해해 운전사에게 카펫을 빨라고 말했고, 당연히 운전사는 그것이 자신의 업무 범위를 벗어난 일이라고 생각해서 하지 않았다.

C. 운전사는 지금은 파산했지만 높은 카스트 출신인 50대 남자이고 하녀는 20세의 낮은 카스트 출신 여자다. 당신이 그 사실을 망각하고 실수를 한 것이다.

조언 정답은 C다. 하인이 많을수록 그들의 관계가 원활히 돌아가도록 하기 위해 할 일이 많다. 가급적 명령은 당사자에게 직접 내리는 것이 최선이다. 그렇게 해도 사소한 문제로 당신의 중재가 필요한 경우가 많다. 개인적 호불호로 판단력을 흐리지 않도록 노력해야 한다. 인도에서는 나이, 카스트, 성별, 일자리, 교육 수준이 사람의 지위에 영향을 미치며, 그것은 당신이 어떻게 해도 바꿀 수 없는 일이다.

◎ CASE 6

당신은 장비를 수입하기 위해 서류 작업을 하려는 중이다. 관세청 직원이 수입허가서가 없으면 통관을 할 수 없다고 말한다. 수출입허가청 직원은 통관이 되지 않으면 수입허가증을 발급할 수 없다고 말한다. 인도에 있는 내내 이 두 관청을 계속 오가야 하는 걸까?

A. 그렇다.

B. 뇌물을 줄 사람을 찾지 못한다면 그렇다.

C. 아니다. 인도인 친구에게 도움을 청하면 된다.

조언 여기서 당신이 선택할 수 있는 답은 C다. 만약 고위층까지 연줄이 닿는다면 문제가 더 빨리 해결될 수 있다. 고위층 인사와 약속을 잡아 문제를 설명하고 영리한 인도 부하 직원이 세부적인 문제를 처리하도록 한 다음, 차를 마시며 담소를 나누다가 서류가 준비되면 필요한 도장을 가지고 돌아온다.

남인도 마을에 가게 된 당신은 저녁에 논밭으로 산책을 나가기로 한다. 주변에 불편한 자세로 쭈그리고 앉아있는 형체들이 보인다. 걱정해야 할 일일까?

A. 아니다. 그들은 그냥 스트레칭을 하고 있을 뿐이다.

B. 그렇다. 그들은 외국인을 노리며 잠복해 있는 노상강도다.

C. 아니다. 하지만 가급적 빨리 그곳을 피해가는 것이 좋다.

조언 답은 C다. 마을 주변의 논밭은 종종 화장실로 이용되며, 주로 해가 진 뒤의 저녁 시간이 사람들이 자연의 부름에 응하는 시간이다. 중요한 신체 기능을 수행하는 도중에 당신이 있으면 방해가 될 수 있다. 그러니 모른 척하고 최대한 태연하게 그곳을 벗어나는 것이 좋다.

◎ CASE 8

인도인 친구가 당신을 데리고 친척 집을 방문한다. 가는 집마다 여주인이 주스나 레몬스쿼시, 물이 담긴 쟁반을 들고 나온다. 그녀가 음료를 권할 때 당신은 어떻게 해야 할까?

A. "끓여서 거른 물인가요?" 하고 묻는다.

B. 조용히 결핵, 콜레라, 이질에 걸리지 않게 해달라고 기도하고 벌컥벌컥 들이킨다.

C. 잔을 받아들되 실제로 마시지는 않고 들었다 놨다 하며 마시는 시늉만 한다.

D. "제 친구가 남인도 커피가 그렇게 좋다던데, 혹시 한 잔 주실 수 있을까요?"하고 묻는다.

조언 사실 이런 상황에서 딱히 좋은 답이란 없다. 이 중에 어떤 선택을 해도 당신은 무례하거나 위선적이 되거나, 아니면 탈이 날 것이다. 정수하지 않은 식수의 위험성을 아는 사람들은 아마 손님에게 그것이 끓인 물이라고 말할 것이다. 아무 말 하지 않았다면 끓이지 않은 것이다. 그러니 질문을 하는 것 자체가 가져온 물이 마시기에 부적합하다는 것을 지적하는 결과가 된다. 예의를 차리자고 탈이 나는 것을 감수한다면 그 또한 어리석은 일이다. 그나마 차라리 위선적이 되는 편이 낫겠다.

해야 할 것과
하지 말아야 할 것
DO'S AND DON'TS

Do »»»

- 사람들이 모인 상황에서 주변 사람들의 행동을 주시하고 이것을 지침으로 삼아 행동한다.

- 힌두교, 이슬람교, 시크교 사원에 들어갈 때나 남의 집에 들어갈 때 신발을 벗는다.

- 영어로 말할 때 사람들이 쉽게 이해할 수 있도록 비속어를 쓰지 않고 분명하게 말한다.

- 특별한 존경심을 가지고 노인을 대한다.

- 손님들을 식사에 초대할 때는 음식과 음료의 제약에 대해 알아본다.

- 참석할 행사에 적절한 차림을 한다.

- 누군가를 방문할 때는 선물을 가져간다. 기대하지는 않지만 고맙게 생각할 것이다.

- 잔돈을 챙겨 다닌다.

- 빨리 '아침 첫 개시'를 하려는 상점 주인의 마음을 이용해 유리하게 흥정한다.

- 흥정 끝에 당신이 제안한 가격을 상점 주인이 수락하면 반드시 물건을 산다.

- 대도시를 제외한 지역에서는 보수적인 복장을 한다.

- 식수를 안전하게 정수하기 위한 조치를 취한다.

- 돈과 귀중품을 늘 잘 간수한다.

- 불편한 사적인 질문에도 거부하지 않고 답하되, 가급적 예의 바르게 피하는 방법을 찾는다.

Don't »»»

- 음식을 먹을 때나 음식, 돈, 선물, 중요한 서류 등을 건넬 때 왼손을 이용하지 않는다.

- 종교 의식에 음악과 춤이 곁들여지더라도 그것을 오락으로 받아들이지 않는다.

- 특히 종교 의식을 할 때, 그래도 되는지 물어보지도 않고 담배를 피우지 않는다.

- 사람들이 있는 자리에서 이성에게 과도한 신체적 애정 표현을 하지 않는다.

- 인도인 이성과 인사를 할 때 상대방이 먼저 접촉해 오지 않는 한, 악수를 하거나 끌어안거나 키스하지 않는다.

- 예를 들어 위에 카미즈를 입지 않고 살와르를 입는다거나, 사리 없이 사리 블라우스와 치마를 입는 것처럼 부적절한 인도식 복장을 하지 않는다.

- 초대받을 때 "언제든 들르세요"라는 말을 액면 그대로 받아들이지 않는다.

- 인도인 손님이 제 시간에 나타날 것을 기대하지 말고, 공식 행사가 아닌 이상 본인도 시간을 절대적으로 엄수하지 않는다.

비자

단기 체류의 경우 관광 비자나 비즈니스 비자 정도면 충분하지만 인도에서 일을 할 계획이라면 본국에 있는 인도 대사관에서 취업 비자를 신청해야 한다. 인도 현지에서는 관광 비자나 비즈니스 비자를 취업 비자로 전환하기 어렵다. 그렇게 하려면 일단 출국해야 할 가능성이 크다. 그럴 의사가 있다면 한 번에 여러 개의 출국 비자를 신청하도록 한다.

등록

연속으로 6개월 이상 체류하려면 14일 이내에 해당 외국인등록소(FRRO)에서 등록 신청을 해야 한다. FRRO에 갈 때 다음과 같은 서류를 지참해야 한다. 단, 소지한 비자 종류에 따라 추가적인 증빙 서류가 필요할 수도 있다.

- 여권 사본
- 인도 비자 사본
- 사진 4장
- 인도 체류지 정보
- 나이가 16세에서 60세 사이라면, 세계보건기구에서 인증한 기관에서 인정하는 HIV 검사 결과가 필요하다.

FRRO가 없는 지역에서는 지구경찰감독관이 이 역할을 한다. 인도에서 출국할 때는 항구 또는 출국 수속을 하는 장소에서 이 등록증명서를 이민국 직원에게 넘겨줘야 한다. 또한 출발 직전에 애초에 증명서를 발급해 준 FRRO에 넘겨줄 수도 있는데, 이 경우에는 나중에 이민국에 보일 수 있도록 영수증을 받아두어야 한다.

기록

아이들은 인도 학교에 입학할 때 면역력을 보유하고 있는지 입증하기 위해 과거 의료 기록이 필요할 수 있다. 학교 기록이 있으면 입학 과정이 쉬워질 것이다.

선적 서류

가재도구를 가지고 입국할 경우, 통관을 위해 선적 문서가 필수적이다. 이때 적어도 2년 이상 인도에 거주하지 않았다는 것, 1년 이상 인도에 체류할 계획이라는 것, 적절한 비자가 있다는 것을 증명해야 한다. 좋은 선적 업자를 만나면 지루한 일을 대신 처리해 주겠지만 마지막 단계에는 본인이 여권을 가지고 출두해야 한다.

유용한 웹사이트

- www.khoj.com 인도 사이트 목록
- www.123India.com 영화와 음악, 발리우드, 정부 부처, 정치에 관한 뉴스를 제공

- www.indiantravelportal.com 인도 전 지역에 걸친 호텔과 관광, 여행 패키지로의 링크를 제공한다.
- www.mtnl.in/index.htm 델리와 뭄바이에 대한 전화번호부와 서비스로의 링크를 제공한다.
- mtnldelhi.in 델리 전화번호부, 전화 서비스, 신청서 등
- phonebook.bol.net.in

응급전화

- 경찰 100;
- 화재 101
- 앰불런스 102
- 국제통화 지원 187
- 교통경찰 103
- 철도 관련 문의 131

참고

인도는 전화번호가 자주 바뀐다. 그래서 영구적인 응급전화를 제외하고는 여기에 포함시키지 않았다. 최신 전화번호는 해당 웹사이트에서 확인할 것을 권한다.

사교 조직

해쉬 하우스 해리어스(Hash House Harriers)는 사람들이 모여 달리기를 한 후 뒤풀이로 맥주를 즐기는 친목 조직이다. 달리기와 맥주를 싫어하더라도 사람들을 즐겁게 만날 수 있는 방법이다. 외국인 대 인도인, 가족 대 싱글, 남자 대 여자의 비율이 도시마다 다르다. 인도에는 현재 첸나이, 뭄바이, 델리, 하이데라바드, 벵갈루루에 해시 하우스 해리어스가 있다. 영국, 호주, 미국 대사관이나 영사관을 통해 주소와 전화번호를 알아볼 수 있다.

또한 미국여성연합회와 영국여성클럽 같은 많은 여성 클럽과 연합회도 있다. 외국인이 많지 않은 첸나이에는 세계 각지에서 온 여성들을 위한 해외 여성 클럽이 있다. 전화번호와 주소는 계속 바뀌니 대사관과 영사관에 문의해 최신 정보를 알아보기 바란다.

CultureShock! India by Gitanjali Kolanad

Korean language edition © 2016 by KINDS Books
Korean translation rights arranged with Marshall Cavendish International (Asia) Pte Ltd through EntersKorea Co., Ltd., Seoul, Korea.

세계를 읽다

인도

초판 1쇄 발행 2016년 12월 20일
   2쇄 발행 2018년 3월 1일

지은이   기탄잘리 콜라나드
펴낸이   박희선

옮긴이   정해영
디자인   디자인 잔
사진   Shutterstock

발행처   도서출판 가지
등록번호 제25100-2013-000094호
주소   서울 서대문구 거북골로 154, 103-1001
전화   070-8959-1513
팩스   070-4332-1513
전자우편 kindsbook@naver.com

ISBN   979-11-86440-12-4 (04900)
           979-11-952016-5-5 (세트)

이 도서의 국립중앙도서관 출판예정도서목록(CIP)은 서지정보유통지원시스템 홈페이지(http://seoji.nl.go.kr)와 국가자료공동목록시스템(http://www.nl.go.kr/kolisnet)에서 이용하실 수 있습니다.(CIP제어번호: CIP2016029709)